세상을 바꾸는
글쓰기 재발견

일러두기

- 신문과 잡지 이름은《 》로, 책 제목은『 』로, 기사 제목은「 」로 구분하였다.
- narrative는 기술, 설명, 이야기 등의 사전적 의미가 있지만, 대개 내러티브로 옮겼다.

세상을 바꾸는 글쓰기 재발견

성공하는 사람들의 글쓰기 비법

정연미 지음

시간여행

들어가며

세상을 바꾸는 글쓰기 재발견은 무엇인가?

스토리(story)는 우리말의 경우 입말로 전달되는 것으로 떠올립니다. 그러나 영어에서는 기사, 글 등을 이야기라고 합니다. 이 책에서는 주로 이야기 형식을 갖춘 글이란 뜻으로 쓰이고 있습니다.

글로벌 글쓰기 인재 교육을 준비하는 직장인에게 이 책은 한눈에 보는 기준을 제시합니다. 저는 디지털 역량을 높이는 직장인 글쓰기 인재가 필요하다고 생각합니다. 글쓰기만큼 정확하게 사람을 훈련하는 교육은 없습니다. 직장인들이 세상에서 가장 행복한 글쓰기 공간을 재창조하도록 도움을 주는 글쓰기 교육이 필요합니다. 혁신적인 글쓰기 시스템 변화를 줄 필요가 있습니다.

세상을 바꾸는 글쓰기 재발견은 무엇일까? 인간을 탐구하는 하버드 & 스탠퍼드 글쓰기 교육 실천사례로서 설명하였고, 글쓰기 거장 비결을 담아 아이디어를 살펴보았습니다. 다양한 형태별로 시사점을 줄 수 있는 사례를 분석 정리하였습니다.

이 책에서는 제가 연구를 시작한 직장인을 위한 글쓰기 교육 자세, 성공하는 사람들의 글쓰기 노트, 세상을 바꾸는 하버드 & 스탠퍼드 글쓰기, 글쓰기 거장 노트, 글쓰기로 자기혁신 하는 방법이 담겨 있습니다.

앞으로 디지털과 데이터라는 핵심 경쟁력을 갖추지 못한다면, 살아남기 어려운 세상입니다. 세상을 보는 새로운 방식과 자신의 관점을 가진 사회인이 글쓰기 기술을 통하여 새로운 세계관을 제시할 줄 알아야 합니다. 직장인 비즈니스 글쓰기는 다양한 분야에서 엄청난 힘을 발휘하고 있습니다.

21세기는 과학의 시대입니다. 자신의 퍼스널 브랜딩을 위해 책을 쓰고, 디지털 세상에서 마케팅하고 홍보하는 시대입니다. 책쓰기는 과학입니다. 책에 들어갈 콘텐츠를 만들어 가는 과정, 만들어진 콘텐츠를 한 권의 책으로 상품화하고, 또한 많은 독자를 만날 수 있도록 마케팅하는 과정에는 데이터를 다루는 활용 능력이 필요합니다.

이젠 경력의 시대가 가고 직장인의 능력과 '인사이트(insight)'가 요구되는 시대입니다. 직장인은 자신을 위한 자기계발 크리에이터로 성장하고 있습니다. 글을 잘 쓰는 사람은 생각도 명확하게 하므로 연구를 더 잘합니다. 직장인에게 실용적인 글쓰기 방법론을 제시하여, 세상에 자기 뜻을 전달하고 증명하는 데 도움이 되었으면 합니다.

2022년 6월 15일

분당에서 저자 정연미

Contents

Chapter 4 글쓰기 거장, 숨은 실력 따라 하기

Chapter 5 글쓰기는 절망을 희망으로 바꾸는 간절함이다

Chapter 1

글쓰기 전에 알아야 할 것

꿈은 머리로 생각하는 게 아니라 가슴으로 느끼고,
손으로 적고, 발로 실천하는 것이다.

_존 고다르 *John Goddard*

01

꿈만 꾸는 머릿속 데이터는 사라진다

글쓰기 전에 알아야 할 것은 자료를 수집하고 데이터를 저장하는 방법. '글쓰기 노트'를 만드는 것이다. 머릿속 데이터는 하루가 지나면 금방 사라진다. 습관적으로 기록하여 자신의 일상을 관리하여야 한다. 리처드 바크의 '독학 비결 방법'은 디지털과 데이터라는 핵심 경쟁력 사회에서 이러한 기본자세를 갖추어야 한다. 자기표현의 통로를 확보하면 너무 오랫동안 자료수집을 하느라 시간을 낭비하지 않는다. 글쓰기 수첩에 자신의 주제를 담은 아이디어를 실행하는 것이 '혁신'이다. 생각을 실행으로 옮기면 '혁신의 아이콘'으로 성장할 것이다. 왜 실용적인 데이터 글쓰기가 필요한지 엄청난 힘을 느껴보자.

고다드에게 수첩은 좋은 생각을 기록하는 보물

미국의 존 고다드(John Goddard)는 자기성취 강연가이자 탐험가이다. 그는 수첩 하나를 소중히 간직하고 있는데 겉에는 「내 인생의 목록」이란 글자가 또렷이 박혀 있다. 수첩 안에는 인생 리스트를 적어 놓았다.

① 나일강, 아마존강 탐험하기.

② 에베레스트산에 오르기.

③ 타잔 영화에 출연하기.

④ 셰익스피어의 책을 읽기.

⑤ 결혼해서 자식을 갖기…. 등 숫자를 매긴 목표들이 137개나 적혀 있다.

그리고 그는 열여섯 살에 아버지와 함께 조지아주 오커퍼스키소택지를 탐험하는 것으로 첫 번째 목표를 달성하였다. 이후 106개의 목표를 하나씩 천천히 이루어 왔다. 그 과정에서 여러 번 죽을 고비를 넘긴 고다드는 그 순간을 회상하며 말했다.

"이러한 경험들을 통해 나는 행동하는 인간의 보람과 삶의 가치를 느낀다. 사람들은 흔히 위대한 용기와 인내를 발휘한다는 것이 무엇인지 모른 채 인생을 마감한다. 그러나 죽음이라는 극한 상황을 맞이하면, 자신의 내부에 감춰진 엄청난 힘을 깨닫게 된다."

그는 목표달성을 망설이는 사람들에게 충고했다.

"지금까지 살아온 당신의 인생을 돌아보자. 만일 내가 1년을 더 산다면 무엇을 할 것인가에 대해 생각해보자. 우리는 모두 마음속에 하고 싶은 일들이 있다. 미루지 말고 즉각 해보자."

존 고다드의 사례를 보면, 평범한 사람도 꿈과 목표를 가지고 도전하면 성공할 수 있음을 증명해 준다.

『갈매기의 꿈』을 쓴 저자 리처드 바크에겐 아들이 하나 있다. 그의 이름은 제임스 바크다. 그의 공부법은 우리가 생각하는 공부와는 조금 다르다. 우리가 하는 공부는 누군가 가르치는 것을 어떻게 잘 받아들일지에 집중한다. 하지만 그의 공부는 자신이 알고자 하는 것을 어떻게 스스로 탐구할 것인가에 집중한다. 그의 공부하는 목적, 방법, 도구는 무엇일까?[1]

그의 '공부법' 몇 가지를 살펴보자.

첫째, 무엇이 필요한지 공부의 목적을 분명히 하고 거기에 필요한 자원과 도구를 찾아내는 것이다. 그는 항상 새로운 자원과 도구를 찾으려고 했다. 똑같은 방법으로는 똑같은 결과나, 그보다 못한 결과를 만들 수밖에 없기 때문이다. 먼저 그의 독학비결 방법을 제시한다.

① 책방과 도서관, 웹사이트를 끊임없이 탐색한다.

② 내게 필요한 주제에 집중해 자료를 검토한다.

③ 머리에서 아이디어가 폭발하게 했다가 잠시 증발시킨다.

④ 이야기를 만들어 이치를 깨닫는다.

⑤ 실험으로 피부에 와닿는 공부를 한다.

⑥ 여유시간에 새로운 시도를 한다.

⑦ 동료의 아이디어를 비교해 더 나은 아이디어를 찾는다.

⑧ 내 사고를 단련하는 다른 두뇌(동료)를 곁에 둔다.

⑨ 단어와 도표, 그림을 활용해 사고의 틀을 잡는다.

둘째, 문제에 전력 집중하는 것이다. 대부분 문제에서 해결책이 실패하는 이유는 겉으로 보이는 문제만 해결하기 때문이다.

셋째, 공부하는 과정에서 내 의식이 어떻게 흐르는지 의식하는 것이다. 이것은 지식을 갖고 노는 것이다. 그리고 시간만 나면, 새로운 시도를 하라고 조언한다. 무엇보다 놀라운 것은 자신의 사고를 단련시키고 진심으로 성과를 응원하는 똑똑한 친구를 곁에 두라는 것이다.

어떻게 하면 노는 것을 공부로 연결할까? 나는 이렇게 생각한다. 리처드 바크와 같은 '꿈'을 말하는 아버지에게 자신도 모르는 사이에 큰 영감을 받았을 것이다. 제임스 바크를 움직인 것은 분명히 꿈이다. 나에겐 어떤 꿈이 있는가?

글쓰기 수첩에 매일 한 문장 쓰기를 통해 사고의 틀을 마련한다. 공부하는 방법을 잘 아는 사람은 마인드맵을 알게 된다. 공부를 잘하는 사람의 공통된 특징을 잘 가르쳐준다.

그들은 세계를 보는 방법, 공부하는 방법, 새로움을 창조하는 방법, 미래를 보는 방법도 가르쳐준다. 그리고 가르쳐주고자 하는 것을 그들이 가장 잘하는 방법으로 한다. 사고를 정리하여 가르치면서 배우는 것이다. 한 문장을 쓰고 친구에게 말로 설명하고, 설득하고, 토론하는 습관을 만들자! 놀라운 반복 학습과 자신의 사고를 단련시킨다.

실용적인 글쓰기, 데이터를 저장하는 방법

작은 아이디어 하나로 세상을 바꾼 일화를 소개한다. 구멍이 뚫린 주전자 뚜껑은 평범한 샐러리맨이었던 후쿠이라는 일본 사람이 발명했다. 어느 날 감기몸살로 누워 있는데 방이 건조해 주전자에 물을 올려놓고 끓였다. 그런데 뚜껑이 들썩거려 시끄러웠다. 화가 난 그는 송곳으로 주전자 뚜껑에 구멍을 뚫었다. 그러자 구멍 사이로 수증기가 새어 나와 덜컹거리지 않았다.

그는 이 아이디어를 특허 출원해 큰돈을 벌었다.

에디슨은 함께 식사하거나 담소를 나누는 도중에 아이디어를 수첩에 적어 발명으로 연결한다. 그의 수첩은 3,400개이다. 그는 이렇게 말했다.

"내 모든 발명품은 최초의 단계가 직관이다. 다음에는 아이디어가 순식간에 몰려온다. 이어 버그(Bug. 프로그램을 실행하는 과정에서 발생하는 오류)가 생긴다. 버그를 해결하기 위해 끊임없이 연구에 연구를 거듭했다."

그가 훌륭한 것은 많은 사람에게 생활의 편리함과 후세 발명가들에게 연구의 기회를 제공했다는 것이다. 그래서 한 저널리스트는 에디슨을 이렇게 평가하기도 했다.

"발명가 에디슨이 위대한 것은 그의 발명품이 아니라 과학자들이 조직적으로 일할 수 있는 연구소를 만든 일이다."

이제 세상 화두의 중심은 '혁신'이다. 어떻게 새로운 변화를 품을 수 있을까? 세상의 변화에 유연하게 대처할 수 있는 혁신 가이드가 필요한 시기이다. 디지털과 데이터라는 핵심 경쟁력을 갖추지 못한다면, 앞으로 10년 후 살아남기 어려운 세상이다. 강력한 디지털과 데이터가 이뤄지는 새 시대에는 인간적인 연결과 감성적인 유대관계가 감소한다. 앞으로 인간의 감성적인 연결은 그 가치가 더욱더 중요해진다.

어떤 데이터가 있을 때, 그것이 글, 문서, 그림, 음악, 프로그램을 저장할 때 파일명을 자신만의 기호로 알기 쉽게 표시해야 한다. 따라서 데이터 저장을 할 때는 어떤 방식을 사용해서 저장했는지, 파일 확장자를 차별화해서 표시해야 한다.

자기표현의 통로를 확보하라

글을 쓸 수 있게 될 때까지 얼마나 많은 자료를 정리하고 읽어야 하는지 고민한다. 자료조사의 정확성은 끌어낼 수 있는 결론의 타당성을 위해 중요하다. 번쩍하고 떠오르는 아이디어를 놓치지 마라. 너무 오랫동안 자료를 찾게 되는 것을 주의하라! 글쓰기에 두려움을 가진 사람은 머릿속에 들어 있는 생각을 적어 놓아야 한다. 많은 생각이 금방 사라진다. 자료를 수집하고 양만 늘리는 일에 집중하면 정작 글쓰기 욕망이 사라지는 일도 있다.

쓰기 시작 전에 모든 것을 이해하는 것은 필요하지 않다. 쓰면서 새로운 자료를 보강하기도 한다. 특히 초보 작가의 경우 자료 모으기에 많은 시간을 쏟아 지치는 경우가 많다. 지쳐서 쓰려고 하지 않으면 많은 것을 이해할 수 없다. 검증된 기관에서 자료를 모아 수집하고 자신만의 데이터 저장법을 익혀보자.

① 마인드맵(Mind Map)

구조화하기 가장 좋은 수단이다. 이것은 핵심어(또는 책 쓰기 주제)를 종이 가운데 쓰고 그곳에서부터 가장 중요한 관점으로 뻗어 나간다. 따라서 주제의 가장 중요한 관점을 나타내는 큰 가지에서 작은 가지로 분류해서 표현한다.

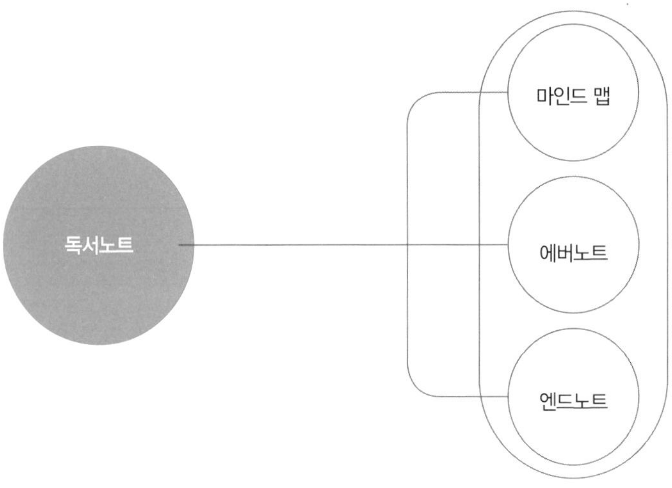

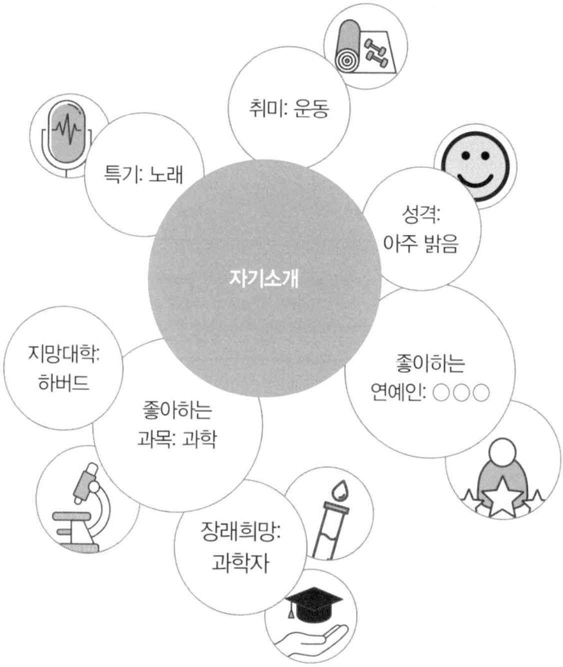

〈출처:https://www.edrawsoft.com , Mind Master〉

② 에버노트

- 운영체제: Web, iOS, Android, Windows, macOS
- 가격: 무료 | 프리미엄 매달 $4.99
- Evernote는 모든 주요 플랫폼에서 작동하는 가장 인기 있는 노트 필기 앱 중 하나이다.
  사용자는 여러 플랫폼에서 노트를 동기화하고 클라우드에 저장할 수 있다.
  노트에 사진 및 기타 미디어 콘텐츠를 포함할 수도 있다.
- 장점

무료 버전은 두 장치 간의 동기화를 지원한다.

크로스 플랫폼 지원

• 단점

무료 버전의 제한된 기능. 여기서 내려받기(https://evernote.com/)

③ 엔드노트

논문을 작성할 때, 참고하는 논문을 인용할 경우 인용된 논문의 마지막 페이지에 꼭 적어 두어야 한다. 그런데 논문마다 인용된 논문을 적어 두는 방식이 다르다. 이럴 때, 각 논문의 참고문헌 형식에 맞게끔 미리 작성해 놓은 '스타일'이란 파일을 EndNote에서 찾는다. 그 스타일을 적용하면 워드에 작성되어 있던 인용 논문들이 자동으로 그 스타일에 바뀌게 된다. 1번과 2번 인용 논문 사이에 다른 인용 논문을 집어넣게 되면 당연히 2번이 3번으로 자동으로 바뀐다. 이런 것들을 전혀 사용자가 신경 쓸 필요 없이 자동으로 해준다.

구글 검색창에서 '엔드노트 기초 따라 하기' 동영상 시청을 하면 누구나 할 수 있다. 논문 작성 시 참고 논문 (references) 을 입력하기 위해서는 엔드노트라는 프로그램이 필요하다. 현재 최신 버전은 X9 (9.3) 이다. 엔드노트는 기본적으로 유료 프로그램, 구매할 수 있고, 30일간 무료 체험할 수 있다. 또한, 큰 기관 또는 학교 등의 경우 무료로 소속원에게 라이선스를 제공하는 때도 있다.

- 구글 동영상(엔드노트 X9.3 기초부터 튼튼한 온라인 특강) 시청하기
- 구글 동영상 시청 사이트 주소(https://www.youtube.com/watch?v=7b6P9QAdDT0)
- 참고문헌 관리 엔드노트 사용법(라이브러리 생성, 참조 관리, 참고문헌

쉽게 만들기)

- 참고문헌 스타일 바꾸기(APA → Chicago Style)
- 여기서 내려받기(Endnote Basic 바로 가기: http://my.endnote.com)

④ 구글 킵(Google Keep)

- 운영체제: Web, Android, iOS
- 가격: 무료
- 구글이 개발한 가볍고 스마트한 노트 필기 앱.

여러 노트를 쉽게 관리하고 여러 장치에서 동기화할 수 있다.

Google 음성 비서로 노트 만들기

- 장점

다른 Google 사용자와 쉽게 공유한다.

다른 G-suite 애플리케이션(예: Google 슬라이드)과 통합할 수 있다.

- 단점

제한된 기능. 여기서 내려받기(https://www.google.co.in/keep/)

02 글쓰기는 정확한 사람을 만든다

새로운 시대에는 비판적 사고 능력을 요구하고 있다. 세계 엘리트들이 익히고 있는 '세계 표준의 커뮤니케이션 능력'이란 무엇인가? 기업 환경의 변화와 더불어 경영 패러다임도 진화하고 있다. 효과적이고 능률적인 커뮤니케이션(의사소통)은 기업의 성공에 지대한 영향을 미친다는 의견이 주목받고 있다. 지금 비즈니스 커뮤니케이션의 중요성이 강조되고 있다. 철학에서 커뮤니케이션 능력을 배우면 이야기 방식에 변화가 일어난다. 생각을 가두지 않는 나를 만들기 위해서는 사고의 유연성이 필요하다. 자신의 의견을 설득력 있게 표현하는 논리적 사고 방법을 배워야 한다. '나'라는 가치관과 '골든 서클(Golden Circle) 이론'을 접목하여 연습하자.

자신의 의견이 있어야 한다

자국에서 우수하다고 인정받는 인재가 해외에서 높은 평가를 받지 못하는 커다란 이유 중 하나가 바로 자신의 의견이 없기 때문이다. 일반적으로 박식한 사람을 머리가 좋다고 생각한다. 그러나 해외에서는 사실을 많이 알고 있는 것만으로는 결코 높은 평가를 받지 못한다. 그 사실에 독자적인 분석과 해석을 가미하고 자신의 의견을 명확한 언어로 설명해야 한다.

자신의 의견을 말로 전하려면 먼저 타인이 어떤 의견을 가졌는지를 정확히 알아야 한다. 상대를 알려면 그에 상응하는 질문 능력이 필요하다. 자신과 타인의 차이를 명확히 하기 위해 확실한 이론과 구조를 바탕으로 대화를 나눌 필요가 있다.

처음에 자신이 생각한 의견이 반드시 옳다는 보장은 없다. 자신의 의견을 표명하고 그에 대한 반론을 듣는다. 다시 곱씹어서 자신의 의견을 발전시켜 나간다. 이것이 세계 엘리트들이 익히고 있는 '세계 표준의 커뮤니케이션 능력'이다.

철학은 인생의 정답을 가르치지 않는다. 질문하는 법을 가르칠 뿐이다. 답은 한 가지가 아님을 아는 것. 이것이야말로 철학교육의 근본이다. 프랑스 교육복지 정책(ZEP)을 시행하는 파리 인근에 있는 뇌이쉬르센의 자크 프레베르 유치원을 살펴보자. 이곳에서는 3세에서 5세 아이들에게 철학을 가르친다. 프랑스에선 너무나 자연스러운 일이다. 자신의 의견을 말로 자유롭게 표현한다.

"친구란 뭘까?"

"친구는 손을 잡아요."

"친구는 함께 놀아요."

교사는 "너는 어떻게 생각하니?"라고 질문을 하며 아이들에게 더 많은 말을 끌어내려고 한다.

수업이 진행됨에 따라 아이들의 이야기 방식에 변화가 일어난다. 먼저 자신은 '이렇게 생각한다'라고 의견을 주장하고, 이어서 그 이유를 명확히 설명한다. 그뿐만이 아니라 친구의 의견에 대해서도 '찬성과 반대'를 명확히 주장한 다음 자신의 의견을 말한다.

이것은 무엇을 의미할까? 생각을 가두지 않는 나를 만든다. 질문을 통해 자유자재로 변화시키는 사고의 유연성을 배양한다. 이는 아이의 성장 잠재력을 확장한다. 가령 현재 두 사람의 지적능력이 같다고 했을 때 어느 쪽이 더 성장하느냐는 이 사고의 유연성에 달려 있다.[2]

생각을 가두지 않는 나를 만들기 위하여 억지로 꾸미려 하지 않는다. 아이들의 질문이 신선하고 독창적인 이유는 자신의 특성을 가장 자연스럽게 표현하기 때문이다. 아이들은 마음에 따르지 않고 마음의 주인이 되는 것이다.

인생의 답은 없다. 질문하는 법을 통해 나의 가치관을 나누어보자. 말과 글이 그 사람을 대변하는 시대다. 몸과 마음이 무거우면 생각이

나지 않는다. 자신을 위해 순수하고 집중하는 시간. 하루에 한 번은 명상하는 시간을 가져보자.

경험과 느낌이 아닌 논리로 설득하라

글을 잘 쓰는 능력은 타고난 재능이 아니다. 다른 능력과 마찬가지로 개발할 수 있는 기술이다. 보통 수준의 이해력과 조정력을 지닌 사람이라면 누구나 악기를 배워서 능숙하게 다룰 수 있다. 이제 당신도 몇 가지 기본을 바탕으로 글 잘 쓰는 방법을, 그것도 아주 잘 쓰는 방법을 배울 수 있을 것이다.

자신의 의견을 설득력 있게 표현하는 기본 능력을 길러보자.

① 자신이 글을 쓰는 이유와 독자의 요구에 대한 집중력

② 아이디어를 표현할 수 있는 단순한 언어 구사력

③ 관용구를 떠올리는 감각

④ 전문 용어와 비즈니스 용어에 대한 독자의 반감 & 호응도

⑤ 적절한 단어 배치력

⑥ 알맞은 어조

자신의 논리를 전달하는 방법으로 두괄식을 선택하자. 발언하는 첫 문장에 핵심 메시지를 담는 방식이다. 이는 매우 강력한 전달 효과를 가져온다. 중심 문장을 먼저 말하면, 상대의 관심을 끌기가 충분하다. 뒤이어 근거를 붙여 논리를 구체화하면 완결형 문법이 갖춰진다.

AREA 법칙을 이용해 사고의 논리성을 키워보자.

AREA 법칙은 주제를 논리적으로 말하는 방법이다. 간단명료하게 자신의 주장을 요약해서 전달한다. 부연 설명이나 구체적인 자료 제시는 이후에 첨가할 수 있다.

① Assertion(주장): 가장 앞자리에 두고 약 20자를 사용하여 자신이 제시하고 싶은 내용을 명확하게 말한다. 가능한 한 문장으로 처리해야 한다.

② Reason(이유): 왜 그 주장을 하게 되었는지 나타낸다. 쉽게 말해 주장에 따른 이유이다. 뒤에 오는 근거자료는 이를 보충하기 위해 준비한다.

③ Evidence or Example(증거, 예시): 실제적이고 구체적인 예시로 이유를 보충 설명한다. 객관적 자료를 바탕으로 상대의 공감을 끌어내야 한다. 그러므로 자료는 신뢰할 만한 자료여야 한다.

④ Assertion(주장): 다시 처음의 주장으로 돌아와서 앞서 말한 내용을 정리한다. 처음 말했던 주장을 강조하는 것이다.

아무리 좋은 콘텐츠라도 전달이 효과적이지 않으면 아무 소용이 없다. 마찬가지로 대단한 능력을 갖춘 사람도 다른 사람을 잘 가르치지 못하면 그 능력을 공유할 수 없다. 연습만이 최고를 만든다. 아무리 훌륭한 지식을 공부하고 경험을 쌓더라도 그것만으로는 피와 살이 되지 않는다. 자신의 피와 살을 만들려면, 지식과 경험을 충분히 곱씹고 생각하여 취사선택한 다음 재구성해야 한다.

지식은 중요하지만, 그것만으론 부족하다. 그 지식이나 경험에 대해 우리는 어떻게 느끼고 어떻게 사고할 것인가? 모든 지식을 잊어버려도 '나'라는 가치관, '나라는 인물을 형성하는 기준'만큼은 우리 내부에 반드시 남아 있다. 이런 축(axis)이 없으면 아무리 지식이 방대해도 인재가 될 수 없다. '나는 어떤 생각의 소유자인가?', '무엇을 소중히 여기는 사람인가?'를 느꼈으면 한다. 사람은 아무리 똑같은 경험을 쌓았더라도 그것을 어떻게 받아들이는가에 따라 가치와 의미, 영향력이 달라진다.

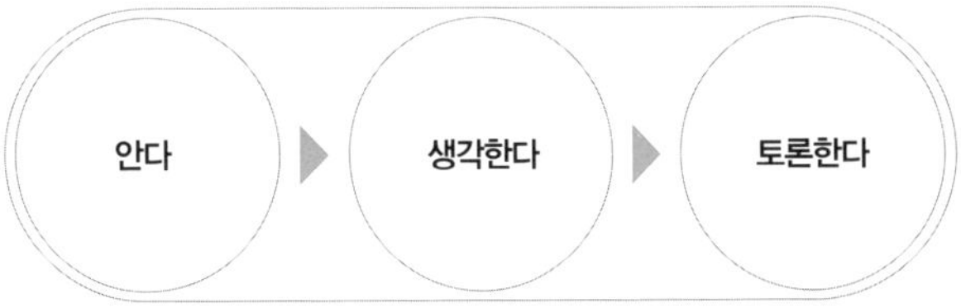

비대면 시대에 특히 글쓰기로 자신을 보여줘야 취업의 문이 열리는 시대이다. 누구도 완벽한 답을 기대하지 않는다. 좀처럼 글쓰기 아이디어가 나오지 않는 사람에게는 두 가지가 부족하다. 첫째, '연습'이고, 둘째, '나'라는 가치관이다. 논리는 '생각하는 힘'의 기본이다. 생각하는 힘은 비판적 사고의 기본이며, 논리는 비판적 사고의 기본이기도 하다. 설득력이 없다는 것은 곧 논리적이지 않다는 뜻이다. 논리란 결국 누가 들어도 '그렇구나'하고 수긍할 수 있도록 설득력 있는 형태로 설명해야 한다.

자기 의견을 주장하기 위한 크리티컬 씽킹(Critical Thinking)

글로벌 비즈니스맨이 우수하다고 느낀 점은 이런 논리적 사고훈련에 능숙하다는 점이다. 아울러 논리적 사고를 이용해 상대를 부정하는 데도 매우 능숙하다. 크리티컬 씽킹은 논리적이고 구조적으로 생각하는 것을 의미한다.

상대의 논리를 구성하는 전제조건을 찾아내고 여기에 모순이 없는지 생각한다. 그런 다음 날카롭게 지적한다. 이런 분명한 방법론을 사용해 상대와 논쟁을 반복하다 보면 상대가 공격하기 어려운 자신의 논리성을 구축한다. 어떤 데이터 혹은 근거가 필요한지도 자연스럽게 보인다. 논리적 사고력을 연마하거나 자신의 의견을 관찰하기 위해서는 먼저 토론 작법과 활용 가능한 방법론을 배워야 한다.

집단에서 의견을 교환하려면 공통의 대화법이 필요하다. 집단마다 소통하는 대화법이 다르다. 삼단논법은 연역법의 한 형태로 잘 알려져 있다. 연역법은 먼저 전제를 바탕으로 구체적인 결론을 도출하는 추리 방법이다.

즉 일반적인 원리나 사실을 전제로 하여 개별적이거나 특수한 사실을 결론으로 끌어내는 방법. 대전제 - 소전제 - 결론으로 구성된 삼단논법이 대표적이다. 논리적인 타당성을 따진다고 해서 귀납법보다 논리적이라고 한다. 일반적으로 연역법을 사용하는 곳은 법률 집단이고, 귀납법을 많이 사용하는 곳은 비즈니스 집단이다.

예) 연역법

대전제: 모든 인간은 죽을 운명이다.

소전제: 소크라테스는 인간이다.

결론: 고로 소크라테스는 죽을 운명이다.

귀납법은 특수하거나 개별적인 여러 사실이나 현상으로부터 일반적인 결론을 끌어내는 추리 방법을 말한다. 프랜시스 베이컨이 창안한 추론 방법으로 경험적인 현상으로부터 원리를 생각해내고 참·거짓을 판단하는 방법이다.

귀납법은 전제가 모두 참일지라도 그 결론이 반드시 참이라는 보장이 없다는 것이 특징이다. 여기서 '맹자는 죽었다. 석가도 죽었다.

공자도 죽었다.' 이 부분은 개별적인 사실에 속한다. '이들은 모두 사람이다.' 이 부분은 공통점에 속한다. '그러므로 모든 사람은 죽었다.' 이 부분은 결론, 즉 일반적인 원리이다.

이처럼 특별하거나 개별적인 여러 사실에서 공통점을 끌어내고, 그로 인해 일반 명제를 추론해 내는 방법이 바로 귀납법이다.

예) 귀납법

사실: 맹자는 죽었다. 석가도 죽었다. 공자도 죽었다.

사실: 이들은 모두 사람이다.

사실: 그러므로 모든 사람은 죽는다.

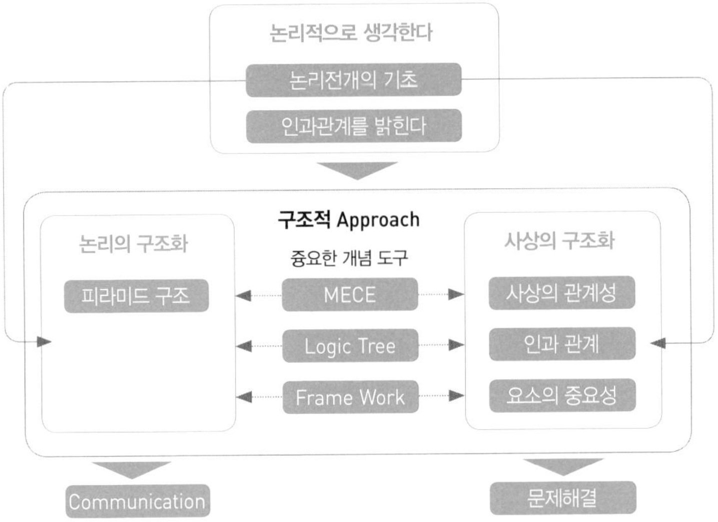

<크리티컬 씽킹, 출처: 책으로 소통하는 세상, 네이버 블로그>

사람들과 대화하는 방법을 몰라 힘들어하는 직장인이 많다. 글쓰기 힘을 길러야 한다. 설득하는 글을 잘 쓰면 직장인에게 기회가 만들어진다. 회사 구성원에게 신뢰를 얻고, 업무 능력을 인정받으며, 더 빨리 진급할 기회가 온다. 수없이 써보고 남의 글을 읽어보면서 비판적인 시각과 논리력을 키워야 한다. 당신의 아이디어를 퍼뜨려라! 보통 사람의 삶에도 아주 특별한 순간이 온다.

사이먼 시넥(Simon Sinek)은 골든 서클(Golden Circle) 이론을 통해 강연가로 유명하다. TED 강연에서 이렇게 말했다.

"평범한 사람과 기업은 자신이 무엇을 하는지, 무엇을 만드는지를 먼저 얘기하고, 나중에 그것을 왜, 어떻게 해냈는지를 이야기한다. 그러나 영감을 주는 리더와 놀라운 성과를 올리는 기업은 자신들이 그 일을 왜 하는지를 먼저 말한다. 이들에게 무엇을 하는지, 무엇을 만드는지는 그리 중요하지 않다."

자신만의 명쾌한 핵심 메시지로 세계와 대화하라! 왜라는 질문에서부터 시작하자.

비판적 사고는 서구에서 읽기, 쓰기, 계산에 이르는 제4의 능력이라고 한다. 비판적 사고의 목적은 자신의 머리로 깊이 생각해서 나름대로 답을 도출하는 데 있다. 논리와 상상력이 결합한 사고 방법이기도 하다. 논리정연하게 생각하고 상상력을 발휘해 더 깊이 생각하고, 자신만의 해법을 제시한다. 이것이 바로 새로운 시대에 요구되는 능력이라고 볼 수 있다.

크리티컬 씽킹(Critical Thinking)은 골든 서클(Golden Circle) 이론과 연관성이 있다. 남들과 똑같은 답을 제시하는 일은 AI로 대체된다.

무엇으로도 대체할 수 없는 자신만의 답변을 제시하는 사람이 우수한 사람으로 평가받는 시대가 눈앞에 다가왔다. 자신만의 답을 제시하는 것은 생각하는 힘을 훈련하기 위한 것이다.

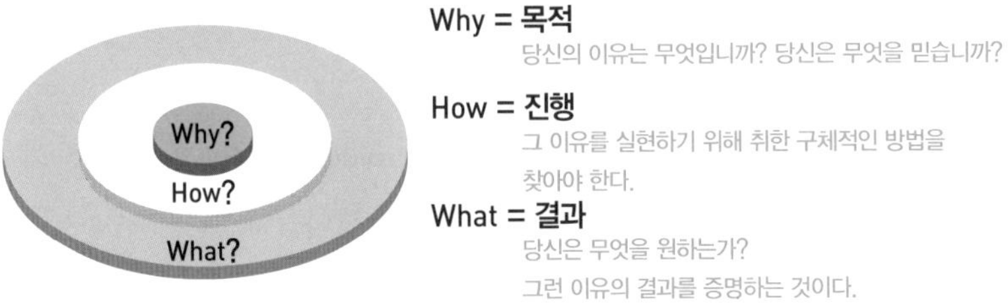

〈골든 서클(Golden Circle) 이론〉

03

글쓰기에도 연습이 필요하다

미국에는 '프로젝트 글쓰기(Project Writing)'이라는 체계적인 글쓰기 지도가 있다. 모든 일이 글쓰기부터 시작한다. 실용적인 글쓰기 습관은 창의적 사고를 훈련하여 글로벌 인재를 만든다. 자신이 쓴 글을 소리 내 읽으면 글의 문제점을 빠르게 고칠 수 있다.

글을 잘 쓰기 위한 비결은 완벽성에 쫓기는 일에서부터 탈피해야 한다. 글쓰기에 대해 너무 걱정하지 말고 일단 글을 써본다. 자신의 주제와 맞는 거장의 책을 읽어보고, 자신만의 색깔로 재창조하라. 여러분은 논리적으로 생각하고 설득력 있는 메시지를 만드는 구조를 따라 하면 '150년 하버드 글쓰기 비법'을 터득한 것이다.

발전하는 프로젝트 글쓰기(Project Writing)

미국 고등학교 교사 출신인 김문희 님은 말한다.

"미국은 굉장히 체계적으로 글쓰기 지도를 한다. 능률적으로 가르칠 수 있도록 모든 준비가 되어 있다."

미국에는 프로젝트 글쓰기(Project Writing)라는 게 있다. 한국에서는 주로 논술 글쓰기를 가르친다. 미국에서는 논쟁적인 글(Argumentative Essay)로부터 광고문, 감상문, 기사문, 그리고 상품 설명서와 같은 실용문 작성법까지, 심지어 구매한 물건에 대한 소비자 관점에서 비평하는 글쓰기까지 가르친다. 학생들의 지식수준에 따라 기술문, 설명문, 논술문 등 학년 별로 알맞은 글쓰기를 지도한다.

그녀의 인터뷰 내용이다.

"미국에서는 모든 일이 글쓰기를 해야 진행된다. 우리가 매일 밥을 먹는 것처럼 미국인에게 글쓰기는 일상이다. 그래서 글쓰기를 실용적으로 활용할 수 있도록 가르친다."

미국 일반 교과에서 글쓰기 예를 들면, 문학작품에 대해 요약을 하고 그 작품에 대해 학생들의 감상문을 써 오게 한다. 또는 셰익스피어의 문학작품을 읽고 작가와는 다른 결말을 지어 오도록 한다. 역사 과목의 경우에는 '내가 에이브러햄 링컨이라면 어떻게 했을까?'라는 과제를 준다. 수동적인 지식 탐구가 아닌, 역동적이며 창의적인 사고를 불러일으킬 수 있도록 가르치는 것이다."

글쓰기를 발전시키는 프로젝트 글쓰기(Project Writing) 방법은 첫째, 작가와 다른 생각을 쓰는 '나의 관점' 글쓰기다. 둘째, 주장에 대한 타당한 근거를 충분히 확보하는 글쓰기다. 토론할 때도 주장을 뒷받침하는 증거를 요구한다. 그 증거를 조사하는 과정에서 글쓰기가 활용된다. 셋째, 충분한 증거를 마련하여 대중을 설득하는 방법을 아는 것이다. 넷째, 구체적으로 글의 논리적 전개를 위해서는 어떤 접속사(비교 대조)를 사용해야 하는지를 배운다. 또한, 문장 표현력이 좋아지도록 어떤 형용사와 부사를 써야 하는지 일깨워 간다. 기승전결에 각각 어떠한 요소가 들어가야 한다는 것을 요약한다. 다섯째, 큰소리로 자기가 쓴 글을 읽어보자.

소리 내 읽어보면 자기가 쓴 문장이 어떻게 들리는지 알 수가 있다. 단어와 문장이 자연스럽게 연결되어 있는지 설득력이 전달되는지 파악할 수 있다. 특히 자기 글의 문제점을 발견하여 고칠 수 있는 시간을 가질 수 있다. 이를테면 큰 소리로 자기 글을 읽으면서 스스로 잘못된 곳을 찾도록 유도하는 방식이다.

자신의 글을 읽고 논평하는 토론모임도 가져보자. 글쓰기 워크숍에 참여하여 다른 친구들과 논쟁하는 시간을 갖는다면 수동적인 사고에서 벗어날 수 있다.

글을 잘 쓰기 위한 비결

매사추세츠대학교가 글쓰기 교육으로 명성을 날리는 데 공을 세운 교수는 교육학자 찰스 모란이다. 그는 26년 전에 신입생 필수과목으로 글쓰기 프로그램을 만들어 발전시킨 주인공이다. 매사추세츠대학교 글쓰기센터의 패트리샤 주코우스키 소장은 글을 잘 쓰는 비결에 대해 이렇게 전한다.

첫째, 글쓰기에 대해 너무 걱정하지 마라. 일단 글을 그냥 시작해라. 될 수 있는 대로 많은 분량의 글을 써 봐라. 글에서 전하려는 내용을 완벽하게 써야 한다는 스트레스를 버려라. 일단 불완전하더라도 초벌 쓰기를 하면, 좋은 생각을 얻을 수 있다.

둘째, 다음에 정확한 문장을 만들고, 문장들을 모아 단락 구성에 들어가라. 내가 누구를 위해 글을 쓰고, 그들의 관심을 어떻게 최대한 끌어낼 수 있을지 연구하면서 작성하면 된다. 내 생각을 독자에게 관심있게 전달하도록 배합하라는 말이다.

셋째, 글을 쓰면서 큰 소리로 읽어보는 것이 좋다. 이 방법은 정말로 훌륭하다. 이렇게 자가점검하면 중심내용이 잘 전달하는 글로 다듬을 수 있다. 문법이 잘못된 곳도 찾을 수 있다. 특히 영어가 모국어가 아닌 학생은 이 방법이 효과적이다. 글을 쓰고 큰 소리로 읽어가면서 손질하는 게 글쓰기 비법이다."

그녀는 글쓰기에 대한 소감을 적었다.

"글쓰기는 황금을 찾는 과정과 같다. 남의 글을 꼼꼼하게 살피고 자신이 직접 글을 쓰면서 황금 조각 같은 생각을 찾아내서 구체화하는 게 바로 글쓰기 아닌가. 글쓰기 교육은 각자가 가지고 있는 독특한 생각과 성장 환경을 이해하고 의사소통하는 법을 배울 수 있으므로 중요하다."

글쓰기 비법은 간단하다.

거꾸로 생각하는 힘을 길러 관점을 넓히는 과정이다. 문장을 모아 단락 구성을 만든다. 글을 쓰고 큰 소리로 읽어가면서 자기 글을 객관적으로 관찰한다. 남의 글을 읽어보고 아이디어를 비틀어 본다. 거장의 글을 계속 읽다 보면 자신만의 색깔을 만들 수 있다. 훔쳐 와서 모방하고 패러디하는 연습을 해본다. 글을 완벽하게 써야 한다는 스트레스는 결국 한 줄도 못 쓰게 만든다.

글쓰기에 필요한 것을 연결하라

로버트 루이스 스티븐스(Robert Louis Stevenson, 영국 소설가)의 어록을 적어본다.

"글쓰기가 어려운 이유는 그저 글을 쓰는 것이 아니라 자신이 의도하는 글을 써야 하기 때문이다. 독자에게 그저 영향을 주는 정도가 아니라 엄밀하게 자신이 원하는 쪽으로 영향을 미쳐야 하기 때문이다."

생각하기 위해 글쓰기가 필요하다.

하버드에서 글쓰기부터 가르치는 이유는 '훌륭한 생각에는 훌륭한 글쓰기가 필요하기 때문이다.' 글쓰기와 사고력은 깊은 연관성이 있다. 아마존 창업자인 제프 베조스는 '글쓰기가 사고력을 계발하는 데 전부'라고 한다.

"자기 생각을 완전한 문장이나 단락으로 표현하려면 더 깊고 체계적으로 생각해야 한다. 수치나 요점을 정리한 개조식 문장보다 서술 구조를 갖춘 글을 쓸 때 내용을 더욱 폭넓고 깊게 생각한다."

하버드생은 입학하면 글쓰기 수업에 매달린다. 졸업 시기에는 생각을 분명하게 표현하고 전달할 줄 아는 작가로 거듭난다. 그리고 학생들이 하버드를 졸업할 때, 글쓰기 수업에서 7가지 능력을 얻게 된다.[3]

① 논의의 출발이 되는 분석적인 질문이나 문제를 제시하는 능력

② 주장을 논리정연하게 구성하는 능력

③ 신중하게 검토된 근거로 주장을 증명하는 능력

④ 빌려온 자료들을 책임감 있게 활용하여 표절을 원천 봉쇄하는

능력

⑤ 상대가 빠르게 이해하도록 표현하고 전달하는 능력

⑥ 주장에 대한 이의를 예상하고 대응하는 능력

⑦ 설득력 있는 에세이와 논문을 작성하는 능력

『150년 하버드 글쓰기 비법』에서 송숙희님은 오레오맵을 제시한다. 오래오맵은 'Opinion(의견), Reason(이유와 근거), Example(사례), Opinion & Offer(의견 강조 및 제안)'의 각 첫 글자를 딴 단어에서 지도라는 지도(Map)를 만드는 것이다. 이 순서대로 생각과 자료를 배열하고 배치(mapping)하면 논리정연한 생각이 완성된다. 이것은 논리적으로 생각하고 설득력 있는 메시지를 만드는 프레임워크이다. 일반인들이 쉽게 따라 할 수 있는 지도다.

'쉽게 따라 하는 글쓰기 원칙'에 나온 항목을 적어본다.

① 결론부터 써라.

② 핵심 생각을 명료하게 전달하라.

③ 메시지를 단락으로 나누어 설득하라.

④ 사례를 들어 독자의 이해를 도와라.

⑤ 근거를 제시하여 믿게 하라.

⑥ 원하는 바를 제안하라.

독자의 감성을 건드리는 4가지 방법을 소개한다. 한 MBA 과정에서 학생들에게 '어떤 기업이 직원을 해고하지 않는 정책을 시행한다'라는 내용을 4가지 방법으로 설명하였다. 각각의 효과를 비교하는 연구를 했다. 여기에서 '사례로 이야기하기' 방식이 가장 효과적이라고

나타났다. 이 방법은 스토리텔링 기술의 일종이다. 독자는 사람이 중심이 된 스토리를 선호한다.[4]

- 사례로 이야기하기
- 통계 데이터 제공하기
- 통계 데이터로 이야기하기
- 경영진이 작성한 정책자료 보여주기

글쓰기에 필요한 것을 연결하는 것 중 가장 신중하게 접근할 내용은 이렇다. 얼마나 주제와 밀접한 사례를 들어 논리적으로 표현하는가? 자신이 의도하는 글을 쓰기 위해 생각하고, 쓰기 위해 자료를 읽고, 쓰면서 배운다. 창의력은 사소한 것을 관찰하고 그 속에 뭔가를 기록하여 아이디어로 창조하는 것이다.

글쓰기는 창의력을 기르는 도구이다. 하나의 주제를 정하여 글쓰기를 평범한 습관으로 연결하라. 글을 잘 쓰면 새로운 문제를 해결하는 능력이 길러진다. 글쓰기 연결 기본원칙은 매일 정해진 분량의 글을 쓰는 것이다.

04
AI도 로봇도 대체할 수 없는 글쓰기의 힘

4차산업혁명 시대는 인간이 힘들어하거나 할 수 없는 일을 인공지능이 하고 있다. AI와 공존할 수밖에 없는 시대라면 지금부터 AI에게 양보할 영역은 무엇인지, AI가 범접할 수 없는 인간만의 영역은 무엇인지, AI를 도구로 활용해 인간의 기술을 보다 향상할 방법이 무엇인지 찾아보자.

글쓰기는 인공지능이 넘보기 힘든 영역이다. 현재 발달한 인공지능은 역시 글쓰기를 할 수 있지만, 인간의 감성을 끌어내는 창의력, 상상력, 어휘 구사력은 따라오지 못한다. 시대가 요구하는 창의력은 '공감력'에서부터 출발한다.

두뇌가 좋아하는 글쓰기 비법

디지털과 데이터 시대에는 인간적인 연결과 감성적인 유대관계가 감소하여 그 가치가 더욱더 중요해진다. 하버드는 사회적으로 성공한 졸업생을 추적 조사한 결과, 성공을 촉진하는 데 지능의 영향력은 20%, 감성의 영향력은 80%에 달했다고 발표했다.

감성이야말로 성공을 위한 열쇠. 이를 증명한 결과이다. AI 시대에는 지식과 정보를 기억하거나 외우지 않고 검색하면 된다. 다만 글쓰기 노트에 자신이 선정한 주제를 반드시 메모해 놓아야 한다.

인지심리학자 대니얼 윌링햄(Daniel T. Wilingham)에 따르면 인간 두뇌의 본래 용도는 '생각'이 아니다. 두뇌는 걷고 뛰고 마시는 등 몸의 움직임을 다스리는 기관이다. 머리 굴리는 일을 아주 싫어하는 두뇌에게 읽기와 듣기는 벅차고 힘든 일이다.

어떻게 해야 두뇌가 내 의견을 재밌게 느끼도록 쓰고 말할 수 있을까? 이제 세상 밖으로 나가 몸으로 부딪치고 경험하고 손과 발을 움직여보자. 관찰하면 지혜가 생기고 다시 고찰함으로써 통찰을 완성한다.

좋은 글을 읽는 독자의 뇌는 도파민이 흐른다. 훌륭한 글쓰기는 보상 시스템을 활성화하는 오피오이드(opioid)를 분비한다. 맛있는 음식, 기분 좋은 목욕, 따뜻한 커피향기처럼 잘 쓴 글은 우리에게 즐거움을 주고 계속해서 읽고 싶게 만든다.

빌 버차드(Bill Birchard)는 작가이자 비즈니스맨을 위한 글쓰기 코치이다. 8가지 'S'가 최고의 글쓰기 특성이라는 사실을 발견했다. 과학적 증거도 그 효과를 뒷받침하고 있다. 이 마법은 다음의 특성을 하나 이상 갖추고 있을 때 일어난다.

즉, 단순하고(simple), 구체적이며(specific), 놀랍고(surprising), 마음을 뒤흔들고(stirring), 유혹적이며(seductive), 스마트하고(smart), 사회적이거나(social), 이야기 중심적(story-driven)일 때다. 이 8가지 S는 비밀병기가 될 수 있다. S들은 모두 다른 즐거운 자극들과 같은 신경 반응을 일으키기 때문에 독자의 관심을 끄는 효과적인 도구이다. 독자에게 재미있는 글을 읽는 보상을 주는 것이다.[5]

신체 근육과 마찬가지로 뇌 근육도 훈련해야 우리 머리가 똑똑해진다. 그리고 그러한 훈련 중 제일 좋은 훈련이 독서와 글쓰기다. 말은 별다른 노력을 안 해도 쉽게 할 수 있는 언어 행위다. 왜 책 읽기와 글쓰기가 다른 방법보다 우리 뇌를 가장 좋아지게 하는 이유는 무엇일까?

그건 바로 글과 문자를 다루는 행위이기 때문이다. 문자해독과 관련된 언어 활동은 의식적인 훈련이 필요하다. 글을 쓰고 읽는 능력은 구조적으로 코딩이 안돼 의식적인(ritual) 활동이 필요하다. 테니스, 혹은 바이올린을 처음 배울 때처럼 해독하는 근육이 필요하다. 독자를 위해 가장 좋은 데이터를 확보하자. 스마트하고 읽기 쉬운 문장으로 독자의 마음을 흔들어 보자.

글쓰기는 마음치유에 효과적이다

미국 심리학협회 발표에 따르면, 감정과 스트레스에 관한 글쓰기는 천식과 관절염, 후천성면역결핍증후군 등 다양한 환자의 면역 체계를 향상한다고 한다. 마음치유 글쓰기는 우리나라에서는 아직 생소하다. 하지만 미국에선 200여 년 전부터 정신질환 치료(治療)의 보조 수단으로 활용하고 있다.[6]

글쓰기는 어떤 효과를 줄까? 글쓰기는 뇌를 끊임없이 자극한다. 연합·조절·조정의 기능을 하는 뇌의 전두엽을 활성화한다. 전두엽 기능이 떨어지면 우울증을 비롯한 각종 정서장애가 나타난다. 글쓰기는 이를 예방한다. 글을 읽고 쓰는 동안 자신과 더 마주할 기회를 얻는다. 평소 그냥 지나쳤던 일도 새롭게 바라보게 된다.

서울 성모병원 정신건강의학과 채정호 교수가 말했다.

"감정은 말로 내뱉으면 대부분 의미 없이 흩어지지만 글로 표현하면 더욱 명확해진다. 자신도 몰랐던 내면의 감정이 정리되는 효과를 얻는다."

글쓰기에는 치유효과(治癒效果)가 있다. 마음을 치료하여 병을 낫게 하는 것이다. 글쓰기를 통해 마음속에 억압된 감정의 응어리가 외부에 표출돼 정신건강을 도와준다.[7] '마음치유 글쓰기'란 글을 쓰는 동안 잠재의식을 불러일으키고 치유하는 힘을 발휘한다. 정신과 의사는 환자에게 먼저 말을 하고 생각은 나중에 해도 된다고 권한다. 두서없는 말일지라도 스스로 말을 하는 것이 중요하기 때문이다. 이런 정신치료를 '말을 통한 치유'라고 한다.

글을 쓰는 것도 마찬가지다. 말을 하는 것과 마찬가지로 먼저 흘러가는 대로 글을 쓰다 보면 지금까지 생각하지 못했던 것이 생각난다.

나만의 시간을 갖는다. 스스로 질문하고, 생각하고, 정리하면서 답을 찾아간다. 나를 만나는 시간이 없다면 정서장애 현상이 일어난다.

글쓰기는 고통, 실망, 슬픔, 고민 등 내면의 일을 표현하는 데 도움이 된다. 자신의 감정을 표현하는 매우 효과적인 방법이다. 정리하면, 정신적인 상처와 불안정한 심리를 치유한다. 이를 '글쓰기 치료'라고 부른다. 독서 치료도 있지만, 글쓰기 치료는 읽기보다 글쓰기에 더욱 중점을 둔다.[8]

이젠 매일 글을 써서 글쓰기 온라인 동호회 카페에 올려보자. 감정을 말로 표현하고 글로 남기는 습관을 만들어 보자. 서로 댓글을 달아주고 공감하는 글쓰기를 하다 보면 지루하지 않고 새로운 에너지도 얻을 수 있다. 사람들과 더불어 글쓰기 공간에 어울리면 글쓰기 두려움을 극복할 수 있다.

'숲의 치유 효과'는 고등식물의 잎이나 꽃, 줄기, 뿌리에서 방출되는 '피톤치드' 힘이다. 글쓰기 카페는 다른 사람의 뛰어난 필력을 읽기도 하고 소박하고 진솔한 내용도 마주할 수 있다. 절실한 마음을 갖는 사람들이 모여 이룬 공간엔 피톤치드가 넘친다.

글쓰기의 힘, 미래인재를 결정한다

독자가 바로 공감하는 좋은 문장은 명료한 표현이 실린 글이다. 카피라이터의 아버지라 불리는 데이비드 오길비는 글을 쓰는 비결로 명료한 글쓰기를 강조한다. 글쓰기가 요구하는 '메시지'를 최대한 간단명료하고 전달하는 방법이다. 문장이 단단하면 거기에 담긴 생각은 저절로 간결하고 명료해진다.

글쓰기는 독자에게 공감대를 형성하고 영향력을 만들어 내는 과정이다. 독자를 자신이 원하는 방향으로 반응하게 만드는 영향력은 자기 생각을 자기 목소리로 전하는 데서 시작한다. 생각이 서툴러도 표현이 거칠어도 내 목소리로 표현하는 연습을 해야 한다.

시공간을 초월해서 말하기와 글쓰기는 인간이 삶을 살아가는 데 있어 중요한 덕목으로 여겨왔다. 과거에는 이 두 가지가 입신양명을 이루는 방법이기도 했다. 지금도 대학 졸업 이후 취업난에 허덕이는 청년들이 많다. 이제는 직장을 찾는 게 아니라, 직업을 만들어서 취업해야 하는 시대다. 이러한 시대를 살아가고 있는 청소년들은 스스로 글을 쓰고, 글에 담긴 의미를 찾아내는 일이다.

현재 청소년들이 취업전선에 뛰어들고 사회생활을 하게 될 때, 글을 통해 자기 생각이나 의견을 정확하게 표현할 줄 알아야 한다. 현재 대기업과 언론 업계 등 구직자들의 선호도가 높은 일자리는 반드시 논술 시험을 본다. 논술 시험은 상황을 제시하고, 정해진 시간과 지면 안에 본인의 의견과 해결책을 설득력 있게 제시한다. 즉, 좋은 일자리를 구하는 데 있어 글쓰기 능력은 필수 요소가 됐다.[9]

AI 시대, 우리 사회와 산업 전반에 있어 큰 변화가 몰려오고 있다. 앞으로 글쓰기 영역의 중요성은 현재보다 더 커질 것이다. 새로운 시대가 요구하는 문제해결 능력과 창의성은 단순히 인공지능과 같은 기술에만 의존할 일이 아니다. 인간이 글로 표현함으로써 재창조될 것이다.

큰 변화가 이미 이루어지고 있다. AI 새로운 기능으로 데이터를 쉽게 준비하고 인간은 인사이트(insight)를 발견하고 분석하여 어려운 사회문제를 해결해야 할 시대다. 4차산업혁명 기술이 주도하게 될 미래의 인재상은 이러한 글쓰기 훈련을 통해 생겨날 것이다.

05

글쓰기로 철학과 심리학을 읽다

바쁜 현대를 살아가는 요즘 사람들은 스트레스를 많이 받는다. 하지만 숲을 자주 찾는다면 스트레스를 상당히 줄일 수 있다. 우리는 의미 있는 삶을 살기 위해 글쓰기를 선택한다. 의미를 찾기 위해 철학과 심리학을 따라 가본다.

주변 사람에게 상처받을 때, 내면 아이에게 말을 걸고 성장과 치유의 에너지를 주어라. 뇌과학에서 전하는 '뇌 가소성 원리'를 알면, 내면 아이에게 긍정적이고 따뜻한 감성 언어를 전달할 수 있다. 질문을 통해 나와 만나고 글쓰기로 자기표현을 하는 용기를 가져보자. 숲이 주는 피톤치드, 바다에서 볼 수 있는 지평선, 그림이 있는 나만의 방 등. 나를 찾는 면역기능은 무엇일까?

내 안의 내면 아이를 품어주는 감성 언어

바닷가재를 먹어 본 적이 없는 사람은 바닷가재에 별로 관심이 없다. 우리는 사회적 환경에 따라 바닷가재에 관심을 두거나 그렇지 않을 수 있다. 자신이 직접 시식을 해봐야 바닷가재를 설명할 수 있다.

바닷가재와 대화를 시작할 수 있게 조력자가 나타나길 바랄 뿐이다. 또한, 바닷가재에서 고급요리를 접하는 보상심리를 얻을 수도 있다. 진정으로 의미는 주변의 모든 것이 하나의 목표를 향해 움직일 때 생겨난다.

전(前) 하버드 심리학과 교수이자 현재는 토론토 대학의 교수로 재직 중인 조던 피터슨 교수는 그의 저서 『12가지 인생의 법칙』에서 인생을 살면서 꼭 실천해야 할 법칙을 설명하고 있다.[10]

① 어깨를 펴고 똑바로 서라.

② 당신 자신을 도와줘야 할 사람처럼 대하라.

③ 당신에게 최고의 모습을 기대하는 사람만 만나라.

④ 당신을 다른 사람과 비교하지 말고 오직 어제의 당신하고만 비교해라.

⑤ 아이를 제대로 키우고 싶다면 처벌을 망설이거나 피하지 말라.

⑥ 세상을 탓하기 전에 방부터 정리하라.

⑦ 쉬운 일이 아니라 의미 있는 길을 선택하라.

⑧ 언제나 진실만을 말하라. 적어도 거짓말은 하지 말라.

⑨ 다른 사람이 말할 때는 당신이 꼭 알아야 할 것을 들려줄 사람이라고 말하라.

⑩ 분명하고 정확하게 말하라.

⑪ 아이들이 스케이트보드를 탈 때 방해하지 말고 내버려 두어라.

⑫ 길에서 고양이와 마주치면 쓰다듬어 주어라.

일단 내 안의 잠재력을 억압하지 말자. 우린 너무 쉽게 남에게 상처를 받지만, 너무 쉽게 남에게 상처를 주기도 한다.

첫째, '어깨를 펴고 똑바로 서라' 당신에게 새로운 도전을 말리지 않을 것이다.

둘째, '당신 자신을 도와줘야 할 사람처럼 대하라' 내면 아이에게 말을 걸어라. 우리 안의 상처 입은 내면 아이가 성장하기 위해서 성인 자아의 도움이 필요하다. 내면 아이는 성장과 치유의 동력을 얻을 수 있다. 그 상처를 대면하고 극복해야만 앞으로 나아갈 수 있다고 용기를 주어라.

셋째, '분명하고 정확하게 말하라' 우리는 모두 콤플렉스를 가지고 있다. 스트레스가 없는 사람이 어디 있겠는가. 마음을 편안하게 하여 친구에게 말하듯이 이 순간에 집중하라. 나 자신을 향한 믿음이 가장 중요하다. 자신의 콤플렉스를 대면하여 드러내고, 개성으로 만들어라.

글쓰기로 나 자신을 드러낼 용기

조던 피터슨 교수는 최근 우울증 증세로 인해 약을 먹고 있다고 스스로 밝혔다. 불행하게도 그의 딸은 24살에 자살을 했다. 사랑하는 아내의 암 투병을 지켜보고, 그도 우울증으로 힘들어했다. 그는 상담 치료를 받고, 마음챙김 훈련을 반복하였다.

그는 서서히 우울증을 극복하기 위해 책을 통해 생생하게 표현했다. 인생의 제1 법칙, '어깨를 펴고 똑바로 서라'는 본인 스스로 하고 싶은 마음 챙김 언어일 것이다. 이런 주장에 학문적 근거를 가지고 정확하게 기술하셨다. 그가 말한 제1법칙은 '두 눈을 크게 뜨고 삶의 엄중한 책임을 다하겠다는 것이다. 혼돈을 질서로 바꾸기 위해 적극적으로 노력하겠다는 의지의 표현이다'라고 기록했다.

제1법칙은 진화학, 심리학, 그리고 뇌과학을 근거로 제시하고 있다. 인공지능 시대에는 더욱더 뇌과학이 중요해진다. 특히 1법칙은 뇌과학에서 말하는 '뇌 가소성 원리'로 설명한다. 이를테면, 우리가 특정한 생각, 체험, 훈련, 학습 등을 하면 뇌의 신경회로도 물리적으로 구조가 조금씩 바뀌게 된다.

예를 들어 공부할 때, 암기를 습관화한 사람은 회피한 사람보다 뇌

속에 더 큰 '해마(Hippocampus)'를 갖고 있다. 또 다른 예로, 실패나 좌절을 겪은 사람이지만 "당신은 성공할 수 있다. 당신은 유능하다." 라는 주장을 계속하면 어떻게 될까? 본인에 대한 관념이 긍정적으로 바뀌고, 그 관념 때문에 실제로 뇌의 시냅스(Synapse) 연결이 강화된다. 본래의 실력이나 역량보다 더 발전하게 된다.

물론 반대로 부작용도 있다. 세부적이고 체계화된 정보가 아니라 단편적인 정보에만 집착하든가, 문자가 아니라 영상에만 지식을 습득하면 말 그대로 단세포 뇌가 된다. 요즘 주변 사람들한테 무시와 조롱 섞인 언어를 계속 들으면 자기 존중감이 떨어진다. 스스로 자신을 비하해 불행한 사건을 간혹 본다.

제2법칙이 필요한 순간이다. "당신 자신을 도와줘야 할 사람처럼 대하라." 마음 챙김의 힘, 불행한 시간 가속도에 제동을 걸어라! 당신을 도와주고 응원할 사람을 찾아보라. 우리 안에는 저마다 생이 끝날 때까지 돌보고 보살펴야 할 내면 아이가 존재한다. 나를 향한 글쓰기로 회복탄력성을 키워보자. '마음 챙김 글쓰기'는 나의 불행한 기억을 타인에게 말하는 용기이다.

질문을 통해 나와 만나기

최진석 서강대 철학과 명예교수는 사회와 소통하는 철학자로 인기가 높다. 그는 질문하는 삶을 살아야 한다고 강조한다. 질문은 나에게 궁금증과 호기심이 안에 머물지 못하고 밖으로 튀어나오는 것이라고 한다.

나의 궁금증과 호기심은 나밖에 없다. 무엇이 나를 나다움으로 만드는가? 바로 궁금증과 호기심이다. 인간은 질문할 때 자기 자신으로 존재한다. 불편함을 느낄 때 자기 자신으로 존재한다. 오롯이 혼자 생각할 때 자기 자신으로 존재한다. 이런 사람을 우리는 독립적 주체라고 표현한다.

독립적 주체만이 질문할 수 있다. 질문하는 자가 능력자이다. 그렇다면 우리는 질문을 하는 사람이 되는 수밖에 없다. 그가 경각심을 주는 질문을 적어본다.

"많은 경전, 좋은 철학책들의 마지막 질문이 뭔지 아는가. 바로 너는 누구냐? 네가 너냐? 이것이 마지막 질문이다."

결국, 능력자가 되기 위해서 해야 할 궁극적인 질문이 무엇일까. 나는 누구인가? 나는 나로 살고 있는가? 아니면 다른 사람의 꿈을 대행해주는 사람인가?

바로 이것이다. 능력이 있는 사람, 행복한 사람이 되는 가장 기본적인 토대는 내가 누구인가를 아는 것, 내가 무엇을 원하는가를 아는 것, 나는 어떤 사람이 되고 싶은가를 아는 것, 나는 어떻게 살다가 가고 싶은 것인가를 아는 것, 이 짧은 인생을 어떻게 살다 갈 것인가를 스스로 결정하는 것. 바로 이것이 가장 중요한 기본이다.[11]

그의 철학적인 저서 『탁월한 사유의 시선』에서 그는 "선진국은 이전까지 없었던 길을 만드는 나라이다. 한국이 지금껏 진정한 선진국 되지 못한 건, 남의 것을 외우고 대답하는 데 집중했기 때문이다. 생각하고 질문하는 것을 해결해야 선진국 도약이 가능하다"라고 주장한다.

지금 어떻게 행동해야 탁월한 사람이 되는가? 궁극적으로 질문을 하는 수밖에 없다. 생각하는 수밖에 없다. 불편함을 느끼는 수밖에 없다. 내가 생각하고 불편함을 느끼면 '나'라는 주체는 독립적 주체가 된다. 독립적 주체가 되기 위해서 '나'에게 부단히 묻고 확인해야 한다. 나는 누구인가, 무엇을 원하는가? 어떤 사람이 되고 싶은가? 끊임없이 물어야 한다.

탁월한 사람은 쉬운 말로 독립적 주체로 살면서 능력자다. 능력자가 되려면 자신의 궁금증과 호기심을 풀어야 한다. 실천하지 않으면 모든 훈련법은 의미가 없다. 자기 자신으로 사는 것은 무엇일까? 내가 하고 싶은 질문은 나밖에 모른다. 결국, 주인으로 사는 삶을 선택하라!

Chapter 2

성공하는 사람들의
글쓰기 노트

작가가 되고 싶다면 당신은 무엇보다 두 가지를 꼭 해야 한다.
많이 읽고 많이 쓸 것.

_스티븐 킹 *Stephen King*

01

글쓰기로 자신감을 폭발시키는 퀀텀 학습법

퀀텀(Quantum)이란 뜻은 에너지를 빛으로 바꾸는 상호작용이다. '퀀텀 글쓰기'는 자기 안에 있는 이런 집요한 목소리들을 하나씩 끄집어내 세상으로 내보낸다는 뜻이다. 미국 엄마들이 말하는 하버드 합격의 필수 조건에는 자기 생각을 글로 잘 표현할 수 있는 능력을 물어본다. 즉 최고의 인재는 생각할 줄 알고, 글쓰기 능력이 있어야 한다.

하버드대학교가 글쓰기를 가르치는 목표는 무엇일까? 바로 논리적인 사고를 향상해, 세계인과 당당하게 맞서는 인재를 만들기 위한 것이다. 자신의 한계를 뛰어넘는 아이디어로 세상과 소통하는 방법을 가르친다.

퀀텀 학습법으로 재미있게 공부하라

퀀텀 학습법(Quantum Learning)은 1800년대 후반, 로자노프 박사의 두뇌 학습에 관한 연구를 기반으로 한다. 가속학습법(Accelerated Learning)을 체계화한 교육 프로그램이다. 우리에겐 아직 조금은 생소한 단어다.

'가속학습법'이란 학생들이 빠른 속도로 학습하는 것이다. 본인이 가진 잠재력을 끌어내어 재미있게 공부하는 것을 핵심으로 삼는다.

또한, 다양한 학습 게임을 통해 '재미', '도전', '책임감', '긍정적 사고' 등 훌륭한 인성 가치를 접목한다. 궁극적으로 학습의 시너지 효과를 기대할 수 있다.

교수자는 학습 순간에 나타나는 다양한 상호작용을 조율하고 관리한다. 학생 자신과 다른 사람들에게 타고난 재능과 능력을 유익한 빛으로 바꿔준다. 초가속 암시학습에서 퀀텀의 의미는 한마디로 학습자조차 모르고 있는 잠재력을 꺼내어 학습 능력을 활성화한다. 또한, 학습자의 상상력을 최대한 자극하여 의식을 확장한다. 학습자의 학습 의욕을 이끌어주면서, 학습 속도를 가속하는 방법이다.

미국 스탠퍼드 대학에서 개발된 가속학습법을 응용한 퀀텀 학습법은 '재미(Fun)'와 '이해(Understanding)'를 기본으로 한다. 퀀텀 학습법은 '학습하는 아이들의 두뇌 성장을 강화'하는 맞춤 학습프로그램으로 해외에서 인정받고 있다. 이를 통해 아이들은 기본적인 읽기 능력 향상과 논리적이며 효과적인 글쓰기 방법을 배운다. 그리고 복잡한 내용을 자신과 연결하여 재구성하는 혁신적인 암기법 등을 습득할 수 있다.

『한 달에 한 권! 퀀텀 책 쓰기』 저자 김병완 작가는 이렇게 말한다.

"문장은 꾸밀 필요가 없고, 뜻만 제대로 전달하면 충분하다. 형편없는 글쓰기라도 매일 꾸준히 글쓰기를 하는 사람과 하지 않는 사람은 지금 당장 차이가 나타나지 않는다. 하지만, 몇 년 후부터 차이가 나타나고 10년 후에는 넘지 못하는 격차가 벌어진다. 이것이 글쓰기의 위력이다. 독서는 풍부한 사람을, 담론은 용의주도한 사람을, 글을 쓰는 것은 정확한 사람을 만든다."

글쓰기로 자신의 한계를 뛰어넘어라

미국 엄마들이 말하는 하버드 합격의 필수 조건을 적어본다.[1]

- 성적이 우수한가?
- 리더십이 있는 학생인가?
- 자기 생각을 글로 잘 표현할 수 있는가?
- 높은 수준으로 다룰 줄 아는 악기가 있는가?
- 어떤 남다른 경험이나 재능이 있는가?
- 자신만의 특별한 무엇이 있는가?
- 자신 있게 할 수 있는 스포츠가 있는가?

최고의 인재는 '생각할 줄 아는가'로 가려진다는 말이다. 세계 명문 대학의 입학시험은 모두 학생들에게 묻고 있었다. 당신은 어떤 생각을 하고 있는가, 무엇을 소중하게 여기는가. 세계 명문 대학은 질문에 대답하는 것을 듣고, 생각을 알고자 한다.

여러분은 철학을 공부하면서 내 생각은 이렇고, 왜 그렇게 생각하는지 찾아가길 바란다. 모범답안보다는 자신만의 의견을 설득력 있게 주장할 것을 강조한다. 하나의 주제에 관해 생각을 깊게 할 때 비로소 글로 잘 표현할 수 있다. 세계인과 당당하게 맞서는 데 필요한 사고를 형성할 수 있다. 사람은 아무리 똑같은 경험을 쌓았더라도 그것을 어떻게 받아들이는가에 따라 가치관이 달라진다.[2]

《하버드 수재 1,600명의 공부법》이란 책을 보면 '다 같은 하버드생인데 왜 어떤 학생은 성공적인 대학 생활을 하고 다른 학생은 실패하는 것일까?'라는 중요한 질문에서 출발한다. 16년 동안 하버드생 1,600명을 인터뷰해서 찾아낸 '하버드생들이 말하는 대학 생활을 성공법'이라고 할 수 있다.[3]

① 시간 관리를 철저히 하라
② 교수와 친해져라
③ 다양한 강의를 골고루 들어라
④ 과제물과 시험이 많은 강의를 택하라
⑤ 공부 모임을 짜라. 가장 이상적인 방법은 혼자서 공부를 하다가, 4~6명으로 구성된 공부 모임에서 친구들과 토론하는 것이다.
⑥ 글쓰기에 주력하라
⑦ 외국어를 공부하라
⑧ 공부와는 무관한 과외활동에 몰두하라
⑨ 문제가 생기면 말하라

피드백은 글쓰기 프레임을 바꾼다. 자신의 글쓰기 단점을 효과적으로 고칠 수 있다. 하버드 대학에서도 학생들이 서로 피드백을 주고받으며 글 다듬는 과정을 반복한다. 강한 문장을 쓰려면 피드백이 필요하다. '셀프 피드백'은 내가 아는 것과 모르는 것이 무엇인지 아는 능력이다.

고쳐쓰기를 할 때 '셀프 피드백' 체크 리스트를 꺼내어 점검표로 활용한다. 독자 피드백은 블로그나 SNS처럼 온라인 오픈 플랫폼에서 글을 쓰라는 뜻이다. 어떤 글을, 어떤 형식으로 썼을 때 호응이 좋은지 관찰하자. 글쓰기 모임에도 참여해 피드백을 주고받자. 전문가 피드백, 날카로운 피드백을 받으려면 글쓰기 전문가를 찾아 나서야 한다. 여러분의 강점과 약점을 예리하게 짚어주고 방향을 설정해준다. 내가 지향하는 글 스타일에 맞는 사람을 찾아보자.[4]

당신의 아이디어를 퍼뜨려라

생각을 글로 바꾸는 데 다섯 단계가 있다. 우리 중에는 자기 생각을 쉽게 펼치지 못하는 사람이 많다. 이야기를 듣는 사람도 무슨 말인지 모른다. 쉬운 우리말로 자기의 생각을 전달하지 못한다면 무엇을 해야 좋을까? 이럴 땐 논리학이 큰 도움이 된다. 논리는 자기 생각을 제대로 펴지 못해 힘들어하는 사람에게 이야기를 술술 풀어준다.

즉, 논리의 기본 동작을 꾸준히 익혀보자. 그러다 보면 당신은 논리의 고수가 되어 있을 것이다.

① 결론이 무엇인가?

② 이유&근거가 있는가?

③ 이유&근거가 정당한가?

④ 이유&근거가 충분한가?

⑤ 결론과 이유&근거를 현실에 적용할 때 문제는 없는가?

예컨대, 직장 상사에게 '저 오늘 조퇴를 했으면 합니다'라고 말했다면 상사의 첫마디는 아마도 '왜?'일 것이다. 주장에 정당한 근거가 있는지 확인하려는 논리 본능이 작동한 결과다. 만약 이 물음에 대해 '그냥요'라고 답했다면 어떻게 될까? 조퇴를 실행하기는 어려울 것이다.

이처럼 주장을 하려면 합당한 이유나 근거를 제시해야 한다. 이를 논리학자는 '증명 책임의 원칙'이라고 부른다. 주장과 근거가 모두 있음을 확인했다면, 이번에는 근거가 설득력이 있는지를 검토해야 한다. 무엇보다 근거는 사실이어야 한다. '몸이 아프다'와 '친구와 선약이 있다' 중 어느 쪽이 정당한 이유가 될 수 있을까?

이유와 근거는 주장을 뒷받침하기에 충분해야 한다. 마지막으로 논리의 고수들은 신중하다. 결론이 분명하고 충분한 근거가 있는 주장이라도 2% 부족할 때가 있다. 변호사들은 재판을 앞두고 '악마의 변호사(devil's advocate)'로 자신의 논리를 점검한다.

악마의 변호사란 자기들이 세운 주장에 맞서 무조건 반대 논리를 펴는 역할을 하는 사람을 말한다. 빠뜨리고 놓친 부분이 없는지, 적의 관점에서 내 생각을 거듭 검토한다. '거듭 점검하기(double check)'는 논리를 세울 때 꼭 해야 하는 기본 중의 기본이다. 계속 훈련한 논리 감각은 삶의 문제를 진단하고 해결책을 찾는 데 큰 도움을 준다.[5]

위대한 아이디어를 얻는 가장 좋은 방법은 많은 아이디어를 얻는 것이다. 어떤 아이디어가 가장 매력적이고 실용적이고 성공 가능성이 클까? 더 많이 이해하면 더 나은 결정을 할 수 있다. 매일 아이디어를 글로 쓰는 것이 중요하다.

매일 달리기를 하는 사람을 생각하면 쉽게 이해할 수 있다. 일단은 질보다 양이다. 충분한 양의 훈련과 연습에서 훌륭한 글쓰기로 나온다. 매일 쓰는 과정을 통해 우리는 성장한다. 일단 글을 쓰라! 글을 쓴다는 행위를 반복하다보면 상상력이 폭발한다.

02 말을 잘하는 사람은 글도 잘 쓴다

말하기의 고수는 언어 자본을 알고 있다. 언어 자본은 말하기와 글쓰기도 포함된다. 세계 어디서나 통용되는 진정한 커뮤니케이션 능력이란 '당신이 하는 말을 상대방에게 주제에 맞게 간단명료하고 이해하기 쉽게 전달하는가?'에 달려있다. 사람의 성격이나 영향력도 말에서 드러난다. 사람은 진실한 말과 존중한 말을 듣고 있을 때, 가장 잘 반응한다. 진실하고 존중하는 말을 쓰면 상대방도 그런 말로 답할 것이다. 부르디외는 탁월함의 전제조건을 '자본'이라고 본다. 우리가 사용하는 말하기와 글쓰기는 어떤 사회적 관계 안에서 성장했는지와 연관이 있다.

언어 자본, 어떻게 말하는가?

20세기의 가장 영향력 있는 언어학자, 로만 야콥슨(Roman Jakobson)은 말은 사람의 타고난 능력이지만, 말을 잘하려면 후천적인 연습에 의존해야 한다고 말했다. 시간을 들여 연습하고, 열심히 말하기 기술을 익히고, 다른 사람이 쌓은 경험까지 흡수해 실전에 활용한다면 누구나 오바마 같은 말하기 고수가 될 수 있다고 전한다.

세계 무대에서 싸우고 싶으면, 자신의 판단과 근거가 되는 이론을 말로 명확하게 설명할 수 있어야 한다. '직감'이 맞더라도 그것을 상대가 알아듣는 말로 전달하지 않으면, 사실을 증명할 수 없다. 최소한의 문장에 최대한의 의미를 담는 연습을 해보자. 세계 어디서나 통용되는 진정한 커뮤니케이션 능력이란 이런 것을 가리킨다.

- 당신이 하는 말은 공정하고 합리적인가?
- 당신이 하는 말은 간결하고 이해하기 쉬운가. 자기 생각을 간단명료하고 이해하기 쉽게 상대방에게 전달 가능한가?
- 당신이 하는 말은 전체적인 내용(자신이 전달하려는 주제)에 부합하는가?

현재《Fortune》지 선정 500대 기업. CEO 연설문 작성자로 일하고 있으며, 소통전문가인 닉 모건(Nick Morgan)은 "말을 간결하게 한다는 것은 간단명료하게 생각을 전달하는 것이다. 사람의 성격이나 영향력도 말에서 드러난다"라고 주장한다.

말하기와 글쓰기 연습은 공통점이 있다. 이런 논리적 말하기는 한 번에 능숙하게 되는 일이 아니다. 가장 간단한 방법은 자신이 말하는 방식과 비교하여 자신이 부족한 요소를 찾아 열심히 훈련하는 것이다. 일상생활에서 많이 연습할수록, 활용할수록 말의 논리력이 더욱 강해진다.[6]

간결하게 말하는 방법을 살펴보자.[7]

① 명확한 의견을 전달하라

"제 의견은 이렇습니다…."

"저는 이렇게 생각합니다…."

"저는 이렇게 해야 더 좋다고 생각합니다…."

어떤 방식을 선택했든지 한 가지는 확실히 해야 한다. 당신의 주장을 한마디로 정리할 수 있어야 한다. 한 마디로 귀결시키는 표현의 가장 훌륭한 예시는 뉴스 제목이다. 신문을 펼치거나 포털사이트에 접속했을 때, 제목만 보고도 이 뉴스가 전달하고자 하는 중심내용이 무엇인지 알 수 있다. 당신은 상대방에게 한 번에 너무 많은 의견을 받아들이도록 강요해서는 안 된다. 하나의 주제를 명확하게 말한 뒤 다음 이야기를 꺼내야 한다.

② 명확한 이유를 설명하라

자신의 주장이나 의견을 강조하고 나서 적당하게 근거를 제시하여 설득력과 논리성을 더해야 한다. 명확하고 정확한 수치와 같은 근거들은 아주 좋은 설득 도구가 된다.

③논리적 신호를 끌어들여라

이 문제에서 저 문제로 넘어갈 때, 논리적 신호가 있으면 청중은 이해하기가 편해진다. '하지만'이라는 단어는 화제를 전환할 때 쓴다. '그래서'라는 단어는 사람들이 의견을 듣고 싶고, 더 많은 의견을 듣고 싶어 한다는 것에 주목하게 만든다. 이를 통해 논리적 신호를 말하는 건, 화제의 전환뿐만 아니라 현재의 주제에 사람들을 참여시키는 역할을 한다. 이제 논리적 신호를 알아보자.

- 요점 신호

  앞의 내용을 간결하게 정리한다.

  (총체적으로, 바꿔 말하면, 요컨대 한마디로, 요약하면 등)

- 이유 신호

  앞의 의견에 대한 근거를 서술한다.

  (제가 이렇게 말하는 것은 … 때문이다. 이렇게 말하는 이유는 … 때문에 등)

- 대비 신호

  앞의 내용과 대비해 주의하라

  (이외에, 혹은, 다른 측면으로는, 주의해야 할 것은 등)

- 전환 신호

  아래 내용은 앞의 내용과 다르다.

  (하지만, 그러나, 그렇다고 할지라도 등)

언어 자본은 어떻게 탁월하게 말하는가를 보여주는 것이다. 유창한 언변으로 사람들과 소통하는 것이다. 다양한 관점에서 구체적, 객관적으로 주제를 설명할 수 있는 능력이다. 어느 장소에서 주제를 어떤 방식으로 말해야 할지 아는 것이 중요하다. '단순하게 써라'는 글쓰기에 대한 기본조건이다. 말하기도 글쓰기와 마찬가지다. 더욱 생생하고 뚜렷한 언어를 사용하면, 청중은 메시지를 잘 기억한다.

지금껏 인간은 경험을 통해 단순한 설명, 단순한 패턴, 단순한 버전을 선호한다. 수십 년 전부터 이러한 추론은 증명되었다. 상대방은 좀 더 나은 예측, 설명, 결정을 할 수 있다. 커뮤니케이션 능력을 향상하기 위해 명확한 의견, 이유, 논리적 신호를 제시해보자.

말하기 연습과 글쓰기 연습은 같다

위대한 연설가로 꼽히는 처칠의 유머는 유명하다. 그에게도 연설은 가끔 힘든 일로 다가오는 때도 있다. 그가 어느 저녁 모임에 갔는데, 차가 회의장 앞에 도착했지만, 차에서 내리지 않자 운전기사가 여러 번 도착했다고 말했다. 그는 "잠깐 기다리게. 즉흥 연설을 해달라는데 무슨 말을 할지 아직 정리되지 않았네"라고 말했다.

이것은 평소 그가 "사전에 철저한 준비가 되지 않으면 아무도 대신해줄 수가 없다"라고 말했던 부분을 뒷받침하는 행동이다. 아무리 훌륭한 즉흥 연설처럼 보여도 실제상황처럼 꾸준한 연습이 필요하다. 철저한 연습이 커뮤니케이션의 완성도를 높이는 것이다.

말하기와 글쓰기 기본조건을 알아보고 철저한 준비를 해보자.[8]

① 완벽한 계획을 세워라.

어떤 사람들은 대화 중에 말을 많이 하는데도 여전히 자기 뜻을 정확하게 전달하지 못하는 경우가 있다. 이를 개선하는 좋은 방법은 말을 시작하기 전, 머릿속에 초기 계획을 세운 후에 주제에 불필요한 내용을 없앤 뒤 중요한 내용만을 말로 꺼내는 것이다.

② 같은 언어를 중복하지 말라.

우리는 때로 반복되는 단어와 구절(句節)을 사용하여 다른 사람의 주의를 끌거나 의미를 강조한다. 하지만 이를 남용하면 흥미롭지 않다. 예를 들어 많은 사람이 어떤 의문이 풀리지 않을 때, 자주 "왜, 왜?"라는 표현을 남용한다. "왜?"를 한 번 사용하면 당신의 의문을 알 수 있다. 두 번 사용하면 약간의 무지함을 표현하게 된다. 또 다른 사람에게 대답할 때 반복적으로 "그래, 그래, 그래."라고 말하면, 당신이 동의나 공감을 표현할 때 진정성이 줄어든다.

③ 같은 단어를 너무 자주 쓰지 마라.

대화에서 단어의 양이 풍부하고 다채로워야 좋다. 말할 때마다 유명인사처럼 새로운 어휘를 만들어 내야 하는 것은 아니지만 최대한 다양한 표현을 사용해야 한다. 하나의 명사만 너무 빈번하게 사용하지 말아야 한다. 한정된 단어나 한두 가지의 말하기 방식을 자주 사용하면, 사람들은 당신을 지루하게 느끼고 어휘력의 한계와 식견이 부족함을 느낀다. 여러 번 반복하면 사람들은 싫증을 드러낸다.

④ 말하는 습관을 고쳐라.

사람들은 말하는 중에 자신의 말 습관이 나온다. 말 앞에 추임새를 붙이거나 특정 단어를 사용하는 것들이다. 예를 들어 "세상에", "아이고", "절대", "어떻게 이럴 수 있을까? 등. 말의 주제와 상관이 없다면 말하기 효과에 나쁜 영향을 준다.

⑤ 저속한 단어를 사용하지 마라.

언어는 개인의 성격을 드러내고 말을 하는 사람의 품위를 나타낸다. 예를 들어 외모가 출중해도 저속한 말을 사용하면 우리는 그의 품격을 의심한다. 어떤 사람이 당신 앞에서 저속한 말을 계속한다면 당신 기분은 어떨까? 반대로 당신이 저속한 말을 계속한다면 상대는 어떻게 생각할까? 사람들은 저속한 한 사람과 가까이하지 않을 가능성이 크다.

⑥ 전문적인 용어를 남용하지 마라.

특히 대화 상대가 비전문가일 경우, 전문적인 문제를 토론하는 시간이 아니면 전문 용어는 될 수 있으면 언급하지 않는다. 어려운 전문 용어는 대화의 중단을 예고한다. 당신 말이 무슨 뜻인지 다시 설명해야 한다. 이런 문제로 복잡한 설명만 늘어난다.

말하기와 글쓰기 기본조건은 화려한 장식을 모두 벗겨내야 설득력이 높아진다. 간결하고 정확한 표현으로 문장 고쳐쓰기 연습을 해보자. 고쳐쓰기 1단계는 문단 고쳐쓰기, 2단계는 문장 고쳐쓰기다. 1단계는 주제가 잘 드러나는지 확인한다. 한 문단에는 중심 생각(메시지)을 하나만 있어야 한다. 2단계는 문장 하나하나를 보기 좋게 다듬는다. 불필요한 단어 줄이기, 능동태 사용하기는 단순한 글쓰기를 위한 두 가지 방법이다. 굳이 설명하지 않아도 누구나 알 수 있는 내용은 뺀다. 무엇을 뺄까? 핵심 부분까지 파고 들어가 정리해놓고 관계없는 내용은 하나씩 지워보자.

대가(大家)의 것을 자신의 것으로 만들라

제2차 세계대전 동안 영국 총리로서 연합군의 승리를 이끈 윈스턴 처칠이 쓴 저서『제2차 세계대전』. 이 책으로 처칠은 노벨문학상을 받았다. 제2차 세계대전 과정을 시간의 순서에 따라 기술했다. 전쟁 당사국 수장으로서 직접 전쟁을 지휘한 경험을 생생하게 표현했다.

어릴 때 고전에서 얻은 문학적 소양이 큰 구실을 했다고 한다. 그는 특파원으로 일하면서 전장(戰場)의 기록을 신문에 기고해 명성을 얻었다. 26살에 하원의원으로 정계에 입문한 것도 제2차 보어전쟁 때

특파원으로 종군하다 포로가 되고 탈출하면서 전쟁영웅으로 떠올랐기 때문이다.

2차 세계대전 때 독일 나치에 맞서던 영국이 번번이 패배하자 전 국민의 마음이 흔들리고, 군인들의 사기도 떨어지게 되었다. 영국 총리였던 처칠은 나라의 앞날을 위해 군사들의 사기를 돋울 수 있는 연설을 해야겠다고 생각했다. 군모를 쓴 처칠이 지팡이를 짚고 천천히 강단 위로 올라갔다. 그는 군모를 벗어 강단 위에 올려놓고 왼쪽에서부터 오른쪽까지 눈앞에 군사들을 쳐다보고 이렇게 말했다.

"절대 포기하지 마라!"

그리고 다시 오른쪽에서부터 왼쪽까지 군사들을 쳐다보고 말했다.

"절대 포기하지 마라!"

온 부대가 쥐 죽은 듯 조용했고, 처칠은 다시 한번 큰 소리로 외쳤다.

"절대 포기하지 마라, 절대 포기하지 마라, 절대 포기하지 마라, 절대 포기하지 마라!"

이때 모든 군인은 흥분하여 환호성을 지르며 서로를 포옹하는 소리가 온 부대를 뒤덮었다. 그 후, 영국군은 전장에서 잇달아 승리를 거뒀다. 이는 처칠의 가장 유명한 연설이다. 가장 적은 단어로 가장 큰 힘을 발휘했으며 묵직하고 깊은 의미를 전달했다.[9]

당신이 가치 있는 사람이라고 인정받고 싶다면 간결한 말로 적절하게 말해보라! 간결한 말하기 방식을 활용하면, 듣는 사람이 구체적이고 중요한 문제에 집중할 수 있다. 또 다른 장점은 살아 숨 쉬는 생동감을 느끼게 해준다는 것이다. 사람들은 간결한 말하기를 구사하는 사람과 관계 맺기를 원한다. 비교적 짧은 시간 안에 비교적 많은 정보를 얻을 수 있기 때문이다. 소통전문가 닉 모건(Nick Morgan)의 연구에서도 이런 사람이 인간관계에서 더 강력한 영향력을 지닌다는 사실이 증명되었다.

좋은 연설은 사람들을 사로잡고 분열을 치유하며, 도전을 극복할 힘을 만든다. 그의 연설은 강력한 메시지와 반복으로, 국민에게 승리에 대한 자신감을 불어넣었다. 우리는 모방을 통해 우리의 본보기와 조금씩 닮아간다. 역사적으로 출중한 지도력을 연구해 온 제임스 C. 흄스는 영국의 총리 윈스턴 처칠(Winston Churchill)의 설득력 높은 연설을 '크림(CREAM) 공식'으로 정리했다.[10]

① 대비하기(Contrast)

우리의 정책은 무엇인가? 우리의 목표는 무엇인가?

② 리듬(Rhyme), 운율 맞추기

승리, 어떤 대가를 지급하더라도 어떤 폭력을 무릅쓰고라도

승리, 거기에 이르는 길이 아무리 길고 험해도

승리, 승리 없이는 생존도 없으므로 오직 승리뿐입니다.

③ 에코(Echo), 반복하기

왼쪽에서부터 오른쪽까지 눈앞에선 군사들을 훑어보고 이렇게 말했다. "절대 포기하지 마라!" 그리고 다시 오른쪽에서부터 왼쪽까지 군사들을 훑어보고 말했다. "절대 포기하지 마라!"

④ 따라 하기(Alike)

나는 우리의 대의명분이 절대 실패하지 않을 것이라고 확신합니다. 나는 이 시점에서 여러분들의 도움을 요구할 자격이 있다고 느끼면서 호소합니다. "자, 단합된 우리의 힘을 믿고 우리 모두 전진합시다! 전진합시다! 전진합시다!."

⑤ 은유(Metaphor), 빗대어 표현하기

프랑스 스트라스부르에서 열린 유럽회의(CE) 첫 의회 개막 행사에서 군중들에게 손가락으로 승리의 V자를 보여주고 있다. 처칠은 "우리는 다른 나라의 대표가 아니라 함께 나아가는 유럽의 대표로서 여기 모였다"라고 역설했다.

처칠이 존경받는 전쟁영웅이자 정치인이 된 바탕에는 글쓰기가 있었다. 전시(戰時)에 영국 국민을 하나로 모은 그의 훌륭한 언변도 평소 닦은 글솜씨 덕분이었다. 나치 독일은 1940년에 영국 본토를 대상으로 격렬한 공습(攻襲)을 했다.

아래는 매우 급한 전쟁 상황 속에서 처칠 총리가 내각을 대상으로 보낸 메모다. 전쟁 속에서 긴박한 시간을 단축하기 위한 보고서를 주문한다.[11] 보고서를 쓸 때는 가장 중요한 내용을 먼저 써라. 핵심 내용을 앞에 배치한다. 짧은 보고서라도 계획을 세우면 읽기 쉬운 글을 쓸 수 있다. 처칠 스타일 보고서 형식을 배워, 쉽고 간단한 스마트보고서를 만들자.

- 목적은 짧고 간단명료한 문단으로, 핵심을 잘 전달하는 보고서를 만들자.
- 만약 보고서가 복잡한 요소들에 관한 심층적 분석 또는 통계에 기반하고 있다면, 이들은 부록(appendix)으로 가야 한다.
- 가끔은 모든 내용을 일일이 다 적은 보고서보다 핵심 키워드만으로 구성된 보고서가 더 나을 때가 있다. 세부사항을 적은 자료를 준비하고 있다가 필요할 때 구두로 설명한다.
- 이런 문장은 이제 그만 사용하자.

'다음과 같은 사항들을 명심하는 것 역시 중요하다.' 또한 '실행의 가능성에 대해 고려해야 할 사항들이 있다.' 이렇게 두리뭉실한 표현들은 단지 글을 길게 만들기 위해서 불필요하게 집어넣은 군더더기다. 단어 하나로 얼마든지 대체할 수 있다. 짧은 표현, 즉 대화체라도 좋다. 처칠이 제안하는 보고서는 기존의 관공서 용어와 비교하면, 처음 보기엔 거칠고 서툴러 보일 수 있다. 그러나 시간을 절약하는 것은 매우 중요한 일이다. 핵심을 간결하게 작성하는 원칙은 사고를 명료하게 하는데, 분명 도움이 될 것이다.

〈출처: Winston Churchill on "Brevity"〉

03

능동적인 사람의 능동적인 글쓰기

능동적인 태도는 좋은 습관을 바탕으로 한다. 벤저민 프랭클린이 가진 글쓰기 훈련은 '의식적인 연습(deliberate practice)'이다. 이러한 서평 쓰기를 꾸준히 하면, 자기만의 분석과 평가를 할 수 있다. 능동적인 태도는 타고난 특성이 아니다. 능동적인 사람이 되려면 부단히 도전하고 노력해야 한다.

스티븐 킹은 다양한 매체를 통해 소통하기를 즐긴다. 그는 소설가의 무기는 '문장을 잘 쓰는 것'이라고 한다. '수동태를 피하고 부사를 최대한 쓰지 말라'고도 충고한다. 글을 수동태로 쓴다면 생활 습관이나 학습 태도도 수동적으로 바뀔 가능성이 크다. 우리말은 피동문으로 쓰면, 행위 주체가 숨어버리거나 뜻이 모호해져 내용 전달을 방해한다. 불가피한 경우를 제외하곤 능동형으로 쓰는 것이 좋다.

의식적인 연습으로 글쓰기를 하여라

미국 달러에 있는 지폐에 대통령이 아닌 사람은 초대 재무장관 알렉산더 해밀턴(10달러)과 벤저민 프랭클린(100달러) 두 명뿐이다. 벤저민 프랭클린(Benjamin Franklin)은 10살 때 집안 형편으로 인해 다니던 학교를 2년 만에 그만두었다. 형의 인쇄소에서 일을 배우기 시작하였다. 가난하고 초등학교도 다니지 못한 그가 어떻게 미국인이 존경하는 위대한 인물이 될 수 있었을까? 그 비결은 그의 자서전 '프랭클린 자서전(The Autobiography of Benjamin Franklin)'에 나와 있다. 그는 꾸준한 자기계발을 통해 더 나은 삶을 살기 위해 능동적인 사람으로 성장했다.

자기계발(自己啓發) 서적을 최초로 만들어 미국인들에게 큰 영향을 주었다. 10대에 프랭클린은 글을 잘 쓰지 못했지만, 순전히 독학으로 자신만의 글쓰기 훈련법을 개발해 위대한 작가가 되었다. 그가 개발

(開發)한 글쓰기 비법을 알아보자. 그가 했던 글쓰기 훈련의 핵심은 '의식적인 연습(deliberate practice)'이었다. 요약하면 아래와 같다.

① 단계, 책이나 잡지의 좋은 글을 찾아 요약한다.

② 단계, 며칠 동안 그 글에 대해 잊어버린다.

③ 단계, 자신이 요약했던 글을 바탕으로 원문에 해당하는 글을 쓴다.

④ 단계, 자신이 쓴 글과 원문을 비교해보고 잘못된 부분을 고친다.

프랭클린의 글쓰기 훈련법은 서평 쓰기와 같은 방법이다. 이제 서평을 실제 작성해보자. 이렇게 네 단계를 거치면서 서평을 완성한다.[12]

첫째, 책 고르기

좋은 책을 고르는 일이 우선이다. 좋은 책으로 출발해야 좋은 서평이 나온다고 말할 수 있다. 책을 읽는 행위인 독서 활동부터가 서평 쓰기에 포함된다.

둘째, 책 읽기

① 핵심 파악하기

책을 펼쳐서 5가지 항목을 중심으로 꼼꼼하게 읽는다. 순서는 제목, 부제목, 저자 소개, 프롤로그, 목차 순서로 읽어나간다. 앞부분 다섯 가지 항목만 읽어도 책 전체가 대략 파악할 수 있다. 책 전부를 읽지 않아도 저자 집필 의도나 방향 등 핵심 내용이 드러난다. 여기에 책에 대한 부가적 소개나 저자와 관련한 세부 정보를 찾아 나간다. 인터넷에서 세부 정보를 검색해서 필요한 내용을 뽑는다. 핵심 정보를 찾아 메모하는 방법을 추천한다.

② 비판적 읽기

전체 흐름이 주제 하나로 흐르는지 글의 일관성에 파악하며 책을 읽는다. 앞부분 이야기와 뒷부분 이야기가 하나로 맞춰져야 좋은 글이다. 저자의 주장만으로 가득한 글은 일방적이며 설득력이 떨어진다. 반드시 증거, 즉 근거에 의해서 충분히 뒷받침하는지 확인하는 습관이 필요하다.

• 책을 읽으면서 질문을 항상 던져야 한다. 저자가 이 부분에서 강한 주장을 펼친 이유는 무엇일까? 과연 접근법은 새로운가? 핵심은 어떤 것인가? 무엇을 새롭게 배웠나? 등등 질문을 던지는 것과 동시에 자기가 판단하는 대답을 내놓는 것도 중요하다. 자기가 이해하는 부분과 기존 지식을 통해 답을 찾아가는 과정이 의미를 더한다.

• 책을 통해 무엇을 배우는가? 어떠한 점이 새로운가? 항상 기억하고 기록한다. 그리고 새롭게 읽고 배운 것과 이미 알던 것 사이에 연결고리 즉, 링크(Link)를 만들어 본다. 그러면 새로운 아이디어를 얻을 수도 있다. 의미가 없어 보이던 문장과 내용이 선 하나로 연결되면서 이야기를 완성한다. 책이 주는 정보를 자기 견해와 연결해본다. 줄거리와 맥락을, 선을 연결하는 연습이 중요하다.

비판적 읽기 방법을 정리해 보자.

• 책 흐름의 일관성 파악하기

• 책과 저자에게 질문을 던지며 책 읽기

• 책 정보와 자기 기록을 토대로 '연결고리' 만들기

• 책을 읽으면서 메모하고 질문하면서 이해와 감상한다. 이를 기초로 자기만의 분석과 평가를 해본다.

③내용 요약하기

줄거리를 잘 요약한다는 의미는 책 내용을 이해했다는 말이다. 단순 줄거리를 설명하기보다 책이 나오게 된 배경, 책에서 문제 삼는 대상이나 주장 등을 염두에 두고 책 내용을 요약한다. 주의할 부분은 저자가 전달하는 의미를 가능한 그대로 받아들이며 지나친 비판을 피해야 한다.

셋째, 글감 정하기

책을 꼼꼼하게 읽었다면 다음은 객관적인 입장에서 관찰하고 바라보아야 한다. 이제 그것들 사이를 꿰뚫는 새 관점을 만들어야 한다. 새로운 제3의 시각을 제시하는 것, 그것이 바로 글의 주제를 정하는 것이다. 넓고 깊게 반복하다 보면 불현듯 통찰의 순간이 온다. 개인의 좁은 안목과 시야가 확장되면서 보편적인 사물의 이치가 드러나는 것이다. 관찰과 통찰이 글을 쓰기 위한 전제조건이라는 의미다. 마찬가지로 사물에 대한 새로운 통찰 없이는 제대로 된 글을 쓸 수 없다.

넷째, 서평 쓰기

저자와 생각을 비교하며 글을 쓴다. 서평의 핵심은 책에 대한 평가다. 책의 내용을 객관적으로 파악하는 것이 먼저 필요하다. 저서의 내용과 저자의 관점을 파악한 이후에 독자 관점에서 서로 비교하는 과정을 거쳐야 좋다. 좋은 비평은 논리적 근거와 객관적 타당성을 갖춰야 설득력 있다.

서평을 잘 쓰기 위해서는 저자와 진솔하게 대화하려는 적극적인 자세가 중요하다. 저자가 전하는 메시지를 이해하려는 노력이 필요하다. 책 읽는 일이 다소 힘들지만, 저자에게 책에 대해 계속 질문을 던진다. 또한, 책을 읽으면서 중간중간 메모를 하면 기억하기 수월하다. 저자의 관심을 세심하게 요약하고 정리하면 책 읽기가 점차 편안해진다.

벤저민 프랭클린도 의식적인 연습을 통해 글이 좋아졌다고 말한다. 『프랭클린 자서전』에 의하면 프랭클린은 제일 좋아했던 잡지인

《스펙테이터 Spectator》에서 최고로 잘 쓴 글을 모아 두었다고 한다. 그는 글을 메모하며 읽고 또 읽은 다음에 그가 쓴 글과 원문을 비교해서 잘못 쓴 부분을 찾아내 수정했다. 구체적인 약점에 초점을 맞추고 끈질기게 반복 연습했다. 문제를 인식하고 나면 언젠가는 문제의 본질을 깨닫는 통찰의 순간이 온다. 통찰은 결코 저절로 오지 않는다.

글쓰기, 세상과 소통하고 비전을 제시하라

미국 최고의 베스트셀러 작가인 스티븐 킹(Stephen King)을 모르는 사람은 없을 것이다. 스티븐 킹은 지난 40여 년 동안 소설 외에도 각종 기고와 서평, 강연은 물론 자신의 의견을 듬뿍 담은 트위터(tweet)까지 다양한 매체를 통해 세상과 소통해왔다.

스티븐 킹은 현존하는 작가 중 가장 많은 영화 원작을 보유한 작가다. 놀랍게도, 그의 장·단편 소설을 아울러 34편에 이르는 작품이 영화화됐다. 약 65편의 극장 영화와 약 40편의 TV 영화를 합치면, 총 105편에 이르는 영화가 바로 스티븐 킹의 소설을 원작으로 태어난 것이다. 그의 작품이 가장 많이 영화로 제작되어 기네스북에도 등재되었다.

스티븐 킹은 활발한 트위터 사용자(Twitterian)다. 거의 매일 게시물을 남긴다. 영화나 책에 관한 코멘트를 남긴다. 영화광이기도 한 그는 자신이 주력하는 공포·스릴러 장르 영화에 대한 평을 부지런히 게시한다. 한국 영화 〈설국열차〉와 〈부산행〉에 대한 극찬의 코멘트도 트위터를 통해 게시된 바 있다.[13]

『유혹하는 글쓰기』는 '스티븐 킹의 창작론'이란 부제에 걸맞게 소설 창작론이 주를 이루고 있다. 스티븐 킹은 소설가의 무기는 당연히 문장이라 강조한다. '수동태를 피하고 부사를 최대한 쓰지 말라'는 충고는 글쓰기에서는 누구라도 참고할 만한 얘기다. 초등학생 수준의 어휘로도 빼어난 문장을 만든 존 스타인벡을 예로 든다. '고상한 척하는 단어를 피하라'는 제안들은 글쓰기 감각을 높여주고 있다.

그는 이 책에서 어린 시절의 싸움, 글쓰기, 장년기의 교통사고 등 자신의 경험을 녹여 글쓰기 비법을 공개하고 있다. 사람들이 영상에 익숙해진 시대에, 특히 이런 제안에 눈길이 가는 이유는 '글쓰기는 어떠해야 하는가'를 스티븐 킹에게 배울 수 있기 때문이다. 잘 쓴 소설은 독자의 이해를 돕는 치밀한 묘사, 담백한 대화, 진실의 추구로 판가름 난다는 것이다. 그가 강조한 실용적인 글쓰기 비결을 전한다.

"꾸준히 책을 읽으면, 언젠가는 자의식을 느끼지 않는다. 언젠가는 글을 쓸 수 있는 어떤 지점에 이르게 된다. 자신의 글에 도취하지 않는다면, 문제투성이 초안을 고치는 데 큰 도움을 준다. 많이 읽어라. 잘 쓰게 될 것이다."

『해리포터』 시리즈는 작가의 정신력이 없었다면 출판되지 못했을 것이다. 조앤 롤링(Joanne Kathleen Rowling)은 1권을 쓰는 동안 어머니를 잃었고, 결혼 생활이 파국을 맞이했다. 홀로 아이를 키우며 실업 급여로 생계를 이어갔다. 마침내 블룸즈버리 출판사가 책을 출간하기로 했다.

하지만 출판사는 이런 아동 문학으로는 돈을 벌기 어려우니, 안정적인 직업을 찾는 게 좋겠다고 충고했다. 그녀는 이 충고를 무시하고 계속 주제, 캐릭터, 문체를 더 세부적으로 다듬었다. 결국, 아동 문학으로 수십억 달러를 벌어들인 최초의 여성 작가가 되었다. 그녀가 남긴 말은 "가장 어두운 순간일지라도 불을 켜는 것을 기억한다면, 행복은 찾을 수 있다." 능동적인 사람은 결단력과 열정적인 노력, 이것이 성공의 바탕이라고 믿는다.

능동적인 목소리를 내라

스티븐 킹은 굳이 낱말을 화려하게 치장하는 것만큼, 쓸데없는 짓은 없다고 말한다. 제일 먼저 떠오른 낱말이 아무리 쉽다고 해도, 상황에 적합하다면 당연히 그것을 써야 한다. 원래 낱말보다 어렵고 소위 '있어 보이는' 다른 낱말을 찾는다고 해도, 오히려 당신이 전하려는 본뜻을 명확하게 전하지 못한다. 낱말은 의미를 담는 그릇일 뿐이다. 평이하고 직설적인 표현을 쓴다고 해서, 글의 수준이 낮아지는 것이 아니다. 오히려 글은 더욱 명확해질 것이다.

스티븐 킹에 의하면, 수동태는 '나약하고, 우회적일 뿐 아니라 종종 괴롭기까지 해서 한사코 피해야 하는 것'이다. 능동태는 문장의 주어가 행동을 하는 주체이다. 수동태는 문장의 주어가 행동의 대상이 된다. 따라서 자기 글에 자신이 없는 사람들이 수동태를 많이 쓴다. '회의는 7시에 개최될 예정입니다'라고 쓰지 말고, '회의 시간은 7시입니다'라고 써라.

'작가에 의해 밧줄이 던져졌다'가 아니라, '작가가 밧줄을 던졌다'로 써라. 수동태는 문장을 복잡하게 만들고, 그 의미를 모호하게 한다. 능동태로 문장을 구사하여 자신의 말뜻을 확실히 전해라. 수동적인 사람들이 쓰는 동사는 행동을 늦추지만, 능동적인 사람들이 쓰는 동사는 주도권을 잡고 활동을 취한다. 다음 예문을 통해 수동적인 목소리가 어떤 것인지 알아보자.

예제

① 대책위원회의 회의 안건은 의장에 의해 만들어졌다(수동형 문장).

② 의장이 대책위원회의 회의 안건을 만들었다(능동형 문장).

누가 누구에게 무엇을 하는가? 즉, 문장에서 주어가 실제로 행동하도록 단어를 바꾼다.

능동형 문장으로 바꿈으로써 다음 두 가지를 이룰 수 있다. '만들어졌다'와 같은 약한 단어 대신 '만들었다'고 같이 강하고 적극적인 단어를 쓴다. 능동문의 올바른 사용, 즉 주어~ 목적어~ 동사 순서대로 문장을 쓴다. 문장을 짧고 단단하게 만든다. 결국, 행동을 책임지는 사람이 문장 맨 처음에 온다.

힘차고 활동적인 동사를 사용하라. 행위를 나타내고 움직임을 만드는 어휘이기 때문에 동사는 문장에서 핵심 단어이다. 활동적인 동사를 쓸 때 글은 생명력을 갖는다. '곧 필요합니다'라고 하는 대신 '2시까지 필요합니다'라고 말하자. '당신한테서 듣고 싶습니다'라고 하지 말고 '오늘 전화해주십시오'라고 표현하자.

능동적인 생각을 하고 살아야겠다는 걸 깨닫는 순간, 능동적인 글쓰기 나온다. 왜 능동적인 글쓰기가 필요할까? 우리는 위에서 벤저민 프랭클린이 강조한 '의식적인 연습'이 글쓰기에 도움이 된다는 사실을 알았다. 그는 독학으로 자신만의 글쓰기 훈련법을 개발했고, 능동적인 책 쓰기 행위를 시작했다.

많은 작가는 먼저 책상에 앉고, 책 쓰기 행위를 하라고 한다. 능동적인 글쓰기는 새로운 사고력과 표현력을 길러주고 성공의 밑거름이 된다. 성공하기 위하여, 취업하기 위하여 능동적인 태도를 갖는 것은 중요하다. 그런데 이런 습관은 단기간에 기르기 어렵다. 평소에 꾸준히 자신의 생활 습관과 학습 태도를 점검하고, 의식적으로 노력해야 가능하다.

04

기억력이 폭발적으로 늘어나는 노트 TM을 만들다

여러분은 무엇이 궁금한가? 참을 수 없는 질문은 무엇인가? 잠들기 전 마지막 순간까지, 곁을 떠나지 않고 자신을 괴롭히는 질문은 무엇인가? 작가로서 여러분은 자신이 무엇을 궁금해하는지 알 필요가 있다.

왜냐하면, 그것이 훌륭한 글을 쓸 수 있게 만들어준다. 여러분이 관심을 두거나 호기심을 느끼는 모든 것을 '작가 노트'에 기록하여 남겨두자.

보물상자처럼 작가 노트를 활용하라. 수집한 자료에 호기심으로 질문한다. 자신의 주제에 관해 모은 것은 작가처럼 읽어본다. 잠시 긴장을 풀고 습작하는 시간을 갖는다. 습작은 뇌를 최적의 상태를 유지하는 열쇠이다. 글쓰기 능력을 단련시킬 때 여러분은 항상 깨어있다.

천재들의 학습법, '노트 TM 기법'

천재들의 공부법을 따라가다 보면 누구나 천재가 될 수 있다. 사실

공부하는 법은 공식을 외우듯, 문법을 공부하듯, 익혀야 한다. 그런 의미에서 '글쓰기 퀀텀 학습법'은 매우 중요한 결과물이다. '천재들의 글쓰기 비법'은 자신감과 성공에 필요한 읽기, 쓰기, 암기, 학습 스타일, 노트 필기, 사고기법이다.

연구에 따르면, 퀀텀 학습법을 습득하면 성적은 물론 학교와 가정의 삶 전체에 긍정적 영향을 끼친다는 것이 증명되었다. 일단, 학습법을 통해 배운 자신감은 어디서 무엇을 하든지, 삶에서 배어 나오기 때문이다.

'노트 TM'은 퀀텀 학습 교육자인 마크 리어던(Mark Reardon)이 만들었다. 노트에 메모하는 것은 기억하고 싶은 정보를 적는 것이다. 노트를 만드는 것은 그 정보에 관한 자기 생각과 인상을 적는 것이다. 이 두 가지 요소를 함께 적으면 곧바로 정보에 집중할 수 있다. 그 정보를 자신에게 더욱 의미 있는 것으로 만들 수 있다. 우리가 어떤 것을 기억하는 비결은 그것을 자신에게 중요한 것으로 만드는 것이다.

나만의 노트를 만들기 위해 '노트 TM 기법'을 사용해보자.

노트 TM(Taking Making) 기법이란 노트에 필기할 때 그 옆에 자기만의 생각과 감정 등을 자세히 메모하는 것이다. 나중에 노트를 펼쳤을 때, 우리 두뇌는 그 메모를 읽으며 당시 수업 장면을 생생하게 떠올린다. 노트 TM은 수업 중에 선생님이 말한 내용을 적으며 나만의 생각, 감정, 평가를 더 한다. 두뇌의 활동 영역, 의식과 무의식, 모두를 활용하는 놀라운 노트 필기 방법이다.[14]

글쓰기 노트는 수집된 통찰력과 아이디어를 시험할 수 있는 근거의 원천이다. 이러한 통찰력은 특별한 방법으로 발생할 수 있다. 결국, 에세이, 기사, 이야기 등 글의 기초가 될 수 있는 인상, 관찰 및 아이디어의 기록이다. 항상 노트를 가지고 다니며 기록하라.

단기 기억은 정보를 3분 동안만 유지한다. 종이를 쓰지 않는다면 영원히 생각을 잃을 수 있다. 당신이 아무 말도 하지 않아도, 손을 움직여라. 글쓰기 노트를 관리하고 기록하면, 시간이 지남에 따라 어떻게 인식이 변하고 성장하는지에 대한 기록이 된다. 이제 글쓰기 데이터를 자산(資産)으로 관리하자.

성공하는 글쓰기 습관, 나의 스타일을 만들자

『성공하는 사람들의 7가지 습관』은 우리나라에서 번역 출간하여 장기 베스트셀러이다. 이 책의 저자 스티븐 코비는 제1법칙, "자신의 삶을 주도하라"라고 주문한다. 주도적 인간이 자신의 삶에서 성공할 수 있다는 뜻이다. 주도적 인간은 오랫동안 깊이 생각한 가치를 토대로 선택하고 행동한다. 주변 여건이나 분위기를 탓하지 않는다. 이런 '자기 주도성'은 동서고금을 통틀어 성공한 리더에게 공통으로 나타나는 덕목이다.[15]

성공은 특별한 사람만 이루는 게 아니다. 우리는 모두 다르게 똑똑하다. 나의 글쓰기 스타일은 어떤가?

첫째, 내게 적합한 글쓰기 스타일을 파악한다.

'그것이 나에게 무슨 도움이 되는가?(WIIFM, What's In It For Me)'를 생각한다. 어느 순간 마음속에 강한 동기가 생긴다. 기억력이 폭발적으로 높아지는 것을 경험하게 된다.

둘째, 내가 집중하는 주제 방향성을 파악한다.

이 글을 읽는 사람은 누구인가? 글의 목적은 무엇인가? 이 글을 통해 이루고자 하는 목표는 무엇인가?

셋째, 나만의 천재성을 파악한다.

자기 능력에 대한 부정적인 편견을 버려라. 긍정적이고 자신감 넘치는 인식이 필요하다. 자신이 원하는 것은 무엇이든 배울 수 있다는 믿음으로 바꿔야 한다. 나는 그들에게 무엇을 남기고자 하는가? 나는 어떤 어조로 해결책을 제시할 것인가?

성공하는 글쓰기 노트를 만드는 습관은 무엇일까?

첫째, 작가처럼 생각하라.

작가는 평범한 사람이다, 작가가 아닌 보통 사람도 일상적인 감정을 느낀다. 작가는 모든 생각과 감정, 느낌, 의견 등. 그냥 흘려버리지 않고 반응한다. 그 반응을 기록해두는 곳이 필요하다. 그런 것을 적어 두는 곳 이 바로 작가 노트다. 나만의 노트를 준비해 글을 쓰기 시작한다.

둘째, 여러분은 무엇이 궁금한가?

참을 수 없는 질문은 무엇인가? 도서관, 신문 스크랩, 웹 사이트 자료를 데이터로 만든다.

셋째, 작가로서 읽기 자세가 필요하다.

이제 중요한 것은 전문작가의 과정을 좀 더 의식적으로, 계획적으로 내 것으로 만드는 과정이다. 따라서 책을 읽을 때 자신을 사로잡는 것에 주목하자. 그 부분의 인물묘사가 생동감이 있는가? 대화의 전개라든지 작가가 뭔가를 설명하는 방식이 마음에 드는가? 어휘선택, 구성이 마음에 드는가? 어느 한 작가의 기술을 연구할 때 기교에 관한 생각을 활용하는 것이다. 또 좋아하는 작가의 책을 읽어라! 작가의 작품에 깊이 몰두함으로써 전문가의 관점으로 스타일을 분석할 수 있다.

넷째, 이제 글의 내용을 생각해보고 마음에 떠오르는 것을 적어보라.

하루 10분 습작 훈련을 쌓아보자. 어떤 일이 발생하는지 한 달간 지켜보자. 평소보다 내용과 아이디어에 집중하는 당신을 발견할 것이다. 자신이 쓴 글을 읽어 볼 때는 비판하거나 편집하려는 태도를 버려야 한다. 습작(Free Writing)은 완성된 글과는 전혀 관계가 없으므로 교정하려고 애쓸 필요가 없다. 자유 글쓰기 훈련을 하루에 10분씩, 일주일에 3회를 몇 주간 반복하라. 그리고 어떤 일이 있는지 살피는 것이다. 이 훈련은 정신집중력을 극적으로 향상할 수 있다. 머릿속에 떠오르는 말과 아이디어에 귀를 기울이고 그것을 종이(네이버 블로그, 네이버 메모)에 옮겨라.[16]

이제 작가로서 준비 자세를 마쳤다면 자신을 개방하라.

글쓰기 노트 목록을 잘 관리하여 어떤 재료를 사용할 것인가? 결정해보자. 자신의 전문지식을 찾아보면 접근할 수 있는 재료들은 많다. 자신과 어울리는 훈련시간과 공간을 설정하고 습작 훈련을 완성해보자. 이번엔 자신의 글을 커뮤니티 사이트(밴드, 동호회, 브런치 등)에 공유하자. 짧은 '생각 글'을 글쓰기 여행하는 것처럼 습관적으로 올려보자. 자연스럽게 독자가 만들어진다. 한 편의 글을 발전시키는 데 있어서, 독자가 주는 피드백은 도움을 준다. 독자에 대한 반응은 독자가 누구냐에 달려있다.

퀀텀 학습자, 놀라운 두뇌 활용법

특히 퀀텀 학습자는 두뇌의 알파 뇌파를 사용해 학습 에너지를 충분히 끌어올릴 수 있다. 알파 뇌파는 우리가 뭔가를 배우거나 익혀야 할 때 쉽고 빠르게 이해하도록 돕는 뇌파이다. 그렇다면 공부할 때 알파 뇌파를 사용하면 공부가 쉬워진다. 지금부터 알파 뇌파를 사용하

는 방법을 알아보자.[17]

①몸을 바르게 세우고 숨을 깊이 들이마신다. 눈을 감고 천천히 고개를 뒤로 젖혀 얼굴이 위를 향하게 한다.

②자신이 가장 좋아하고 편한 장소를 선택한다. 마음이 편해지는 장소를 떠올려보자. 그리고 그 느낌과 기분, 분위기나 냄새 등 함께 떠올려보자.

③이제 눈을 뜨고, 차분히 마음이 가라앉은 상태에서 알파 뇌파의 흐름을 느껴보자. 그리고 내 앞에 놓여 있는 책에 집중한다.

두뇌학자들이 말하길, 깊이 잠들기 직전 5~10분 동안 간단한 복습을 하면 두뇌의 기억력과 이해력이 놀랄 만큼 좋아진다고 한다. 또한, 학습 능력이 크게 향상된다고 한다. 이런 복습 방법을 '세타 뇌파 스캔'이라고 한다.

세타 뇌파가 활동하는 시간을 이용하면, 놀라운 학습 효과를 경험할 수 있다. 물론 기억력과 이해력 또한 월등히 높아진다. 또 다른 연구사례를 통해 두뇌 활용법을 알아보자.

최근 영국 일간 데일리메일은 노래를 들으면, 뇌의 인지 및 학습 능력에 도움이 된다는 의견을 보도했다. 당신이 공부하며 스트레스를 받거나 집중이 잘 안 될 때, 노래를 들으면 효율성이 올라간다는 주장이 제기됐다.

영국 런던 임상심리학자 엠마 그레이(Emma Gray) 박사는 음원 사이트인 스포티파이의 의뢰를 받아, 음악과 학습의 상관관계에 관한 연구를 진행했다. 연구진은 실험에 참여할 학생들을 선정해, 1분당 60~70bit(BPM) 클래식 음악을 들려줬다.

그 결과 학생들의 수학 성적이 평균적으로 12% 증가한 것으로 밝혀졌다. 클래식뿐만 아니라 50~80bit의 팝송을 들을 때 학생들의 집중력이 높아진 것으로 나타났다. 연구를 이끈 엠마는 "특정한 속도와 리듬의 음악은 심적으로 긍정적인 영향을 준다. 적절한 곡을 선곡해 듣는다면 학습 능력 향상으로 이어질 것"이라고 주장했다.[18]

퀀텀 학습법의 '놀라운 두뇌 활용법'을 글쓰기 학습에 적용해보자. 잠들기 전에 작가 노트를 펼쳐보자. 가볍게 메모한 것부터 데이터 리스트까지 읽고 또 읽는다. 이제 조용한 클래식 음악을 배경음악으로 준비하자.

자신이 기록한 '습작 글'을 읽어보고 그 글을 어떻게 썼는지 확인하라. 마음을 편하게 하고 잠재의식의 목소리를 들어라. 잠재의식이 뭔가 새로운 재료, 아이디어를 제공하면 그것을 적는다. 잠재의식이 여러분에게 말을 할 때까지 인내하고 기다려야 한다. 작가 노트에 적어둔 아이디어는 필요할 때, 하나씩 꺼내라. 생각의 결실로 다듬어진다. 작가는 인내심이 필요하다. 아이디어가 상상력을 만날 때, 놀라운 글쓰기를 시작할 수 있다.

05

직장인 생존 훈련 글쓰기, 비로소 알게 되는 것들

장수한 작가의 『퇴사의 추억』은, 카카오 브런치 북 제1회 대상을 받았다. 누적 조회 수 100만, 구독자 15,000명, 공유 수 1위를 기록하며, 취준생의 필독서로 호평을 받았다. 보통 직장인처럼, 원래부터 글을 잘 쓰고 쉽게 책이 출간된 것이 아니었다. 직장 생활하면서 거의 3년 넘게 출판사에 투고 거절을 받았다. 계속해서 습작하고 훈련, 피드백을 반영한 결과였다. 지금은 신생기업을 운영하며 문화자본가, 사업가로 변신했다.

『아들아, 돈 공부해야 한다』의 저자인 정선용은 TV에서 방영된 나훈아 쇼를 보고, 문화자본가로 베스트셀러를 출판했다. 당신은 무엇을 보고 읽고 감명받았는가? 이제 직장인에게 글쓰기는 생존 필살기다.

직장인의 글쓰기, 자기계발로 도약하라

많은 직장인이 글쓰기를 자기계발의 중요한 영역 중 하나로 인식하고 있다. 직장인의 글쓰기는 생존이자 힘이다. 글쓰기는 직장인의 의무이자 책임이다. 글쓰기는 직장인에게 새로움을 추구할 기회이다. 회사에서 일 잘한다는 말을 듣기 위해 가장 기본이 되는 것은 글쓰기다.

반대로 열심히 일하고도 글을 못 쓰면 제대로 평가받지 못하는 경우가 생긴다. 글쓰기에 약하면 연봉이 깎이고, 진급이 늦어진다. 한 설문조사에서 직장인의 97.4%가 글을 더 잘 쓰고 싶다고 했다. 취업포털 잡코리아(www.jobkorea.co.kr)가 남녀 직장인 1,267명을 대상으로, 직장인 글쓰기를 주제로 조사한 결과다. 글을 잘 쓰고 싶은 이유(복수응답)는 자기계발을 위해서란 응답이 67.3%로 가장 높았다. 업무에 있어 문장력이 중요하냐는 질문에, 그렇다고 대답한 비율은 47.0%로 가장 높았다. 직급이 높을수록 문장력의 중요성에 대한 평가가 높았다.

글쓰기에서 가장 어려운 부분은 제안(기획)서 66.5%, 보고서 55.8%

순서이다. 글쓰기 능력 가운데 가장 중요한 것으로 논리력 77.3%를 꼽았다. 이어 어휘력 47.0%, 기획력 36.0%, 창의력 26.8%, 문법·맞춤법 22.3%, 묘사력 18.5% 등의 응답이 나왔다. 〈출처: 중앙일보, 2009.10.19.〉

4차산업혁명 시대, 왜 글쓰기를 배워야 할까? 즉, 좋은 일자리를 구하는 데 있어 글쓰기 능력은 필수 요소이다. 평소에 글쓰기 훈련을 꾸준히 했던 사람은 글 쓰는 방법을 알기에, 기획서를 작성하고 회의 자료를 만드는 일이 어렵지 않다. 제안서는 논문이나 소설과 구조가 다르다. 신문 헤드라인과 유사한 구조로 먼저 평가자에게 결론부터 이야기해준다. 신문기사는 먼저 결론이 나오고, 그다음에 이를 증명하는 구체적인 증거들이 제시된다. 최고경영자 등 의사 결정을 하는 사람은 헤드라인을 우선하여 본다.

설득력 있는 제안서는 5가지 기본적인 구조 원리를 따른다.[19]

① 고객 니즈(Needs)에 따라 중요한 것부터 차례대로 설명.

제안서는 고객의 궁금증에 확실한 대답을 해줘야 한다. 고객이 중요하게 여기는 문제부터 설명해야 한다.

② 유사한 아이디어를 그룹화.

이렇게 하지 않으면 내용이 복잡해진다. 문서 분량도 불어나 혼란만 가중화한다.

③ 가장 중요한 메시지를 처음에 배치.

제안서를 읽는 사람들은 가장 먼저 등장하는 메시지를 매우 중요하게 생각한다.

④ 도입부 짧게.

도입부가 길어질수록, 읽는 사람은 내용을 놓친다.

⑤ 제목 사용.

제목을 읽는 사람은 논지를 제대로 파악할 수 있고, 주제에 대한 이해도 및 흥미를 높여준다.

직장인이 전문가가 되는 가장 빠른 길은 글쓰기이다. 보고서를 쓰려면 관련 내용을 공부할 수밖에 없다. 모르고 쓰면 통과되지 않는다. 그래서 누가 시키지 않아도 깊이 파고든다. 이런 공부가 쌓이면 그 분야의 전문가가 된다.

위의 설문 조사를 통해, 직장인은 자기계발을 위하여 글쓰기가 필요하다고 한다. 직원으로 시작하지만, 퇴사할 수도 있고 스타트업을 창업할 수도 있다. 비즈니스 '비장의 무기'를 준비해야 한다. 자신의 '가치제안서'를 네이버 카페, 블로그, 브런치에 게재하여, 책을 출판하는 직장인이 늘고 있다. 강력한 메시지로 꾸준히 올리면 출판과 칼럼, 강연 섭외가 들어온다. 글쓰기는 비즈니스의 필수 조건이다.

스마트워킹 시대, 일대일(One-on-One) 커뮤니케이션

최근에는 디지털 기술발달로 '스마트워킹'이 더욱 쉬어졌다. 소셜네트워크서비스(SNS) 관련 애플리케이션, 클라우드 시스템 등을 잘 활용하면 유연하게 업무정보를 공유할 수 있다. 실시간으로 소통해 의사결정이 빠르게 이뤄진다. 스마트워킹은 일하는 방식뿐만 아니라 문화와 제도 전반을 변화시켰다. '스마트워크'를 활성화하기 위하여 무엇보다 직접적인 대면과 상명하복의 명령 체계를 중시하는 국내 기업의 조직문화를 바꾸어야 한다.

아마존은 어떻게 회의를 진행할까. 아마존은 전 직원이나 팀 전체가 참석하는 회의를 거의 하지 않는다. 특히 모든 사람이 알아야 할 정보를 보고하고 공유하는 정보 전달 회의를 불필요하게 느낀다. 대신 아마존에는 직원 간에 이뤄지는 일대일(One-on-One) 회의가 빈번하게 이뤄진다.

아마존 재팬의 창립 멤버로 16년간 아마존에 몸담았던 사토 마사유키는 저서 『아마존처럼 회의하라』에서 "아마존은 방대한 프로젝트와 회의를 어떻게 다듬을 것인지 고민하고, 그 방안을 실행해온 기업이다. 그런 시행착오가 축적된 회의 방법은 회의 때문에 고민하는 모든 직장인에게 도움을 준다"라고 말했다.

마사유키에 따르면 2000년 당시 아마존은 파워포인트를 활용한 회의가 많았다. 하지만 5년 뒤, 제프 베조스(Jeff Bezos)는 파워포인트 금지를 선언했다. A4 6장 분량의 회의 자료를 바탕으로 회의를 진행한다. 여기서 도출된 자료는 다시 2장으로 요약하여 임원에게 보고한다. '원온원 회의'는 프로젝트에 대한 자세한 이야기를 듣고 싶은 사람이 직접 담당자에게 그 내용을 듣는 방식이다.

"말을 생략하지 말고, 생각하는 것을 전부 설명하는 서술형. 즉 문장으로 풀어 쓰는 것이 좋다."

바로 제프 베조스가 강조한 방식이다.

'원온원 회의'는 소통이 높은 커뮤니케이션 과정을 만든다. 일대일로 이야기하면 추가적인 질문을 통해 프로젝트에 대한 더 많은 정보를 끌어낼 수 있다. 그 내용이 전체에게 알릴만한 가치가 있다면, 메일을 통해 모든 사람에게 공유한다. 아마존에서는 보통 1주일에 1회, 적어도 2주일에 1회 정도로 직속 상사와 부하 사이에 원온원 회의를 진행한다. 이는 직속 상사가 부하를 구체적으로 평가할 수 있는 효과도 갖는다.

그는 효율적인 회의 문화 정착을 위해 경영진의 노력을 당부한다.

"불필요한 회의를 취소하는 움직임은 경영진부터 몸소 실천해야 한다. 부하들은 그것을 보고 배워 매일 열리는 현장 미팅에도 철저히 적용할 것이다. 곧 기업 문화로 정착할 것."

우리나라의 여러 기업에서도 PPT를 없애고, 글로 회의 자료를 대체하는 대기업들이 속속 생기고 있다. 앞으로 이러한 추세는 계속될 것으로 보인다.[20]

제프 베조스의 저서『제프 베조스, 발명과 방황』에서 보면 그는 모험 정신이 강한 독서광이었다. 할아버지는 그를 공상과학 소설이 많은 도서관으로 데려갔고, 베조스는 그곳에서 수백 권의 책을 읽었다. 아마존이 직원들에게 제공하는 복지프로그램을 살펴보자. 유망 분야의 자격증이나 학위획득의 공부를 할 경우, 학비 및 제반 비용의 95%를 제공한다. 그렇게 구축한 경력으로 아마존을 떠난다 해도 문제 삼지 않는다. 그는 장기적인 관점에 주목하여, 직원들의 자기계발이 얼마나 필요한지 비즈니스에 접목할 줄 안다. 그가 혁신가인 이유는 큰 결정에 초점을 잘 맞춘다. 아마존 직원들은 헌신과 희생, 열정으로 보답했다.

직장인의 힘, 실용적인 글쓰기

글은 많은 사람에게 '자기 생각'을 전하는 아주 중요한 의사표시 수단이다. 검색기술의 발전으로 글의 중요성은 더욱 커지고 있다. 글을 통해 많은 사람과 기회가 찾아온다. 인터넷 시대에는 '글'을 통해 누군가에게 블로그, 기사, 칼럼, 메일을 전달한다. 독자들이 콘텐츠를 소비하는 동시에, 스스로 생각할 시간을 주는 콘텐츠는 아직 글이 유일하다.

자신의 아이디어와 생각들을 인터넷에 올리면 독자는 구글이나 네이버 등과 같은 검색엔진을 사용한다. 『아들아, 돈 공부해야 한다』 저자 정선용은 2020년 퇴직하면서, 151만 회원을 거느린 네이버 카페 '부동산 스터디'에 〈아들아 경제 공부해야 한다〉 시리즈를 연재했다. 누적 100만 뷰를 기록했다. 정선용 씨의 인생 2막은 퇴직 6개월 만에 출판한 책 한 권으로, 극적인 반전을 시작했다.

특히 나훈아를 자본소득, 남진을 근로소득에 비유해, 앞으로 소득은 지식재산권, 또는 특허권, 상표권, 디자인권 등 저작권 소득을 자본으로 취해야 한다고 했다. 그는 한 가지 사실을 떠올렸다. '나훈아는 저작권료만으로 연간 6억 원의 수입이 있다. 출연료 같은 것에 연연할 필요가 없다는 사실이다.' 근로소득이 끊어지게 된 자신이 왜 힘들고 불안한지 실마리를 알게 되었다. 그는 '경제구조를 좀 더 공부해야겠다. 하루 한편씩 경제에 관련한 글을 쓰겠다'라고 자신과 약속했다. 마침 오랫동안 자신의 블로그(정 스토리)에 글을 써왔다.

그의 해석을 살펴본다.

"나훈아는 문화자본가였다. 직접 만든 곡이 다수여서 저작권 수입이 많다. 즉, 직접 노래를 해서 돈을 벌 필요가 없다. 반면 동년배인 남진은 저작권 수입이 없다. 그는 공연과 CF 촬영 등 활동을 지속하고 있다"

그는 다른 예를 들어 소득의 세 가지 유형을 설명했다. '서태지와 아이들'이 팀 해체 이후, 소득 유형에 관한 설명이다.

"이주노는 춤이라는 육체노동에 의존해 근로소득을 얻는다. 양현석은 연예기획사를 차려 사업소득을 얻고 있다. 서태지는 자신이 만든 콘텐츠에서 저작권료를 받으니 자본소득을 얻고 있다."

소득 유형을 경제용어로만 생각했던 독자에게 쉽게 읽히는 글쓰기 설명이다. 그로부터 6개월 뒤, 그는 문화자본가, 베스트셀러 작가로

거듭났다.[21]

직장인들은 퇴직하는 순간 사회적 죽음을 경험한다. 이런 그가 글쓰기를 통해, 퇴직 이후 흔들리던 자신의 마음을 진정시켰다.

바로 현실을 인식하고 경제공부를 하기로 하였다. 그는 꾸준하게 블로그에 자신의 경험을 올리고 머릿속의 지식을 설명했다. 누적 100만 뷰 기록으로 인해 책을 통해 대중에게 알려졌다. 20편 연재할 때 출판사에서 연락이 왔고, 인세로 9,000여 만원을 받았다. 또한, 책이 알려지면서 강연 수입도 생겼다.

1년 만에 자신의 콘텐츠로 1억 원이 넘는 소득을 확보한 것이다. 인생 1막을 닫고 2막을 연 순간, 월급 받는 근로자였던 그가 문화자본가, 돈을 버는 작가로 변신한 것이다. 그의 블로그는 스타트업의 창구가 되었고, 독자는 그를 통해 온라인상에서 정보를 수집했다.

그의 블로그 글쓰기는 명료하게(clearly), 간결하게(concisely), 정확하게(correctly). 3단계 콘텐츠 마케팅 전략을 갖추었다. 그는 독자에게 '감성적인 언어와 쉽게 읽히는 글쓰기'로 눈길을 끌었다.

06

성공하는 비즈니스 글쓰기, 비즈니스 애널리스트 & 데이터 싸이언티스트

AI, 빅데이터가 모든 산업에서 성장 동력으로 주목받고 있다. 자료 수집과 활용의 가치가 높아지고 있다. 아직도 우리나라는 세계적 기업들과 비교해서 상대적으로 인공지능 기술과 데이터 역량이 상당한 격차가 있다. 취업시장에서 경쟁력을 갖추려면 데이터 분석 역량은 필수이다. 기업은 커뮤니케이션 역량이 좋은 사람, 문장력을 갖춘 사람을 찾는다.

4차산업혁명 시대에는 디지털 역량과 데이터 역량을 갖춘 인재를 필요로 한다. 일상생활에서 계산기를 다루듯이 빅데이터 분석도 점점 AI로 편리해지고 있다. 디지털시대일수록, 우리는 데이터를 읽고 데이터가 말하지 않는 비밀을 찾기 위해 노력해야 한다. 이제 글쓰기에도 통찰과 직관의 힘을 요구받고 있다.

빅데이터 시대, 비즈니스 분석가 역량을 길러라

아마존웹서비스(AWS), 마이크로소프트(MS), 구글 등 대규모 클라우드 서비스를 제공하는 IT 기업들이 신종 코로나바이러스 감염증 퇴치를 위한 연구지원용 공유데이터 환경 구축을 본격화했다. 코로나19가 좀처럼 수그러들지 않는 가운데 각종 감염병에 대한 빅데이터, 인공지능(AI) 분석 인프라를 확고하게 구축한다는 방침이다.

미국은 백악관, 정부, 기업 간에 적극적인 정보 교류가 이뤄지고 있다. 백악관은 인공지능을 활용해 코로나19를 퇴치하기 위해, IT 기업들에 정부의 과학 데이터 베이스를 공개했다. 백악관이 공개하는 자료는 2만9천 건에 달하는 과학 논문을 비롯한 연구물이다. 마이크로소프트 공동창업자인 폴 앨런이 창립한 앨런 AI 연구소와 마크 저커버그가 설립한 챈 저커버그 이니셔티브(Chan Zuckerberg Initiative) 등도 참여한다.

구글 역시 코로나19의 정체를 파헤치기 위해 클라우드 기반의 AI

기술을 활용하고 있다. 구글 모회사 알파벳의 기술 자회사 딥마인드는 코로나19의 단백질 구조를 연구하고 있다. 딥마인드는 바둑 AI '알파고'를 개발한 기업이다.

반면 국내의 경우, 코로나19 감염과 관련한 수많은 데이터나 논문을 아직 체계적으로 정리하지 못하고 있다. 한국생명공학연구원이 매일 생산되는 코로나19 관련 데이터와 정보를 체계적으로 정리해 제공하는 포털을 열었지만, 논문이 게재된 사이트 링크만 제공하고 있다. 이 또한 9,600건 정도에 불과해 충분하지 못하다는 평가다.

IT업계 관계자는 AI 분석은 한 분야의 많은 정보를 파악하는 데 유리하다고 강조한다.

"머신러닝 기술은 컴퓨터가 스스로 방대한 분량의 데이터를 분석하고 필요한 정보를 추출한다. 이미 의학뿐만 아니라 다른 산업에서도 활용하고 있다. 다만 머신러닝을 통해, 유효한 결론을 도출하는 과정은 수백만 건의 자료에 대한 분석을 거쳐야 하는 경우가 있다. AI 분석의 유용성은 데이터가 많을수록 유리해진다."[22]

이제는 어떤 데이터가 적합하고, 그 데이터를 어디에서 찾을 수 있는지에 대한 폭넓은 지식이 필요하다. '스마트 데이터 검색'을 통해 데이터를 분석하고 글쓰기 공유로 정보를 제공해야 한다.

4차산업혁명 시대에는 책 한 권 분량의 문서도 영어, 일어 등 104가지 언어로 순식간에 번역해준다. 번역의 품질도 매우 빠른 속도로 개선하고 있다. 각종 다른 장치에서 작성된 문서는 실시간으로 모든 기기에 동기화하고 자동 저장한다. 키워드를 말로 하면 문서 제목뿐 아니라 저장된 모든 문서의 내용 전체를 즉시 찾아준다.[23]

비즈니스 분석은 아직 초기 단계지만 더 많은 사람에게, 더 많은 정보를, 더 신속하게 제공해야 할 것이다. 취업시장에서 경쟁력을 갖추려면 데이터 분석 역량은 필요하다. 데이터 분석가는 광범위한 데이터를 분석하고 비즈니스 상태를 파악하는 데 도움을 준다. 빅데이터 시대 핵심 인력이다.

데이터 애널리스트는 조직이 비즈니스 의사결정을 할 수 있도록 데이터를 사용해 돕는 역할을 한다. 이들은 비즈니스 성과를 예측하고 개선하고자 컴퓨터 프로그래밍, 수학, 통계 등의 기법을 사용해 데이터로부터 결론을 끌어낸다.

데이터 분석가는 주로 조직이 보유한 정형 데이터를 처리한다. 고객, 비즈니스 프로세스, 경제와 관련된 데이터를 바탕으로 보고서, 대시보드 생성, 시각화 작업 등을 수행한다. 나아가 시니어 매니저들과 경영진에게 인사이트(Insight)를 전달해 의사 결정 과정을 돕는다.

기업 채용정보 검색 사이트인 인디드(Indeed)는 미국 내 데이터 애널리스트의 평균 연봉이 7만 5,685달러라고 한다. 인디드에 따르면 비전통적인 기술 분야에서 일반적으로 가장 많은 보수를 받는 직종은 데이터 애널리스트다.

데이터 애널리스트가 되려면 적어도 수학, 경제학, 컴퓨터 과학, 정보 관리, 통계학 분야 학사 학위를 갖고 있다. 코딩 부트캠프나 인턴십을 통해 경험을 쌓는 것도 도움이 된다. 데이터 분석 역량은 기업에서 채용하려고 수요는 많지만, 데이터 애널리스트 인재는 드물다.

경험과 역량을 둘 다 갖춘 사람이라면 높은 연봉을 요구할 수 있다. 적합한 빅데이터 자격인증과 비즈니스 인텔리전스 자격인증도 도움이 된다. 데이터 애널리스트는 분석적, 수학적 역량과 구조화 질의 언어(SQL) 관련 역량 외에도, 커뮤니케이션 역량이 필요하다. 비즈니스 목표를 이해하고, 필요한 데이터를 수집하기 위해 기업 업무 부문과 접촉하는 경우가 많다.

루커(Looker;구글, 데이터분석 툴 회사)의 수석 데이터과학자 힐러리 그린러먼은 “일반적으로 커뮤니케이션 역량이 좋은 사람, 문장력을 갖춘 사람을 찾는다. 이력서는 모든 점에서 전문적이고 철자도 정확해야 한다. 애널리스트의 업무 중 하나가 보고서 작성이기 때문이다. 코딩 부트캠프나 석사과정을 이수한 사람보다 일정한 경험을 쌓은 사람을 원한다. 인턴십일지라도 실제적인 경험을 갖춘 사람을 찾는다”라고 말했다.

또 데이터 분석 프로젝트를 진행했던 경험이 상세하게 서술된 이력서를 찾는다고 전했다. 그는 “실제적인 수치가 적힌 이력서를 선호한다. 가치와 핵심성과지표를 기반으로 사고하는 사람이라는 점을 보여 주기 때문이다.”라고 덧붙인다.[24]

‘삼성 청년 SW 아카데미’는 취업 준비생에게 삼성의 SW 교육 경험과 SW 역량 향상 교육 및 다양한 취업 지원 서비스를 제공한다. 취업에 성공하도록 돕는 교육 프로그램이다. 국내 IT 생태계 저변을 확대하고, 청년 취업 경쟁력을 높이기 위해 실시하는 기업의 사회적 책임(CSR) 다하는 프로그램이다. 기업에 즉각 투입될 수 있는 역량을 갖춘 소프트웨어 개발자를 양성하는 과정이다.

4차산업혁명 시대에는 디지털 역량과 데이터 역량을 갖춘 인재가 필요하다. 양질의 기업은 빅데이터, 인공지능(AI) 분석 인프라를 구축하고 있다. 그런데도 지금 필요한 인재는 많이 부족하다. 데이터 분석가도 커뮤니케이션 역량과 문장력을 갖춘 사람을 찾는다.

AI 시대, 문과생 데이터 글쓰기 가능하다

빅데이터 기술이 발전하면서 사람들이 쏟아내는 수많은 데이터를 통해 사용자의 요구(needs)를 찾는 것은 더 불가능한 일도, 어려운 일도 아니다. 그러나 한편으로 이런 의문이 든다. 엄청난 미가공자료(raw data)를 확보한다 해서 사람들의 욕구를 찾아낼 수 있을까?

자료를 수집하고 분석하는 목적은 고객의 요구를 파악하기 위함이다. 수집된 데이터를 분석하고, 인사이트를 도출해 다시 표현하는 것은 결국 사람이 해야 하는 일이다. 디지털시대일수록 데이터를 읽고 데이터가 말하지 않는 숨은 이면을 찾아야 한다.

디지털 세상에서는 누구나 흔적을 남긴다. 셀 수 없이 많은 데이터 안에서 무엇을 봐야 할지에 대한 분석 목적이 더 중요하다. 많은 현상을 어떻게 봐야 할지에 대한 분석 관점이 더 중요하다. 어떻게 분석할지에 대한 프레임이 필요하다. 데이터 자체를 분석하는 일에만 매달려 있다. 세상을 바라보는 새로운 시각, '통찰(insight)'에서 시작하자.

결국, 분석의 결과물은 세상에 대한 통찰을 향하고 있다. 데이터만 들여다볼 것이 아니라 우리가 목표로 향하는 것에 대한 명확한 시각이 필요하다. 마르셀 프루스트(Marcel Proust)는 『잃어버린 시간을 찾아서』에서 신대륙 발견을 두고 아래와 같은 말을 남겼다.

"진정한 탐험이란 신대륙을 찾는 것이 아니라 새로운 시각으로 세상을 보는 것이다."

데이터가 그 자체로 항상 확실한 답을 주는 것은 아니다. 의사결정을 하는 것은 우리 자신이다. 데이터 분석은 말 그대로 주관이 포함되어 있다. 이 과정에서 데이터는 개인의 주관이 반영되어 필요 없는 건 걸러진다. 데이터가 아무리 AI, 머신러닝, 딥러닝으로 발전해서 결과

를 토해내더라도, 그 알고리즘을 개발하고 원하는 결과에 대한 목적과 관점을 정하는 것은 인간이다.[25]

데이터 애널리스트가 하는 주요 역할은 다음과 같다. 자료수집, 분석, 보고와 관련된 기술적 문제를 반드시 이해해야 한다. 또 데이터 속의 트렌드와 패턴을 알아차릴 수 있어야 한다. 데이터 애널리스트는 분석적, 수학적 역량과 구조화 질의 언어(SQL) 관련 역량 외에도, 커뮤니케이션 역량이 필요하다. 주로 많이 사용하는 프로그램은 마이크로소프트 엑셀, R, 파이선, SPSS, SAS, 오라클(Oracle) 등을 사용하여 하기의 업무를 수행한다.

- 통계 기법을 이용해 데이터를 분석하고 보고서를 제공하는 일.
- 데이터베이스와 자료수집 시스템을 개발하고 구현하는 일.
- 1차, 2차 소스로부터 자료를 수집하고 데이터 시스템을 유지 관리하는 일.
- 복잡한 데이터 세트 속 트렌드와 패턴을 식별, 분석, 해석하는 일
- 데이터 필터링과 데이터 클렌징.
- 경영진과 함께 비즈니스 우선순위를 정하고, 필요한 정보를 파악하는 일.
- 새로운 프로세스를 개선할 기회를 찾고 규정하는 일.

중국 알리바바 회장 마윈은 IT(Information Technology) 시대가 막을 내리고 DT(Data Technology) 시대가 시작될 것이라고 예언했다. 소비자가 제품이나 서비스를 이용할 때 느낀 점이 한 줄 후기 등에 나타난다. 이들이 선호하는 트렌드가 뉴스 댓글이나 게시글에 나타나는 시대에 우리는 살고 있다. 이러한 사실을 미루어 보았을 때, 앞서 '경영학과'나 '어문학과'의 예처럼 '문과 출신'이 전담해왔던 사업, 마케팅

등. 빅데이터를 활용은 분명 차별화된 요소로 작용할 것으로 보인다.

현대자동차가 수집·분석 툴로 '빅데이터 분석 솔루션(TEXTOM)'을 채택한 이유는 수집부터 시각화까지의 전 단계를 솔루션 내에서 처리할 수 있으며, 사용 난이도 또한 비전문가·비전공자도 사용할 수 있을 정도로 적절하기 때문이다. 취준생은 기업의 이러한 상황들을 잘 점검할 필요가 있다.

해당 기업에서 사용하는 툴을 알 수 없을지라도, 기업 내 구성원들의 빅데이터 분석 역량의 수준을 가늠해 적절하게 대응해 나가야 할 필요가 있다. 빅데이터 분석 도구를 다뤄보거나, 관련 서적을 읽어보는 것으로, 빅데이터가 어떤 개념이며, 어떻게 활용될 수 있고, 어떠한 특성을 가지는지 등 관련 기초지식과 역량을 겸비하는 것이 중요하다.

기초적인 데이터 역량과 전공지식을 융합시킨 문과 출신 인재가 필요한 이유는 AI의 눈부신 발전과도 연관이 있다. AI를 활용한 빅데이터 분석 기술은 현재 데이터의 정제와 수집은 물론 시각화까지 번거로운 과정을 대신 수행한다. AI가 전문가의 지식과 능력을 대신할 수 있게 되면서 데이터 처리 능력보다 분석 결과값으로부터 더 유의미한 인사이트를 도출해내는 능력이 더 중요해져 가고 있다.[26]

국가 경쟁력, '시민 데이터과학자' 인재(人材)를 키워라

빅데이터 분석 기술로 우리 스스로 AI의 분석 결과값을 통해 인사이트를 도출하는 시대이다. 이른바 '시민 데이터과학자'의 출현을 의미한다. 동시에 전문적인 코딩 인력을 확보하지 않고도 데이터를 분석하고 신속하게 원하는 리포트를 생성해내는 자동화된 분석 솔루션의 출현을 의미한다. 이제는 정부와 기업에서부터 개인에 이르기까지 데이터 활용 역량 및 지식의 유무가 '차별점'이자 '기본 소양'으로 받아들여지는 시대로 나아가고 있다.

일반인들도 데이터를 활용한다면 비즈니스와 삶에 필요한 인사이트를 얻을 수 있다. MKYU 김미경 학장은《바로 써먹는 빅데이터 분석 실전》온라인 강의 프로그램을 준비했다. 온라인 플랫폼을 운영하는 경영진은 고객의 마음부터, 구독자, 그리고 재테크 비법을 빅데이터 속에서 찾고 인사이트를 찾을 수 있다.

요즘 뜨거운 콘텐츠는 무엇인가? 내 스마트 스토어를 찾는 고객들은 무엇을 좋아하는가? 요즘 뜨는 주식은 무엇인가? 모든 걸 데이터에서 찾을 수 있다. 이제 개인도 데이터로 비즈니스 의사결정을 하는 시대가 왔다. 전문가 또는 전공자가 아닌 평범한 일반인도 빅데이터를 분석하는 능력만 기르면 문제의 답을 찾아낼 수 있다.[27]

요즘 '데이터 드리븐(Data- Driven)'이라는 말을 많이 듣는다. 모든 사안을 데이터에 근거해 결정하고, 판단하고, 선택한다. 데이터에 근거한다는 말은 데이터 중심으로 선택하고 판단하여 의사 결정하지만, 모든 것을 데이터에 의존한다는 뜻이 아니다. 비즈니스 의사결정이 올바르게 되고 있는지 데이터로 검증하려는 것이다.

우리는 데이터 시대에 데이터를 주도해야 한다. 숫자에 목소리를 부여하고, 데이터 그 자체가 아닌 우리의 해석을 통해서 그 의미를 규정해야 한다.[28]

데이터에 의존하는 의사결정 데이터를 주도하는 의사결정

데이터 애널리스트 vs 데이터 싸이언티스트의 차이는 무엇인가?

데이터 애널리스트와 데이터 싸이언티스트 모두 같은 데이터 분석팀이다. 그러나 각자의 역할은 상당히 다르다. 데이터 애널리스트는 데이터를 비즈니스에 이용할 수 있는 정보로 변환한다. 또 소속 조직의 현 상태를 설명해준다. 조직의 비즈니스 요구(needs)에 맞도록 자료를 수집하고 분석하며 보고한다. 새로운 데이터 소스를 비롯해 자료수집, 분석, 보고 과정에서 개선할 방법을 찾는다.

반면 데이터 싸이언티스트는 보통 장기간의 조사(research)와 예측 업무를 맡는다. 조직 내 경영진들이 전략적 결정을 내리는 일을 지원한다.

힐러리 그린러만은 데이터 애널리스트와 데이터 싸이언티스트의 차이가 시간적 관점에 있다고 말한다. 데이터 애널리스트는 조직이 현재 시점에서 고객의 제품 활용 방식을 더 잘 이해할 수 있도록 도움을 준다. 즉, 데이터 애널리스트는 고객에게 도움이 되는 것과 되지 않는 일이 무엇인지 이해할 수 있도록 해준다. 데이터 싸이언티스트는 여기서 얻은 인사이트를 바탕으로 고객의 미래 욕구를 예측해 신상품을 설계하는 일을 도와준다.[29]

AI와 빅데이터는 중요하다. 인공지능은 4차산업혁명의 핵심 원동력이다. 세계는 AI 기술 수준이 국가의 역량을 좌우하는 핵심 기술로 보고 있다. 시민 데이터과학자는 데이터 역량을 가지고 기본 소양 교육으로 일상화하는 인간을 말한다. 우리는 뭔가를 증명할 때는 데이터로 논리를 가져야 한다. 그러나 뭔가를 발견할 때는 비즈니스 의사결정을 내려야 한다. 데이터 애널리스트로 통찰을 기르고 데이터 싸이언티스트로 직관을 길러야 한다. 기존에 생각하지 못했던 것들을 새롭게 연결(Connection)해야 한다. 문제해결을 위해 새로운 틀(Frame)을 제시하라.

07

데이터 스토리텔링 만드는 법

디지털시대에 인문학 코드는 왜 소중하게 여길까? 지금 시대의 인문학은 시대 요청에 부응하기 위해, 디지털 코드를 읽어야 한다. 데이터 분석은 스토리텔링과 연결하면 효과적으로 전달할 수 있다.

데이터 분석은 '사람의, 사람에 의한, 사람을 위한' 기술 문명을 추구한다. 논리에 의해서만 설득하는 것은 아니다. 이것으로 청중을 설득하기는 부족하다. 보편적인 사례를 들어, 쉽게 알아들을 수 있도록 설득해야 한다. 여러분은 팩트를 가지고, 관심 있는 주제를 찾아 데이터 스토리텔링을 재구성할 수 있다. 스토리텔링이 가진 이야기 전개 구조와 기법을 가지고 흥미, 재미, 의미 등 마법을 펼쳐보자.

데이터를 스토리로 잘 전달할 수 있을까?

로버트 모키(Robert Mokee)는 수상 경력이 있는 작가이자 존경받는 희극 지도자다. 그의 제자로는 63명의 아카데미 수상자와 164명의 에미 수상자가 있다. 저서 『Story』는 많은 대학의 시네마와 영화 프로그램 과정의 필독서이다. 그는 하버드 비즈니스 리뷰 인터뷰에서 '스토리텔링을 통한 설득'에 대해 언급했다. 또한, 비즈니스 분야에서 스토리텔링을 사용하는 방법에 관해 설명했다. 모키는 사람들을 설득할 수 있는 두 가지 방법을 설명하였다.[30]

첫째, 상투적인 미사여구(rethoric) 방식이다.

비즈니스 글쓰기를 보면, 보통 중요한 사실과 통계로 가득 채운 파워포인트 슬라이드 형태를 볼 수 있다.

"독자에게 지적인 과정은 만족시킬 수 있다. 하지만 사람들은 논리에 의해서만 설득되는 것은 아니다. 이것만으로는 청중을 설득하기가 부족하다" (출처: 플라이어 Flyer, 2003)

그는 스토리텔링 학습을 위해 〈빨간 모자 이야기〉를 사례로 들었다. 그가 '이야기하는 방식'을 적어본다.

할머니는 병이 들었고, 빨간 모자는 음식을 구하러 나갔다. 바구니에 먹을 것을 담고 숲속을 지나가고 있었다. 가는 도중에 그녀는 나무꾼과 늑대를 만났다. 늑대는 빨간 모자보다 먼저 할머니 집에 도착해 할머니를 잡아먹었다. 할머니 옷으로 갈아입고 위장하고 있었다. 그녀가 도착했을 때, 이상한 낌새를 눈치챘다. 무언가 잘못된 것을 깨달았다. 그녀는 늑대에게 몇 가지 질문을 하였다.

"할머니, 이빨이 너무 커요!"

"이래야 너를 더 잘 먹을 수 있어!"

늑대는 그녀를 통째로 삼켜 버렸다.

마침 근처를 지나던 나무꾼이 할머니 집의 문이 약간 열려 있는 것을 보고 이상하게 여겼다. 나무꾼은 집안을 살펴보았다. 집 안에서 무언가를 먹고 있는 늑대를 발견하였다.

나무꾼은 "어떤 일이 벌어지고 있구나"라고 생각하며 늑대의 배를 도끼로 갈랐다. 뱃속에는 할머니와 빨간 모자가 있었다. 다행히 그들을 구했다.

이 이야기는 늑대만 빼고 모두 해피엔딩이다.

모키는 빨간 모자 이야기를 하고 다음과 같은 질문을 던진다. 여러분은 어떤 질문을 하고 싶은가? 빨간 모자는 늑대와 데이터로 의사소통을 하는 과정에서 어떤 행동이 필요했을까? 모키는 이런 제안을 한다.

이야기는 보편적인 사례를 들어 쉽게 알아들을 수 있도록 할 것. 이야기는 발단, 전개, 위기,절정, 결말과 같은 마법적인 구성을 가질 것. 이처럼 이야기 학습을 하면 청중에게 데이터를 효과적으로 전달할 수 있다고 한다.

모키가 지도한 리비 스피어스(Libby Spears)의 발표 자료를 살펴보자. 제목은 〈어린 빨간 모자와 파워포인트가 마을로 내려온 날〉이다.

그는 빨간 모자 이야기를 상투적인 미사여구로 요약한다면, 청중의 관심을 끌어내기 힘들다고 조언한다. 아래의 사실만으로 발표하면, 청중은 따분함을 느낀다.[31]

- 빨간 모자는 A(집)에서 지점 B(할머니 집)까지 0.54 마일을 걸어간다.
- 늑대는 ① 할머니 집에 먼저가 있었고 ② 할머니를 잡아먹었다. 빨간 모자는 ③ 할머니의 옷을 입고 있는 늑대를 만났다.
- 빨간 모자는 2시에 할머니 집에 도착해 늑대에게 3가지 질문을 했다.
- 확인한 문제: 3번째 질문 후 늑대는 빨간 모자를 잡아먹는다.
- 해결 방법: 구매자(나무꾼)는 도구(도끼)를 이용한다.
- 예상 결과: 할머니와 빨간 모자는 살아난다. 늑대는 죽는다.

둘째, 청중을 설득할 때, 이야기를 이용하라.

스토리는 감정과 아이디어를 조합하여 청중의 관심과 활력을 불러일으킨다. 스토리는 창의성이 필요하다. 상투적인 미사여구보다 어렵다. 하지만 스토리를 이용하면, 청중을 새로운 수준으로 끌어올린다.

그렇다면 스토리는 무엇인가? 스토리는 빨간 모자 인생이 어떻게, 왜 변하는지를 설명해준다. 스토리는 평탄하게 시작하지만 어떤 일이 발생한다. 즉 잔잔한 수면에 거친 파도가 몰아치듯 어떤 사건이 발생한다. 모키는 이러한 현상을 "주관적 기대감(Subjective Expectation)이 잔인한 현실(Cruel Reality)을 만난다"라고 표현했다. 이처럼 스토리는 긴장감을 유지한다. 긴장감에는 싸움, 논쟁, 의심을 포함한다.

모키는 스토리를 만든 후에, 다음 내용을 생각하고 보충할 것을 요구한다. 그는 스토리를 이용하면 청중을 감성적으로 움직일 수 있다고 한다. 결국, 커뮤니케이션을 위해서 스토리는 이야기하고 질문을 사용할 수 있다.[32]

- 나 자신도 이 스토리를 믿을 수 있을까?
- 갈등에 대한 과장이나 거품은 없는가?
- 하늘이 무너지더라도 이야기는 믿을 만한가?

데이터 스토리텔링(Storytelling with data)이라는 유행어가 있지만 제대로 이해하는 사람은 드물다. 모키는 발표를 준비할 때, 청중의 내면에 있는 에너지와 감동을 불러일으켜야 한다고 한다. 거기에 필요한 것이 스토리다. 여러분은 비즈니스 의사소통을 위해 강력한 스토리를 사용할 수 있다. 빨간 모자는 데이터 자료를 가지고 늑대에게 질문하고, 늑대가 거짓말하는 근거를 제시했다. 여러분도 데이터를 가지고 질문할 수 있다.

"할머니는 왜 몸집이 비대해졌나요? 할머니 발에는 왜 털이 생겼나요?"

데이터를 가지고 스토리로 만들어 청중과 대화하는 기술을 연구해 보자. 데이터 인사이트를 이야기로 풀어내는 능력은 알고리즘과 경영진 사이의 설득 커뮤니케이션을 좁힌다. 스토리는 다른 어떤 능력보다 도움이 된다.

데이터에 스토리 마법을 펼쳐라

매혹적인 영화를 보거나 멋진 책을 읽을 때, 여러분은 스토리의 힘을 경험한다. 좋은 스토리는 여러분의 관심을 이끌고 적극적으로 참여하게 만들고 감동을 준다. 여러분은 흥미 있는 이 과정을 중단하지 않을 것이다. 이러한 경험을 계속 반복하면 친구에게 쉽게 설명할 수 있다. 여기서 우리가 준비해야 할 것은 스토리텔링이다. 스토리텔링이 가진 이야기 전개 구조와 기법을 파악하여, 데이터 시각화와 프레젠테이션에 적용하는 일이다.

기업은 비즈니스 분석학 붐(analytics boom)에 부응하여 최고의 데이터 과학 전문가를 고용하지만, 커뮤니케이션 소통이 힘든 상황이다. 비즈니스 애널리틱스 프로젝트가 성과로 이어지려면 먼저 프로젝트팀의 좋은 질문과 데이터 논쟁(Data Wrangling), 인사이트 도출이 필요하다. 다음으로 인사이트가 회사에 도움이 될지 파악한다. 이 문제를 해결하기 위해 커뮤니케이션하는 과정이 뒤따른다.

미국의 베스트셀러 작가 스티븐 킹이나 말콤 글래드웰처럼 프레젠테이션하라는 뜻이 아니다. 비전문가를 대상으로 하는 데이터 과학 프레젠테이션(마지막 단계)은 데이터 과학이 발전한 속도와 비교하면 더디다. 훈련받은 데이터 과학 전문가는 많아도 데이터 스토리텔링

전문가는 드물다.[33]

문제를 해결하기 위하여 데이터 과학팀을 어떻게 구성할까? 어떻게 관리할까? 데이터 추세 관련 첫 단계부터 임원진에 차트를 선보이는 마지막 단계까지, 어떤 단계에 누구를 투입할지 재검토해야 한다. 회사가 마지막 고지에 이를 때까지, 데이터 과학팀은 야구선수 타자를 효율적으로 배치해야 한다.

상대적으로 극적인 상황을 만드는 전환점(turning point)이 필요하다. 터닝포인트를 통해 만들어진 문제를 생각하고 기술을 연습하라. 스토리텔링에서 묘사(narrative)는 인류가 가진 강력한 도구이지만, 데이터 과학에서 가장 활용을 못 하는 기술이다. 묘사(描寫)는 설명하는 것이 아니라 보여주는 것이다. 묘사를 잘하기 위해서는 은유가 필요하다.

데이터 분석가는 자신이 경험한 데이터를 청중이 같이 느낄 수 있게 묘사한다. 스토리텔링은 분석가를 위한 것이 아니라, 청중을 위한 것이다. 자신이 오감으로 받은 느낌을 언어로 재현하거나 그림으로 표현하자. 내가 본 사실, 장면, 데이터를 그림으로 전달한다. 객관적인 묘사는 정보이고, 주관적인 묘사는 감정이다.

묘사의 구성방식을 살펴보자. 전체에서 부분적으로 묘사할 수 있고, 부분에서 전체로 구성할 수 있다. 데이터 분석가는 청중에게 그림이 펼쳐지도록 묘사하라. 관찰과 감수성을 가지고 청중에게 공통점을 발견하게 만들어라! 적절한 비유를 통해 스토리텔링 한다면 흥미와 재미 그리고 의미를 전달할 수 있다.

데이터 분석을 어떻게 묘사할까?

비슷한 표현, 비슷한 동사를 피해 설명하라. 묘사는 서술어에 유의

하자. 최대한 청중과 공감지수를 높여보자. 마음이 움직이면 머리는 따라간다. 청중은 데이터 분석가의 감정에 공감한다. 먼저 데이터의 배경지식을 공유하자. 어떤 정보를 설명할 것인가? 어떻게 표현할 것인가? 청중은 데이터 분석가에게 간단하고 명료하게 설명하기를 바란다. 때론 매우 심오한 데이터라도, 간결함을 유지하고 이해가 가능한 문장을 써 설명하길 요구한다.

'자신이 아는 것을 청중도 알겠지'하는 착각을 버려라. 청중이 가장 신뢰하는 것은 청중의 관점에서 말을 하는 것이다.

비전문가에게 데이터 과학을 설명하라

캐글(Kaggle)은 데이터 사이언스 경진대회 플랫폼이다. 즉, 데이터를 분석하는 대회이다. 기계 학습 그리고 딥러닝을 연습하고 싶은 분들에게 최고의 플랫폼이다. 데이터 과학 플랫폼 캐글(Kaggle)이 2017년에 데이터 과학 전문가 7,000명 이상을 대상으로 설문 조사를 진행하였다.

업무 장벽 상위 7가지 중의 4가지는 기술이 아니라, 이러한 마지막 단계에 해당하는 것이 문제였다. 마지막 문제는 ① 관리 또는 자금 지원 부족, ② 대답하기 모호한 질문, ③ 분석 결과가 의사결정에 사용되지 않음, ④ 비전문가에게 데이터 과학 설명 필요가 있었다.

이는 데이터 과학 전문가 휴고 본-앤더슨(Hugo Bowne-Anderson)이 데이터과학자 35명과 인터뷰한 내용과 겹친다.[34]

캐글에서 필요한 역량은 의사결정자들이 이해하기 쉽게 분석 결과를 표현하는 것이다. 또한, 데이터 스토리텔링을 통해, 의사결정자들이 전체 그림을 이해하고 분석 결과에 따라 실행하게 하는 것이다. 끊임없는 질문은 데이터 싸이언티스트의 대표적인 힘이다.

결국, 데이터 분석의 결과는 의사결정자의 마음에 들어야 한다. 흔히 말하는 기승전결이 있는 스토리텔링인가? 포인트가 확실한가? 청중이 지식을 체계화할 수 있는가? 청중의 이해에 걸맞은 표현을 사용하였는가? 원하는 부분을 강조하고 있는가? 차트 자체만으로도 설명이 충분한가? 데이터 싸이언티스트는 재미있는 실험으로 개발자와 디자이너 역할을 하는 것이다.

앤더슨이 2018년 HBR 온라인 아티클에 올린 글이다.

"방송에 출연한 게스트 대부분이 데이터 과학 전문가가 갖춰야 하는 필수능력으로… 일하면서 언제라도 배울 수 있는 것, 비즈니스 질문에 잘 대처할 수 있는 커뮤니케이션 잘하는 법, 복잡한 결과물을 비전문가인 관계자에게 설명할 수 있는 것이라고 대답했다"

타블로의 리서치 과학자 마이클 코렐(Michael Correl)은 온라인 강의에서 데이터과학과 인문학의 융합이 중요한 이유를 말했다.

"데이터와 사람은 분리할 수 있는 게 아니다. 인문학의 눈을 통하면 사안에 한 발자국 더 들어가 맥락을 이해할 수 있다. 기술 아래 묻혀 있던 사람이 또렷이 드러난다"

데이터 분석 재능은 컴퓨터 과학보다 인문학 출신에게 자주 나타난다. 소프트웨어업체 타블로(Tableau)는 2018년 애널리틱스 대표 트렌드 중 하나로 인문학과 데이터 분석 융합을 꼽았다.

비판적 사고와 문맥 설정, 그 밖에 인문학에서 배운 많은 것들은 데이터 분석을 포함하여 여러 부문에서 핵심 능력으로 꼽힌다.[35] 가장 먼저 볼 경진대회는 '타이타닉 머신러닝 경진대회(Titanic: Machine Learning from Disaster)'이다. 캐글의 타이타닉 경진대회는 실제 발생한 해상사고의 데이터를 기반으로 문제를 냈다. 해당 경진대회는 머신러닝의 기초적인 이론 및 실습을 배울 수 있다.

타이타닉호(RMS Titanic)는 영국의 화이트 스타라인이 운영한 북대서양 횡단 여객선이다. 1912년 4월 10일 영국의 사우샘프턴(영국 남해안의 항구 도시 Southampton)을 떠나, 미국의 뉴욕으로 향하는 코스였다. 4월 15일 빙산과 충돌하여 완전히 침몰하였다. 타이타닉의 침몰로 1,514명이 사망하였다. 첫 항해에 오른 승객은 다양했으며, 이 가운데 매우 부유한 사람들도 있었다. 대다수는 영국과 스칸디나비아반도 등에서 새로운 삶을 찾아 미국으로 가는 이민자들이었다. 출항 당시 승선 인원은 2,223명이었다.

타이타닉호는 선내에 체육관과 수영장, 호화로운 부대시설을 갖추고 있었다. 그런데 느슨한 규제 때문에 구명정은 20척밖에 없었다. 구명정의 정원은 1,178명이었다. 1912년 4월 14일 오후 11시 40분에 빙산과 충돌하였다.

이 때문에 주갑판이 함몰하면서 우현(右舷)에 구멍이 났다. 구멍으로 물이 들어오기 시작한 지 2시간 40분 만에 완전히 침수되어 침몰하였다. 타이타닉호는 방수용 격벽(隔壁)을 설치했다. 문도 물을 차단할 수 있도록 설계되었으나, 실제 사고에선 역부족이었다.

구명정에 타지 못한 채 바다로 뛰어든 수많은 사람은 저체온증으로 사망하였다. 침몰할 당시까지도 배에는 1000여 명의 사람이 남아 있었다. 구명정을 타고 있다가 몇 시간 뒤에 구조된 사람은 706명에 불과하였다. 〈출처: 위키피디아〉

이 경진대회에 목표 결승점은 '어떤 사람들이 생존할 가능성이 더 큰가?'라는 질문에 예측 모델을 제시한다. 승객 데이터(예시: 이름, 나이, 성별, 사회, 경제적 등급 등)를 이용하여 예측 모델을 구축한다. 좋은 데이터 분석은 반드시 코딩과 수학을 잘한다고 나오는 게 아니다. 데이터 시각화 차트를 보면 〈표 1〉에서 일반석의 승객이 다른 Class의 승객보다 많은 사람이 구조되지 못하고 사망한 것을 알 수 있다. 〈표 2〉에서 타이타닉에 탑승한 탑승객 중 많은 사람이 사우샘프턴에서 탑승하였고, 사우샘프턴 탑승자 중 60% 정도가 사망하였다. 〈표 3〉에서 타이타닉의 탑승객 중 남자의 경우 구조된 사람보다 사망한 사람이 더 많고, 여자의 경우 구조된 사람이 사망한 사람보다 많은 것을 알 수 있다.[36]

마이클 코렐(Michael Correl)은 왜 데이터과학과 인문학의 융합이 중요하다고 말했을까? 데이터 분석에서 이야기 전개와 비판적 사고는 독자에게 흥미를 유발한다. 일반석(Economy Class)은 다른 클래스와 무엇이 다른가? 왜 구명정을 다른 클래스에 비해 적게 배치했는가? 혹은 탑승 인원보다 턱없이 부족하게 준비했는가?

여러분은 데이터를 보고 스토리 상황을 예측하고 질문할 수 있다. 타이타닉호는 이전에도 이러한 사고가 있었는가? 이 사건 이후로 타이타닉호는 계속 운행을 진행하였나? 가장 먼저 영국에서 탑승한 승객이 사망자가 많은 것은 어떤 이유일까? 영국 날씨와 유람선 여행과 무슨 연관이 있을까? 문화적인 배경도 추측해 본다. 그리고 팩트를 가지고 관심 있는 주제를 찾아 데이터 스토리텔링을 재구성할 수 있다. 주요 질문 몇 개만으로 데이터 사전을 만들어 또 다른 인사이트를 제시하라! 또 다른 생각은 문제를 해결하는 관점에서 흥미, 재미, 의미를 담는다.

① 설정에서 스토리가 발생한 시점과 장소를 영국 사우샘프턴 항

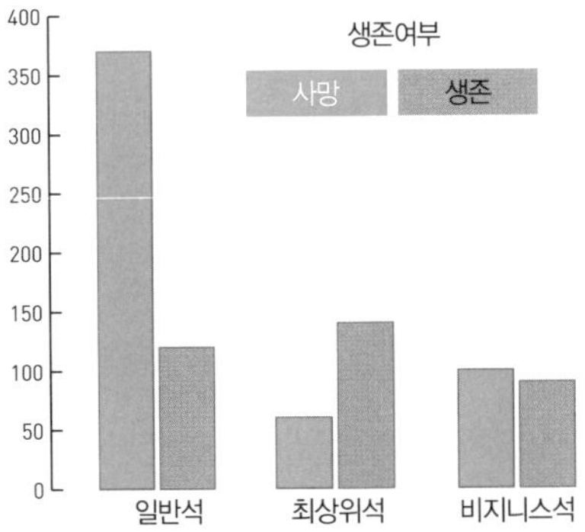

〈표1〉 객실등급

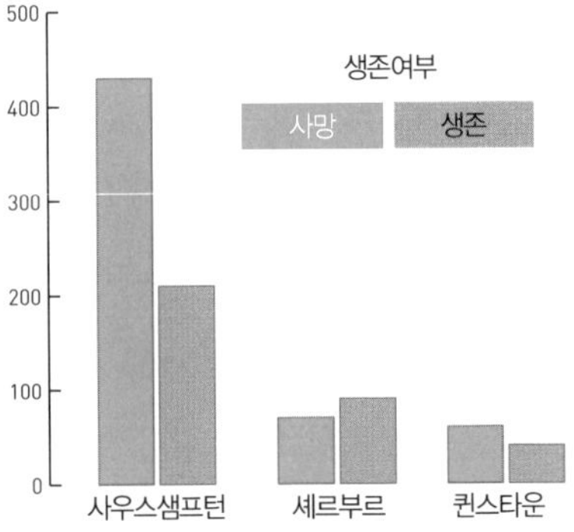

〈표2〉 승선

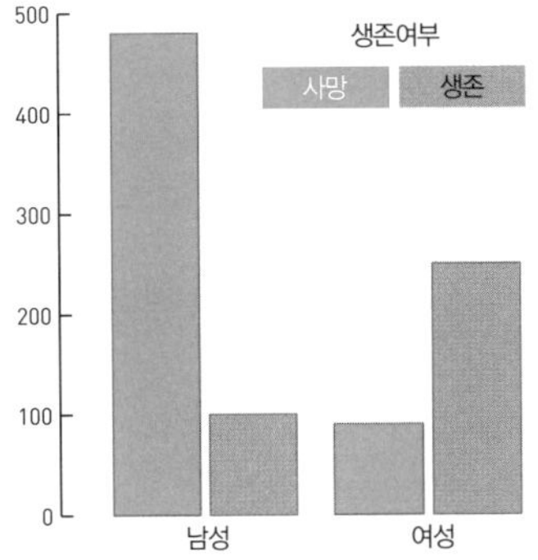

〈표3〉 성별

구(승선지)로 정한다.

② 타이타닉호에 탑승한 영국인들 중에서 누가 활동을 이끌어 가는가? 질문한다.

③ 영국인 남성, 여성 사망률은 어떠한가?

④ 영국인 생존자와 사망자의 사회 경제적 등급은 어떠한가?

Variable	Definition
Survival	생존 여부
Pclass	티켓 클라스
Name	탑승자 이름
Sex	성별
Age	나이
Sibsp	탑승한 형제 자매 / 배우자 수
Parch	탑승한 부모 / 자녀의 수
Ticket	티켓 번호
Fare	요금
Cabin	케빈 번호
Enbarked	승선지(항구)

〈데이터 사전〉

⑤ 여러분은 어떤 것이 발생하는 것을 보고 싶은가?

⑥ 데이터 분석을 보고 어떻게 인사이트를 제시할 것인가?

Chapter 3

세상을 바꾸는 하버드 & 스탠퍼드 글쓰기

당신은 보기만 하고 관찰은 안 하는군

_『보헤미아의 스캔들』 중에서 셜록 홈스가 왓슨 박사에게

01

셜록 홈스처럼 생각하기, 따라 하기

셜록 홈스는 아서 코난 도일의 추리 소설 시리즈에 등장하는 주인공이다. 셜록 홈스(19세기 말~20세기 초)는 영국을 무대로 활동하는 탐정가로 여전히 전 세계에 많은 팬이 있다. 그는 대학을 나오지 않았지만, 자신의 업무에 도움이 될 만한 분야를 스스로 공부했다. 그는 추리만 가지고 충분하지 않을 때, 자신이 쌓은 전문지식을 기억에서 찾아보았고, 과학적인 연구를 했다. 사람과 사물에 대한 정보를 냉혹할 정도로 수집했다.

그의 거실에는 백과사전 동급의 자료가 있다. 그는 호기심을 활용해 스스로 올바른 질문을 제기할 줄 알았다. '생각하기 기법'인 상상력과 호기심을 즐길 줄 알았다. 영화 속에 비친 그의 모습은 열정적인 이야기꾼이었다.

'생각하기 훈련'을 어떻게 할까?

"한 알의 모래에서 세계를 보고 한 송이 들꽃에서 천국을 보라"

시인 윌리엄 블레이크가 한 말이다

관찰훈련에 집중하면 관찰이 가능한 곳으로 여러분을 잘 이끌어줄 것이다. 글쓰기와 일상생활에서 모든 것을 풍요롭게 해줄 것이다. 먼저 일정한 장소에서 관찰하는 것으로 훈련을 시작한다. 관찰한 내용을 노트에 적는다. 노트를 보며 생각하라!

한강을 걷는 사람, 자전거, 킥보드를 타는 사람을 관찰했다면 여러분은 발걸음과 손동작을 보며 어떤 결론을 내릴 수 있을 것이다. 여러분이 무엇을 관찰했든지 정보와 기억을 전문지식에서 찾아보라. 킥보드 공유시스템 유형과 이용하는 인구, 가격, 사고 접수, 보험 사례 등 여기에 관한 자료를 수집하라. 호기심을 계속 발동하라.

셜록 홈스(Sherlock Holmes)는 작가가 아니지만, 끊임없는 단련으로 자신의 능력을 갈고닦는 데이터 과학자다. 그리고 특정 문제를 해결하는 데 그 능력을 끌어모을 줄 알았다. 셜록 홈스를 만든 작가는 아서 코난 도일이다. 실제로 자신의 의대 스승이었던 외과 의사 조셉 벨 박사를 셜록 홈스의 모델로 삼았다. 자료를 모으고 개발할 때 하나 이상의 능력을 사용한다.

셜록 홈스는 여러 능력을 결합하는 습관을 지니고 있다. 셜록 홈스처럼 관찰하고 연습하라! 명료한 추론을 끌어내는 셜록 홈스의 '생각하기 과정'은 세상을 바꾼다. 일상의 사소한 것도 흘려보내지 않는 관찰의 힘은 최고의 전략이다. 일상에서 관찰의 힘을 활용하자.[1]

일상생활을 깊이 관찰하여 자신만의 느낌으로 해석하자. 세상을 바꾸는 글쓰기는 '생각하기'부터 시작한다. 남들이 보지 못하고 지나친 것들을 짧은 시간 안에 파악하고 응용해보자. 관찰의 위력은 글쓰기 힘이다. 인간이 가진 가장 강력한 무기는 생각이다.

철학자 최진석 교수는 선진국을 "생각을 선도하는 나라"라고 정의했다.

"경제나 기술 발전 수준으로 선진국을 가를 수 있다. 하지만 나는 스스로 '생각하는 힘'이 있느냐 없느냐 하는 상상력을 기준으로 가르고 싶다. 남을 선도하는 생각, 선도력(先導力)을 가진 나라가 선진국이라고 본다."

일상에 대한 집요한 관찰이 있고 그것을 생각으로 구체화한 결과물이 자신의 '생각 글'이다.

생각을 정리하고 표현하라

미국의 대학은 글쓰기를 매우 강조하고 있다. 대부분 대학에 '글쓰기 센터(Writing Center)'가 있어 학생들에게 글쓰기 교육을 체계적으로 가르친다. 그중 하버드대의 글쓰기 교육은 혹독하기로 유명하다. 모든 학생이 의무적으로 글쓰기 수업을 들어야 한다. 대부분 과목에서 글쓰기 숙제를 내준다. 글쓰기센터에서는 학부, 대학원 학생들을 위해 단계별로 다양한 글쓰기 교육 프로그램을 제공하고, 일 대 일 첨삭도 철저하게 해준다. 매사추세츠공대(MIT) 역시 학생들에게 글쓰기를 강조하고 있다.

하버드대 학생들이 말하는 글쓰기 숙제의 효과를 살펴보면 첫째, 수업코스에 적극적으로 참여하는 동기를 준다. 둘째, 수업내용을 이해하고, 아이디어를 적용하는 데 도움을 준다. 셋째, 새로운 아이디어를 탐구하고 도와준다. 넷째, 코스에 관심과 흥미를 갖게 한다.

하버드대 낸시 소머스 교수가 신입생들의 글쓰기 경험을 조사한 연구에서 "글쓰기가 깊이 있는 생각을 하게 했다"라고 밝혔다. 이 연구에서 한 학생은 "만약 글을 안 썼다면 그냥 정보만 가득 집어넣었다는 느낌이 들었을 것이다. 글을 쓰면서 생각하고, 남과 다른 내 의견을 말해보는 기회도 얻었다"라고 말하며 글쓰기 숙제의 효과로 수업코스에 적극적으로 참여하게 했다는 학생이 73%였고, 수업내용을 이해하고 아이디어를 적용하는 데 도움이 되었다는 응답은 66%, 새로운 아이디어를 탐구하게 도움을 주었다는 학생이 57%를 넘었다.

1996년 노벨 의학상을 받은 피터 도허티 교수도 "과학을 연구하려면 글을 쓸 줄 알아야 한다. 글을 잘 쓰는 사람은 생각도 명확해 연구를 더 잘한다"라고 말했다.[2]

책을 읽거나 수업에 참여함으로써 자신이 할 수 있는 모든 노력을 다해 배울 필요가 있다. 글쓰기에 대한 반응을 주고받는 훈련이 즐겁다면 모임 같은 것을 만들어서 규칙적으로 훈련하자. 이야기를 들려주는 것은 글쓰기를 시작하는 좋은 계기가 된다. 자신이 할 말을 소통시키는 것, 다른 사람에게 명쾌하게 전달하는 것, 이것이 진정한 글쓰기라고 할 수 있다. 자신이 생각하고 이해한 것을 독자에게 분명하게 이해시키는 법을 배우자. 이것이 훌륭한 작가가 되는 중요한 비결이다.

자신만의 주제를 만드는 방법은 다른 사람들에게 자신이 배운 것을 말하는 것이다. 그것을 정확하게 들려주어야 한다. 아인슈타인은 '당신이 아는 것을 다섯 살 아이에게 설명할 수 없다면 실제로 아는 것이 아니다.'라고 말한 적이 있다. 아마 자신이 아는 것을 가르칠 기회도 생길 것이다. 한 가지 주제를 배울 때 가르치는 것보다 더 좋은 방법은 없다. 글쓰기란 다른 사람과의 소통을 위한 것이다. 할 말이 있을 때 다른 사람에게 그 말을 들려주는 것이다. 여러분이 할 말이 무엇인지, 전달하고자 하는 것이 무엇인지, 쉽게 독자의 마음을 살아 움직이게 만들어야 한다.

연결하여 이야기하라

한 편의 글을 발전시키는 과정에는 세 가지 주된 행동이 포함된다. 모은 자료를 한곳으로 취합하는 과정, 자료를 선택하는 과정, 선택한 자료를 서로 연결하는 과정이다. 연결과정 역시 작가가 하는 일의 중요한 부분이다. '이 모든 것이 어떻게 서로 조화롭게 할 수 있을까? 라는 질문을 끊임없이 제기할 필요가 있다.

어떤 점에서 글쓰기는 '조각 깁기(sewing patchwork)'와 같다. 다양한 곳에서 재료를 모으고 이것들을 전체로 연결한다. 자신이 쓰고 싶은 글의 종류를 안다면 해당 장르의 책을 35~40권 정도 읽는다. 자신이 원하는 글이 갖춰야 할 형태에 대해 많은 것을 알려준다.[3]

제2차 세계대전 중 처칠은 반파시스트 전쟁에 지지를 호소하는 연설문을 비서에게 불러 주었다. 클라이맥스 부분에서 실제로 눈물을 흘렸다. 진정성을 담은 그의 연설은 영국 국민을 감동시켰다. 온 나라가 반파시스트 전쟁의 투지를 불태우게 만들었다. 인간의 두뇌는 이야기를 통하여 세상을 이해하도록 만들어졌다.

말하자면, 이야기를 들으면 자연스럽게 우리 모두에게 전달된다. 오늘날은 전 세계에서 나오는 이야기를 책이나 유튜브 동영상으로 쉽게 만날 수 있다. 작가 중에는 아이디어나 재료를 뉴스 보도, 신문 기사에서 얻는 사람이 많다.[4] 이제 이야기를 만들기 위한 구성 관계를 살찌어 나가라.

체코의 소설가 밀란 쿤데라의 말처럼 인간의 삶이란 아무리 찬란하고 아름답고 잔혹해도 죽음 앞에서 그림자일 뿐이다. 인간에게서 남는 것은 이야기뿐이다. 이야기만이 그 삶을 기억하고, 그 고통과 기쁨과 슬픔을 살아있게 만든다. 삶의 무의미를 극복할 수 있게 해주는 것은 바로 이야기이다.

개인이 운영하는 블로그에는 적게는 수십 명에서 수천 명까지 방문한다. 단순한 정보라기보다 이야기를 공유하는 공간이기 때문이다. 글을 너무 잘 쓰려고 하면 쓸 수가 없다. 부담을 느끼면 한 글자도 못 쓴다. 글쓰기의 핵심은 자신을 본질을 담아내는 콘텐츠다.

'브라운 법칙'은 소통학의 대표적 이론 중 하나다. 이는 미국의 직업교육 전문가 스티븐 브라운(Stephen Brown)이 고안한 것이다. 상대 마음의 빗장을 푸는 열쇠를 찾기만 하면, 다음 빗장들까지 차례로 해결할 수 있다는 이론이다. 그 열쇠란 무엇인가? 바로 진정성이다.[5]

이야기는 진정성의 가장 중요한 도구이다. 진정성을 추구하려면 단순히 메시지를 한 방향으로 보내는 것이 아니라 상대방과의 연결(connect), 즉 관계 형성에 집중해야 한다. 이야기를 통해 정보가 아닌 사람들과 연결하는 경험을 갖게 한다. 이야기를 생각 글로 공유하거나 유튜브로 방송할 때, 독자는 여러분의 느낌이나 의견 등을 공유하며 진정성을 느낀다.

02 논리는 생각하는 힘의 기본이다

글로벌사회에서 글로벌 인재는 논리력과 사고력을 요구하고 있다. 글쓰기 기술은 단순한 패턴부터 단계적으로 배우고 활용하는 것이다.

누구라도 기술 방법을 익히면 글쓰기 근육은 성장할 수 있다. 글을 쓰는 데는 감동과 설득을 위한 기교가 필요하다. 생각하는 사유는 관찰하는 일에서 시작한다.

생각을 보이게 만드는 〈See_Think_Wonder〉기법과 〈지식의 이론(Theory of knowledge)〉 교육을 잘 이해하면 논리와 쉽게 놀 수 있으며 친절한 이야기꾼으로 이야기할 수 있다. 논리가 있는 사람은 말을 간결하게 표현하고 더 자신 있게 말할 수 있다. 생각하는 힘은 토론과 설득 능력을 키울 수 있다.

단순한 것에서부터 시작하라

크고 복잡한 것을 해결하고 싶으면 작고 단순한 것에서부터 시작하라. 불행이 닥쳤을 때, 먼 데서 답을 찾는 사람은 고난을 이겨내기가 힘들다. 반대로 사소한 지점에서부터 차근차근 돌아보면 해법을 찾을 수 있다. 즉, 고난을 이겨낼 가능성도 커진다. 글쓰기 시작은 바로 자신의 삶을 단순화시키는 것부터 출발한다. 누구라도 방법을 익히면 잘 해낼 수 있는 작업이 글쓰기다. 여러분에게 필요한 것은 '기술'을 익히는 시간이다.

처음 한 가지 기술을 배우는 데 온 힘을 집중하고, 이어 다음 기술을 배우는 데 또 온 힘을 집중하여 다음 기술로 넘어가는 방식이다. 결국, 야구선수 타자가 공에 시선을 집중함과 동시에 손목 높이를 유지하는 것과 똑같다. 그리고 피아니스트가 두 손으로 연주하는 법을 배우는 것과 똑같다.[6]

글쓰기 근육은 글쓰기에 필요한 모든 기술을 단계적으로 배우고 활용하는 것이다. 즉 어떤 주제에 관해 말할 거리를 찾아내는 것과 그 내용을 다른 사람에게 전달할 어휘와 문장을 찾아내는 것, 두 가지로 볼 수 있다. 따라서 작가는 두 가지 중요한 부분, 내용에 관한 생각과 기교에 관한 생각으로 이뤄진다고 볼 수 있다.

글에는 항상 독자가 있다. 상대를 움직이지 못할 때, 글에 들어간 노력은 의미가 없다. 글을 쓰는 데는 감동과 설득을 위한 치밀한 작전이 필요하다. 기교는 두 가지로 이루어진다. 첫째, 에세이를 쓸 것인가? 또는 칼럼은 쓸 것인가? 둘째, 어떤 어휘를 선택하여 문장과 문단을 조화롭게 조합하는 기교다. 여러분에게 부족한 것은 어휘력이 아니라 글을 쓸 내용이 없어서 생각이 막힐 수 있다. 스스로가 내용이 부족하다면 그 생각을 강화하고 발전시켜야 한다.[7]

글쓰기는 요리와 비슷하다. 한 편의 글을 쓰려면 먼저 거기에 들어갈 재료를 모아야 한다. 그렇다면 재료는 어떻게 만들어내는가? 이것을 찾으려면 내용에 관한 생각을 활용해야 한다. 규칙적인 습작을 했다면, 아이디어가 있는 주제로 당신을 이끌 것이다. 작가가 된다는 것은 생각만 하는 것이 아니라 기록하는 것이다. 종이 위에 어휘를 나열하는 기초훈련처럼 재료 모으기도 작가가 되기 위한 핵심코스이다. 많이 모을수록 내용에 관한 생각을 더 단련할 수 있다.

논리야 놀자

생각은 관찰에서 시작한다. 아래의 그림은 벨기에의 초현실주의 화가 르네 마그리트(René Magritte) 작품이다. 론 리치하트 외 지음, 『생각을 보이게 만들기 Making Thinking Visible』에서 소개된 사고법을 활용한 것이다. 이번에 소개할 프로그램은 〈See-Think-Wonder〉 방법이다. 구체적인 목적은 다음과 같다.[8]

① 그림 등을 주의 깊게 봄으로써 이해력을 기른다.

② 무슨 일이 일어나고 있는지 설명함으로써 논리력을 연마한다.

③ 의문을 제기함으로써 독창적인 사고의 기반을 다진다.

〈르네 마그리트(1898~ 1976), '심금'〉

주의 깊게 보기(듣기, 읽기)는 모든 생각하기의 기본이다. 주의 깊게 보지 않으면 이해할 수 없다. 우리는 무언가를 이해해야 비로소 그것에 대해 생각할 수 있다. 설득력이 없다는 것은 곧 논리적이지 않다는 뜻이다. 논리란 결국 누가 들어도 '그렇구나' 하고 수긍할 수 있도록 설득력 있는 형태로 설명해야 한다.

다양한 설득 도구는 무엇이 있을까? 주장에 설득력을 강조한다면 타당한 이유와 근거가 필요하다. 이유와 근거는 다르다. 이유는 작가의 생각에서 나온다. 근거는 생각을 뒷받침해줄 자료를 뜻한다.[9]

예시)

주장- 민수는 일기예보를 잘못 예상한다.

이유- 민수가 지금껏 내게 말한 일기예보는 맞지 않았다.

근거- 민수가 캠핑갈 때 공지에 올린 일기예보 날씨는 10% 확률이다.

근거로 사용하는 설득 도구를 살펴보자.

① 역사적 사실과 학설: 주장을 뒷받침할 때 구체적인 사례.

② 통계 수치와 실험 결과: 통계는 다수로부터 얻은 객관적인 데이터. 실험 결과도 마찬가지이다. 권위 있는 기관에서 공정한 방법으로 조사한 결과는 설득력이 강한 근거이다. 객관적인 수치가 인정받는다. 반드시 출처를 찾아 인용하는 부분을 확인해본다. 외국 자료라면 원문을 찾아본다. 통계수치나 실험 결과를 인용할 때 최근 자료를 살펴보는 것이 좋다. 구글 스콜라 & 국립중앙도서관 논문자료를 활용해도 좋다.

③ 전문가 증언: 전문가에게 이메일 & 기존 인터뷰(신문보도) 지면을 인용하는 방법도 있다.

④ 명언: 포털 사이에 '명언'이란 키워드를 검색하여 자신이 주장하는 분야를 찾는다.

논리력이란 눈앞에 있는 정보를 착각하거나 멋대로 연상하지 않고 있는 그대로 받아들여 생각하는 것이다. 논리는 생각하는 힘의 기본이다. 생각하는 힘은 비판적 사고를 기본으로 한다.

논리는 비판적 사고의 기본이다. 그 외에도 비판적 사고에서 중요한 것은 사실과 의견의 구분이 있다. 사실은 증거를 보고, 확인하면 증명할 수 있다. 하지만 의견은 머릿속에서 만들어 내는 생각이다. 따라서 의견은 저마다 다를 수 있다. 따라서 책을 읽고 논리력을 키우려면 자신의 것으로 이해하는 힘이 필요하다. 그러면 사물이나 사건을 다각도로 바라보는 능력이 생긴다.

친절한 이야기꾼(storyteller)으로 이야기하기(storytelling)

알렉산드라가 하버드대학에서 언어학 교수로 십 년 넘게 재직하면서 내린 결론은 목적에 따라 서로 다른 말하기 방식을 선택할 줄 알아야 한다는 것이다.

만약 당신이 어떤 지식을 학생에게 전달하려면 설명하는 법을 알아야 하고, 무대 아래 앉은 오만한 사람들과 토론을 하려면 온갖 지식을 동원해 싸우려는 방식은 좋지 않다. 알렉산드라가 '모든 논리는 교류를 위해 존재한다.'라고 말한 것처럼 논리적으로 어떻게 표현해야 하는지 알지 못하는 것은 논리적인 효과를 모르기 때문이다.[10]

영국의 평론가인 토머스 칼라일은 이렇게 말한다.

"남을 설득하려고 할 때는 자기가 먼저 감동하고 자기를 설득하는 것부터 시작해야 한다."

그럼 의견을 발표하는 것과 내용을 설명하는 것은 어떻게 다른가?[11]

논리가 없으면	논리가 있으면
동문서답한다. 말이 장황하고 혼란스럽다. 표현이 분명하지 않다. 개인의 이미지가 멍청하고, 말을 못하는 사람으로 보인다.	말이 더 간결해진다. 더 자신 있게 말한다. 듣는 사람의 부담을 줄인다. 임기응변 능력이 높아진다. 공공의 장소에서 말의 혼란을 줄인다. 오해와 의견 분열을 줄인다. 전문적이고 침착한 개인 이미지를 수립한다.

① 의견을 발표할 때는 내가 말하고 싶은 것을 표현한다.

자신의 의견이나 생각을 고수하는 것은 회의할 때나 어떤 이익이 관련되었을 때 나타나는 현상이다. 주장이나 의견을 발표할 때는 '간단하고 이해하기 쉽게 정보를 전달하는 기능'과 '바로 깨닫고 받아들이는 기능'이 반드시 포함되어 있어야 한다.

②내용을 설명할 때는 내가 말해야 하는 것을 표현한다.

선생님이 학생에게 어떤 지식을 전달할 때는 개인의 의견이 중요하지 않다. 중요한 것은 설명하려고 하는 것을 상대가 잘 알아듣고 이해하기 쉽게 말하는 것이다. 자신의 관점을 개입시키지 않고 제삼자의 관점에서 객관적으로 서술하는 것이 좋다.

이제 자신이 일상에서 펼치는 논리들을 되돌아보자. 『죽음의 수용소에서』 저자 빅터 프랭클(Viktor Frankl)은 어떤 상황에서도 희망은 있으며, 그 희망이 위로가 된다는 것이다. 죽음의 아우슈비츠 수용소에서 희망을 끝까지 놓지 않았다. 그는 '로고테라피(logotherapy)'로 그 이유를 설명한다.

그는 정신과 의사이자 신경학자, 철학자이다. 1905년 오스트리아 빈에서 태어났다. 제2차 세계대전 당시 온 가족이 유대인이라는 이유로 수용소에 끌려갔다. 프랭클은 3년 동안 네 군데의 수용소를 거쳤으나 끝내 살아남았다. 죽음의 수용소에서 살아남은 본인의 '체험'을 통해 발견한 치료법이 바로 '로고테라피'이다.

그는 모든 사람에게 '현실의 어려움을 극복할 가능성'이 있다고 말한다. 그의 주장으로는 '인간은 비참한 상황을 극복하고, 고통 속에서도 의미를 발견할 수 있다. 의미 없어 보이는 고통도 가치 있는 업적으로 바꿀 수 있다.'

1942년 9월부터 3년 동안 아우슈비츠를 비롯한 네 군데의 나치 수용소에서 그는 포로 생활을 했다. 우연한 기회에 간수 중 한 명이 빅터 프랭클이 정신과 의사임을 알게 되었다. 간수는 자신의 개인적인 문제를 상담하면서 약간 편해지긴 했지만, 다른 유대인 포로들과 똑같이 끔찍한 시간을 보냈다.

아우슈비츠에서 몰래 숨기고 있던 로고테라피에 관한 책 원고를 그는 압수당했다. 하지만 수용소에서 틈나는 대로 원고를 쓰며 시간에 대한 가치를 부여했다. 또, 수용소 내에서 포로를 대상으로 자신의 로고테라피를 기반으로 집단상담을 진행하였다. 포로들이 힘든 고통을 버티는 데 도움을 주었다.

포로 해방 후 오스트리아를 떠나지 않고, 포로 생활로 인한 정신적 문제를 겪는 환자들을 위해 상담 치료를 하였다. 그 후 세계 여러 곳에서 강연과 저술을 하며 여생을 보냈다. 그는 나치의 잔인함을 대놓고 비난하지 않았다. 수용소 생활을 그의 책에 그려냈다. 그의 설득기술은 이유와 근거를 묘사적 기법으로 담담하게 나열하였다. 논리(logos)뿐 아니라 감성(pathos)과 가치관(ethos)으로 독자를 설득했다.

아우슈비츠에서 살아남은 철학자 빅터 프랭클(Viktor Frankl)은 최종 판단을 독자에게 맡겨두었다.

역사적 천재들이 활용한 생각법

고대 그리스 시대 소피스트는 인기 직종이었다. 소피스트란 지금의 법률가, 지식인, 논술 강사를 합쳐놓은 듯한 직업이다. 민주주의 사회는 토론과 설득으로 굴러간다. 당연히 말 잘하는 능력이 중요할 수밖에 없다. 소피스트들은 말 잘하는 법을 지도하여 큰돈을 벌었다. 우리 사회도 말 잘하고 글 잘 쓰는 이들이 대접받을 수밖에 없다. 소피스트는 수사학(修辭學rhetoric)의 전문가였다.

말하기와 글쓰기는 종합예술이다. 논리(logos)뿐 아니라 감성(pathos)과 가치관(ethos), 몸동작과 목소리 톤(문체와 필체)가 어우러져야 제대로 효과를 낸다.[12] 아리스토텔레스는 수사학에서 설득의 세 가지 형태를 이야기했다. 이는 2,500년이 지나 지금까지 널리 쓰이는 개념이다.

아리스토텔레스는 설득에 있어 로고스(논리), 파토스(감성), 에토스(가치관)를 강조한다. 이 세 가지가 울림이 있어야 한다고 말했다. 그는 이 가운데 에토스를 강조한다. 설득하는 사람의 가치관과 의도가 중요하다는 뜻이다. 설득 의도가 바람직하고 도덕적이지 않을 때 글 쓰는 노력은 남을 속이고 후리는 작업일 뿐이다.

- 로고스(logos): 논리(근거)에 호소하는 힘.
- 파토스(pathos): 독자의 감성에 호소하는 힘.
- 에토스(ethos): 작가의 가치관과 의도에 호소하는 힘.

바칼로레아(Baccalauréat)는 프랑스 고등학생들이 졸업할 때 대학 입학 자격을 얻기 위해 받는 국가시험이다. 1808년 나폴레옹 시대에 만들어졌다. 유난히 눈에 띄는 코스가 있는데, 그것은 '지식의 이론(Theory of knowledge)'이라고 부르는 코스다.

지식 자체를 습득하거나 기억하는 것보다 그 지식을 사용해 무엇인가를 발견하거나 서로 의견을 교환한다. 이를 통해 처음에 생각지도 못했던 가치관을 만들어 내는 과정에 중점을 둔다.[13] 가령 학생들은 다음과 같은 주제에 몰두한다.

"같은 언어를 쓰지 않으면 같은 세계에 살고 있다고 말할 수 없는 것일까?

"음악은 언어라고 할 수 있을까?"

"종교와 과학은 반드시 대립하는 것일까?"

이 '지식의 이론'을 통해 육성되는 힘은 글로벌 사회에서 앞으로 '글로벌 지능'과도 매우 유사하다. 글로벌 인재가 되기 위해서는 사고력과 논리력을 배양하는 교육이 중요하다. 지식의 이론을 통해 교육하려 하는 것은 다음의 다섯 가지 능력이다.

- 과제 자체를 스스로 벌견하는 힘.
- 여기에서 독자적인 생각을 창조하는 힘.
- 그것을 논리적으로 전개하는 힘.
- 타인과 그 생각을 공유하는 힘.
- 필요하다면 주위를 설득하는 힘.

그렇다면 역사적으로 유명한 철학자의 설득법은 무엇을 말하는 걸까? 바로 '지식의 이론(Theory of knowledge)' 교육 목적에 나와 있다.

스스로 문제를 발견하고 생각을 창조하는 힘이다. 상대방에게 논리적으로 말하고 글을 써서 호소한다. 그 생각을 공유하고 주의를 설득하여 글로벌 인재로 성장하는 것을 말한다. 우리는 일상생활에서 소크라테스처럼 철학하고, 소피스트들처럼 논쟁하는 것을 즐기며 생활하자. 이제 소피스트 수사학을 넘어 설득하는 방법을 배워보자. 소피스트의 수사학은 이성과 감성을 뒤흔든다. 설득의 수단으로 문장과 언어의 사용법을 알고 있다.

특히, 대중연설의 기술을 연구하는 학문을 수사학(修辭學, rhetoric)이라고 한다. 이는 상대의 판단을 흐려서 자신이 의도한 결론으로 이끌어온다. 논리를 가지고 있는 사람의 생각을 어떻게 방해하는지, 여기에 말려들지 않으려면 어떻게 해야 하는지를 연구한다. 대중 연설가로서 청중을 잘 설득하는 데 필요한 기술이다. 모든 속임수는 상대방의 욕망을 일깨우며 판단을 흐리는 데서 출발한다.[14]

역사적으로 볼 때, 건전한 이성으로 욕망을 다스리는 소크라테스, 단결을 요구하며 반파시스트를 외쳤던 처칠 수상, 모든 속임수를 동원하여 거짓된 설득으로 세뇌학습을 시킨 히틀러. 지금 우리는 글로벌 사회에서 자신의 관점을 어떻게 설득시킬까?

글로벌 인재가 되기 위해 우리는 2500년이 지난 지금도 소크라테스를 소환하고 교육을 받는 이유는 건전한 이성과 따뜻한 가슴으로 자신의 욕망을 설계하는 방법을 배우기 위함이다. 말하기와 글쓰기에 필요한 생각하는 힘, 논리적으로 설득하는 힘을 안다면 자신의 욕망을 설득력 있게 펼칠 수 있다.

03

독서로 자신의 한계를 극복하라

일론 머스크는 외롭고 힘든 유년 시절, 판타지 소설과 과학 소설을 즐겨 읽었다. 그는 자신이 좋아하는 책을 읽고 좋아하는 일을 하면서 혁신가로 불리고 있다.

삶이란 무엇인가? 우주는 어떻게 탄생했는가? 라는 질문을 자신에게 던지며 질문을 이해하고, 책에 등장하는 수많은 영웅을 보며 나도 세계를 구해야 한다는 정의로운 마음을 가졌다. 머스크는 책을 통해 우주의 질서를 읽고 천재의 야망과 지성을 키우며 성장했다. 머스크의 경영철학 역시 책을 통해 배웠다. 그는 세상을 재조명하며 전략을 수립하고, 독서를 신생기업으로 확장했다.

일론 머스크, 독서로 미래를 점프하다

남아프리카공화국에서 태어나 꿈을 찾아 미국에 이민 온 개척자, 일론 머스크. 이 세상에서 가장 매력적인 전기차를 만드는 테슬라, 민간 업체로 유일하게 국제 우주정거장(ISS)에 화물선을 운항하는 우주항공 회사 스페이스 X.

그는 두 회사를 창업해 성공 궤도에 올린 실리콘밸리 최고의 기대주이다. 그는 자신의 성장과 도약에 도움을 준 것으로 단연 책을 꼽는다. 스페이스 X 창업 당시 로켓 만드는 방법을 어떻게 배웠느냐는 질문에 책에서 읽었다고 답한 일화는 유명하다. 그의 가치관과 사업 구상에 큰 영향을 미친 것은 책들이다. 그의 가치관을 형성하는 데 영향을 미친 도서와 그 내용을 소개한다.

그의 외로웠던 유년 시절에 버팀목은 판타지 소설과 과학 소설이었다. 그중에서도 단연 많이 읽은 작품이 바로 『반지의 제왕』 시리즈다. 그는 뉴요커와의 인터뷰에서 "책에 등장하는 수많은 영웅을 보며 나도 세계를 구해야 한다는 정의로운 마음을 가지게 됐다"라고 했다. 그의 나이 12~15살 때 존재론적 위기가 찾아왔다. 이를 극복하기 위해 니체와 쇼펜하우어를 읽었지만, 전혀 도움이 되지 않았다. 『은하수를 여행하는 히치하이커를 위한 안내서』란 책을 읽고 삶이란 무엇이고 우주는 어떻게 탄생했는지를 쉽게 이해하였다.[15]

그는 『아인슈타인 삶과 우주』를 통해 우주의 질서를 읽은 천재의 야망과 지성을 배울 수 있었다. 천재 과학자의 가장 최근 자료를 토대로 작성해 아인슈타인이 어떻게 위대한 과학적 상상력을 발휘할 수 있었는지 밝혔다. 아인슈타인은 단순한 과학자가 아니라, 인류의 세계관을 바꾼 '현인'이라는 것이 저자(월터 아이작슨)의 주장이다. 저자는 "아인슈타인은 자유의지와 개성을 중시하는 도덕관을 지녔다."라고 밝힌다. 아인슈타인의 개인적인 편지까지 조사해 '세계에서 가장 유명한 천재'의 숨겨졌던 면모도 드러냈다.

그는 2000년대 초반 〈X.com〉 이라는 스타트업을 시작했을 때, 피터 틸이 공동 설립한 페이팔과 직접 경쟁을 해야 했다. 그때 피터 틸이 쓴 『제로 투 원』을 통해 스타트업 경영철학을 배웠다. 저자(피터 틸)는 세계에서 가장 성공한 스타트업 사업가이자 벤처캐피털이다. 1998년 전자결제시스템 회사 '페이팔'을 설립해 온라인 상거래 시대를 개척한 선구자로 꼽힌다. 일론 머스크가 세운 스페이스 X에 투자한 투자자이다. 이 책은 성공하기 위해서는 '경쟁하지 말고 독점하라'라고 논파한다. 세상에 없던 제품을 만들어 모든 사람에게 혜택을 주고, 본인은 지속 가능한 독점 이윤을 얻으라는 의미로 창조적 독점을 주장한다.

도널드 발렛과 제임스 스틸, 두 저널리스트의 공저인 『하워드 휴즈의 제국』은 세계 최초의 억만장자 하워드 휴즈의 일대기를 담아낸 책이다. 이 책을 위해 저자들은 4년에 걸쳐 자료를 수집하고 수많은 주변인을 인터뷰했다. 극적으로 인생을 그려낸 기존 하워드 휴즈의 전기들과 달리, 최대한 객관적인 삶의 모습을 전달했다.

저자들은 미국에서 가장 인정받는 탐사보도 전문가다. 세상에서 가장 빠른 비행사이자 할리우드 최고의 영화제작자였던 휴즈가 다양한 분야에서 성공할 수 있었던 이유는 한 가지 일에 몰두하다가도 다른 관심사가 생기면, 바로 그 대상을 바꾸는 성격에 있었다. 머스크는 "나는 손톱을 기르지도 않을 것이고, 항아리에 오줌을 싸지도 않겠다"라고 농담을 던졌다. 그러나 미국 온라인 경제매체 비즈니스인사이더는 '다양한 분야에 열정적으로 도전했던 하워드 휴즈와 지금 머스크의 모습에서 상당한 공통점을 발견할 수 있을 것'이라고 썼다.

『초지능(Super intelligence)』의 저자인 닉 보스트롬은 옥스퍼드 대학 인류 미래연구소 책임자이다. 인공지능 분야에선 세계적인 석학으로 꼽힌다. 특히, '초지능의 위험'에 관한 연구로 유명하다. 이 책은 '인공지능이 인간의 일반적인 지적 수준을 능가하면 어떤 일이 벌어질까?'라는 흥미로운 질문에 대한 대답이다. 현재 인간의 뇌에는 동물과는 다른 효율적인 기능이 있다. 이를 바탕으로 인간은 종의 지배자 역할을 하고 있다고 설명한다. 저자는 만약 초지능이 기계에 구현되면, 인간은 종의 지배자 위치에서 밀려나 기계의 공격에 당하고 말 것이라 경고한다.

머스크는 자신의 트위터를 통해 '인공지능은 매우 신중하게 다뤄야 한다'는 의견을 지속적으로 표명해 왔다. 올해 초에는 보스트롬, 스티븐 호킹 등과 함께 '인공지능의 개발을 통제해야 한다'고 주장하는 공개서한에 서명하기도 했다. 그는 "미래는 갈수록 커지는 기술의 힘과 이를 사용하는 인류의 지혜 사이의 경쟁이 될 것이다"라고 주장했다.

머스크가 스페이스 엑스를 창업할 때 로켓 과학에 대한 기초지식을 쌓기 위해 『구조(Structure)』를 읽었다. 책의 저자인 J. E. 고든은 플라스틱, 크리스털, 신소재 공학분야 논문으로 유명한 과학자다. 이 책은 왜 8차선 도로가 붕괴하지 않고 버틸 수 있는지, 어떻게 댐이 수천

갤런(gallon)의 물을 머금고도 무너지지 않는지부터 고층 빌딩을 디자인하는 원리까지, 다양한 과학적, 공학적 궁금증을 풀어낸다. 어려운 공학 용어와 기술적인 전문 용어들을 최대한 쉽게 풀었다.

머스크는 한 가지 주제에 관심이 생기면 독서를 통해 '게걸스럽게' 지식을 흡수하는 것으로 유명하다. 그는 "이 책은 공학 초심자에게 아주 적합한 안내서"라고 극찬했다.

『점화(Ignition)』의 저자인 존 D. 클락은 1960년대와 1970년대에 활동한 미국의 화학자다.

로켓 과학의 원리에 대한 상세한 설명, 실험 결과에 대한 묘사를 풍부하게 담은 입문서다. 이 책은 액체 로켓 추진제의 개발에 관한 이야기를 말하고 있다. 그는 "이 책은 로켓 마니아들의 열광적인 지지를 위해 쓰였다. 특히 로켓 과학의 구성요소 중 '점화'를 아주 잘 설명하는 재밌는 작품"이라고 평했다.

머스크는 실제로 하루에 2권의 책을 읽어치우는 책벌레라고 한다. 그는 현재 전 세계에서 가장 '핫(Hot)'한 최고경영자(CEO)이다. 그러나 그의 어린 시절은 행복하지만은 않았다. 또래보다 왜소한 체격에 자주 공상에 빠져 학창 시절 따돌림을 당하기도 했다. 그는 친구들과 어울리는 대신 책의 세계로 빠져들었다.

그가 읽은 책은 그의 세계관과 가치관을 형성했다. 그가 창업한 기업 〈테슬라와 스페이스 X〉는 세상에 없던 제품을 만들어 모든 사람과 혜택을 나누고자 한다. 민간기업 최초로 우주에 사람을 보내는 데 성공한 〈스페이스 X〉. 그는 '언젠가 수명이 다할 지구를 떠나 화성으로 이주하겠다'라며 어린 시절 꿈을 이루겠다고 한다.

그의 메시지는 반지의 제왕 속 히어로들을 보면서 세상을 구해야 한다는 의무감이었다. 그의 세계관은 뚜렷했다. 신기술로 세상의 문제를 해결해 세계를 구하는 미래 자신의 모습을 그린다. 다양한 분야에 열정적으로 도전하는 머스크의 기반은 '어떻게 하면 위대한 과학적 상상력을 발휘할 수 있을까?'라는 질문에서 출발한다. 한 가지 주제에 관심이 생기면 몰입하는 독서를 통해 '게걸스럽게' 지식을 흡수한다. 자신의 것으로 재창조하여 자신감을 높이고 거장(巨匠)의 세상을 재조명한다. 하나의 방법이 통하지 않으면 다른 것을 시도한다. 지금껏 열린 마음을 갖고 전략을 발전시켜 나간다. 그는 생각의 유연성이 높은 '독서 천재'이다.

최고의 인재들은 무엇을 읽고 이야기할까?

훌륭한 이야기를 내놓기 위해서는 이야기가 무엇이고, 어떻게 연결되는지 깊은 이해와 탁월한 생각이 필요하다. 좋은 논픽션(Nonfiction) 책을 읽어라. 좋은 신문을 읽어라. 《뉴욕타임스》, 《월스트리트 저널》, 《세인트 피터즈버그 타임스》, 《LA 타임즈》, 《워싱턴 포스트》와 같은 좋은 신문 말이다.

존경할 만한 기자를 만나면, 기자의 기사를 연구하고, 어떻게 이야기를 구성했는지, 그리고 왜 독자와 소통하는지 알아내라. 좋은 탐정소설을 읽어라. 좋은 탐정소설 작가만큼 내러티브 구조를 잘 만드는 사람은 없을 것이다.[16]

사람을 그리는 저널리스트 게이 탤리즈(Gay Talese)는 잡지, 신문, TV에 자주 등장한다. 탤리즈는 점차 신문에 글을 쓰는 데 한계를 느꼈다. 그는 기한에 맞춘 기사가 아닌 영원할 수 있는 글을 쓰고 싶었다.

"처음으로 글쟁이로서 자유가 없다고 느꼈다"

그는 당시를 이렇게 표현했다. 탤리즈는 시나트라에 대한 기사를 쓰게 됐다. 가수이자 영화감독인 프랭크 시나트라는 수년 동안 에스콰이어와의 인터뷰를 거절해오고 있었다. 뉴저널리즘의 시작인 〈프랭크 시나트라가 감기에 걸렸을 때, 1966년〉는 그렇게 탄생했다.

"감기에 걸린 시나트라는 물감 없는 피카소, 연료 없는 페라리이다."

뉴저널리즘은 스토리텔링 기법을 사용한 팩트다.

탤리즈는 저널리즘의 가치에 대한 신념이 뚜렷하다. 그는 녹음기가 저널리즘을 망친다고 생각한다. 저널리스트가 녹음기를 사용하게 되면 취재원과 짧은 시간 동안 Q&A만 나누며 얕은 대화를 하게 된다는 이유다. 탤리즈는 여전히 부지런하다.

그는 여든이 넘어서도 고집스럽게 그만의 차림새를 유지하면서, 책도 내고 칼럼도 쓴다. 원칙을 지키는 신념과 부지런함은 저널리스트의 기본 덕목이다. '역사를 공부하고 싶었다'라는 그는 우연히 글쓰기를 시작했지만, 오랜 시간 동안 '소명으로서의 기자'를 실천한 저널리스트다. (출처: 스토리 오브 서울, http://www.storyofseoul.com)

세상이 변하고 있다. 이야기 전개 논픽션이 뜨고 있다. 이야기 전개 논픽션은 사실을 바탕으로 한 스토리텔링이다. 기존의 신문 기사와는 여러 면에서 차별성을 갖는다. 이야기(narrative) 또는 '이야기 전개'란 어떤 사물이나 사실, 현상에 대하여 일정한 줄거리를 가지고 하는 말이나 글을 말한다. 문학에서 이야기는 배경, 인물, 구성(플롯) 등. 이야기를 이루는 톤(Tone)으로 이루어진다.

내러티브 저널리즘은 말 그대로 이야기하기 저널리즘이다. 사실을 전달하는 것에는 다름이 없지만, 죽어 있는 정보가 아니라 살아 움직이는 이야기를 전달하는 것이다. 내러티브 저널리즘은 정보의 전달만

이 아니라 소통과 공감을 추구한다. '마음에서 마음으로'를 추구한다. 내러티브 저널리즘은 객관성에 얽매이지 않는다. 모든 이야기가 그렇듯이 이야기하는 사람의 관점을 숨기지 않는다. 이야기에 관한 판단을 독자에게 맡긴다.[17]

가수 프랭크 시나트라는 1969년에 〈My Way〉를 발표했다. 시나트라는 어린아이에게 다정한 어른, 감기에 걸려 예민한 프로, 딸을 항상 보고 싶어 하는 아버지로 스토리텔링이 드러난다. 저널리스트 게이 탤리즈(Gay Talese)는 기사에 시나트라와의 인터뷰는 한 줄도 등장하지 않지만, 시나트라 주변 인물들을 취재했다.

신문과 잡지 등을 보며 자신과 코드가 맞는 칼럼을 구독하며 읽어라. 어떻게 이야기를 구성하는지 계속 궁금증을 일으키며 중독성을 만들어 보라. 이야기 만들기(story making)에 도움이 된다.

일단 글을 쓰기 시작한 상황에서 내가 알고 있는 것이 너무 적다는 것을 깨달을 때가 있다. 고쳐쓰기의 마지막 10%는 중요하다. 보통 작품과 뛰어난 작품의 차이를 만든다. 게이 탤리즈의 10%의 힘은 원칙을 지키는 신념과 부지런함이다. 바로 '마음에서 마음으로' 소통과 공감을 추구한다.

살아있는 글쓰기 공부, 신문을 활용하라

신문을 활용한 공부(NIE:Newspaper in Education)가 논술 실력을 키우는 데 효과적이라고 한다. 신문에는 정치·경제·사회·문화·예술 등 세상의 온갖 소식과 논객들의 칼럼이 실려 있어 잘 이용하면 일거양득이라는 것이다. 배경지식과 비판적인 사고력, 문장력까지 키울 수 있는 살아있는 교과서라는 게 전문가들의 이야기다. 그렇다면 미국의 신문 활용 교육은 어떨까? 일부 학교에서는 동아리 활동에서 신문을 만들기도 한다. 또 정규 선택으로 아예 저널리즘 같은 과목을 두기도 한다.

저널리즘 반은 꼼꼼하게 신문 읽기를 하면서 인쇄매체와 친하게 지내고 언론학의 이론적 기초를 공부한다. 그 이후, 토론을 통해 신문 지면을 기획하고 취재와 편집을 거쳐 신문을 만든다. 한국 학생들이 소홀하게 생각하는 신문 읽기는 기본적으로 한다. 이런 과정을 거치면서 사고력과 글솜씨는 물론 민주시민의 자질까지 키우는, 살아있는 공부를 하는 것이다. 미국 보스턴의 명문 부르클라인 고등학교도 이 같은 경우다. 이 학교는 동아리 수준에 불과하던 저널리즘 반을 2005년에 정규 선택과목으로 전환하고 신문까지 정기적으로 발간하고 있다.

이들은 단순히 언론에 대한 지식과 상식을 이론적으로 배우고 글쓰기 공부를 하는 데에 그치지 않는다. 기사와 칼럼 작성법, 취재·인터뷰 방법을 익힌 뒤에 직접 신문을 제작하여 지역 주민들에게 배포한다. 고교생들이 신문을 만들어 지역 여론까지 형성하는 것이다.[18] 살아있는 교과서 신문읽기를 통해 번뜩이는 아이디어를 낼 수 있다. 즉, 누구든 연습하면 사고력, 문장력을 기를 수 있다. 자신이 즐겨 읽는 칼럼을 통해 객관적인 데이터를 확보하고 키워드를 메모에 적어보라! 여러분 생각의 외연(外延)을 확장하여, 아이디어로 자신의 칼럼을 써보라. 매일 신문의 데이터를 모아 칼럼을 쓰다 보면 저널리스트(journalist)가 될 수 있다.

자신의 주제와 연관된 칼럼(column)을 꼼꼼하게 읽었다면 다음은 객관적인 입장에서 관찰하고 바라보아야 한다. 그래야만 칼럼이 말하는 의미를 명확하게 해석한다. 개인의 좁은 안목과 시야를 확보하며 보편적인 사물의 이치를 드러낸다. 칼럼을 읽고 새로운 통찰 없이는 제대로 된 글을 쓸 수 없다. 이제 새로운 관점을 만들어야 한다.

나는 왜 칼럼니스트가 되려 하는가? 나는 언어를 사랑하는가? 나는 어떤 주제에 궁금증을 갖고 있는가? 저널리스트는 언제나 실증적 자료수집에서 시작된다. 관찰 결과와 자료를 이해할 수 있는 지식으로 바꾼다. 이제 자신이 이해하고 있는 지식을 독자들에게 전달하기 위해 전술을 발전시켜야 한다.

04 데이터 저널리스트, 시대의 흐름이다

훌륭한 이야기꾼은 같은 이야기를 하더라도 대상에 따라 억양이나 전달 방식을 적절하게 바꾼다. 마찬가지로 데이터를 기반으로 한 이야기는 클라이언트의 입장을 바탕으로 재구성해야 한다. 데이터 저널리즘(Data Journalism)은 독자가 일상생활에서 쉽게 활용할 수 있도록 만들어야 한다.

미래의 저널리즘은 데이터를 분석하는 것이 필수다. 이젠 저널리스트가 데이터를 잘 다루어야(Data-Savvy) 한다. 데이터 저널리즘 중심은 이야기다. 이야기를 의미 있게 풀어나가면 데이터를 효과적으로 전달할 수 있다. 데이터 저널리즘은 누구나 참여할 수 있다. 데이터 이야기꾼은 스토리텔링으로 통찰을 제시하고 설득할 수 있다.

숫자를 이야기로 만들어라

구글의 수석 이코노미스트인 할 베리안(Hal Varian)은 '앞으로 10년 동안 가장 인기 있는 직업은 통계 분석가가 될 것'이라고 전망한 바 있다. 그는 '자기가 이렇게 말하면 농담을 하는 줄 알지만, 10년 전에 컴퓨터 엔지니어가 가장 인기 있는 직업이 될 거라고 누가 예측했겠느냐?'고 반문한다. 그리고 '자료를 수집하고, 분석하고, 그 가운데서 의미를 뽑아내는 능력이 높이 평가받게 될 것'이라고 강조했다.

월드와이드웹을 개발해 인터넷의 아버지라고 불리는 팀 버너스리(Timothy Berners-Lee)는 '저널리즘의 미래가 데이터를 분석하는 데 있다. 이젠 저널리스트들이 데이터를 잘 다룰 줄 알아야(Data-Savvy) 한다'고 말했다. 저널리스트들이 방대한 규모의 자료를 수집하고 분석한 후 독자들에게 제공한다. 독자에게 쉽고 활용할 수 있게 만드는 것이 데이터 저널리즘이다. 데이터 저널리즘은 2010년부터 해외에서 화두가 되었다. 저널리즘의 중요한 형태로 자리를 잡고 있다. 이를 제일 먼저 받아들인 유력지 중 하나가 바로 영국의 《가디언》이다.

1821년 창간된 영국의 《가디언》은 현재 인터넷 사이트 뉴스 카테고리에 '데이터'란을 만들어 '데이터 스토어(data store)'와 '데이터 블로그(data blog)'등의 데이터 관련 항목을 운영하고 있다. 《가디언》은 2009년 5월부터 '데이터 블로그(datablog)'를 시작했다. 모든 자료는 무료로 제공한다. 데이터 스토어의 목표는 중요한 정보에 대한 접근성을 높이는 데 있다.[19] 데이터 저널리즘 전략을 진두지휘하고 있는 폴 브래드쇼는 데이터 저널리즘(Data Journalism)의 4가지 요소를 다음과 같이 정리하고 있다.[20]

① 데이터를 찾아라.

꾸준히 트위터를 읽고 RSS(Rich Site Summary) 피드를 검색하라. MySQL이나 파이선 같은 프로그램을 활용해 광범위한 자료를 수집하라.

② 데이터를 분석하라.

넘쳐나는 숫자들의 조합에서 의미를 짚고 문맥을 읽어라. 구글의 스프레드시트(spread sheet)에 익숙해지면 사용자들이 정보를 쉽게 추출하고 저장할 수 있게 만들었다.

③ 데이터를 시각화(visualize)하라.

시각화는 디자이너와 프로그래머의 영역이었지만, 이제는 편집 경험을 갖춘 전문가들이 늘어나고 있다. 데이터 저널리즘의 무한한 가능성이 주목받고 있어서 업종 간 장벽이 낮아지고 있다.

④ 데이터를 결합(mash)하라.

인포 그래픽(Info graphics) 제작 사이트인 '매니 아이즈(many eyes)' 시각화 도구와 야후 파이프(Yahoo Pipes) 같은 매쉬업(mashup) 도구를 활용하면 쉽게 데이터에서 의미를 뽑아낼 수 있다. 야후 파이프(Yahoo Pipes)는 야후가 제공하는 웹 애플리케이션이다. 데이터의 오류를 잡아내기도 쉽다.

데이터 저널리스트는 숫자로 가장 잘 표현될 수 있는 이야기를 찾는 것이다. 뉴욕타임즈의 데이터 저널리즘 편집자인 아론 필로퍼는 '당신이 정확히 이해하고 있는 것부터 시작하라, 그러나 데이터 저널리즘의 최종 목표가 역시 저널리즘이라는 사실을 잊어서는 안된다'라고 조언한다. 데이터 저널리스트는 공무원들 임금 데이터를 확보했어도 다른 직업군과 비교해야 한다. 물가 상승률과 전체 국민 소득 추이를 반영해서 문맥(Context)을 읽어내는 것이 진짜 중요한 작업이다.

데이터 저널리즘은 누구나 참여할 수 있다는 것이 핵심이다. 글쓰기 혹은 숫자로 보여줘도 무방하다. 다만 기본적으로 숫자와 통계 등의 정보에 기초하고, 그 속에서 끌어낼 수 있는 이야기에 집중해야 한다. 데이터 분석은 그래픽과 시각 자료로 전달하는 것이 아니라, 이야기를 통해 전달하는 것이다.

데이터과학자와 같은 방식으로 데이터를 다루어야 한다. 현장에서 어떤 일이 일어났고, 어떤 증거 자료를 수집해야 하는지, 먼저 이해하는 것이 중요하다. 미스터리가 해결되면 차트, 지도, 숫자 등의 시각화 자료를 자연스럽게 제시할 수 있다. 데이터 저널리즘 중심은 이야기다. 이야기를 의미 있게 잘 풀어나가면 데이터를 효과적으로 전달할 수 있다.

데이터 스토리텔러, 창조적인 데이터 스토리텔링으로 도약하기

데이터 스토리텔러는 데이터에서 중요한 자료를 추려내고 이를 해석하고 의미를 전달하는 것이다. 숫자에 머무르는 것이 아니라 한층 더 깊이 이해할 수 있는 능력이다. 데이터에서 가치를 추출, 시각화해서 커뮤니케이션하는 과정이다.

이것이 바로 데이터 이야기꾼, 데이터텔링(Data-Telling)이다. 데이터가 모든 것을 말해주지만 스스로 말하지 않는다. 우리가 데이터를 가지고 이야기해야 한다. 데이터에 이야기가 필요한 이유다. 일반적인 데이터 분석 결과물을 살펴보면, 통찰(Insight) 없이 결과만을 제시하는 경우가 많다.

데이터를 통해 잠재고객에게 논리적이면서도 감성적으로 다가서야 한다. 또한, 제대로 의미 있는 이야기를 전달하는 방법을 알고 있어야 한다. 데이터는 강력한 힘을 갖지만, 이를 이야기로 잘 전달했을 때 오래도록 기억에 남을 수 있다.

데이터 스토리텔링은 데이터의 결과를 영향력 있는 스토리로 전환해 비즈니스에 실질적인 도움이 될 수 있도록 한다. 어려운 데이터를 쉽고 흥미진진하게 전달하는 것이다. 데이터에서 인사이트(Insight)로 전환해야 잠재고객의 공감과 연결 포인트를 얻을 수 있다. 데이터와 인사이트, 그 중간지점에 바로 '스토리'가 있는 것이다.[21]

러디어드 키플링(Rudyard Kipling)은 저서에서 '이야기 형식을 통해 역사를 배웠다면 절대 역사를 잊는 일은 없을 것이다'라고 기술한 적이 있다. 데이터에 대해서도 같은 원칙이 적용된다. 데이터가 올바른 방법으로 전달될 때만 사람들이 오랫동안 기억한다. 슬라이드나 스프레드시트, 그래프 등으로는 제대로 표현하지 못하는 데이터도 이야기를 사용하면, 효과적으로 전달할 수 있는 경우가 많다고 한다.

초기에는 데이터 분석이 데이터를 이해하고 설명하는 것에 집중했다. 이제는 분석하는 것을 넘어 보다 명확하게 설득하고 커뮤니케이션하는 일이 중요해졌다. 분석 결과도 중요하지만, 그것을 기반으로 어떻게 메시지를 전달하고 효과적으로 커뮤니케이션하는지가 더 중대하다. 분석에 머무르는 것이 아니라, 그것을 내러티브로 구성하고 스토리로 전달해야 하는 것이다. 단순히 데이터에서 의미를 찾아내는 것에서 이것을 영감 넘치는 스토리로 전달하는 '데이터 진화'가 필요하다. 지금 필요한 것은 데이터 분석이 아니라, 스토리텔링이라는 창조적 도약이다.[22]

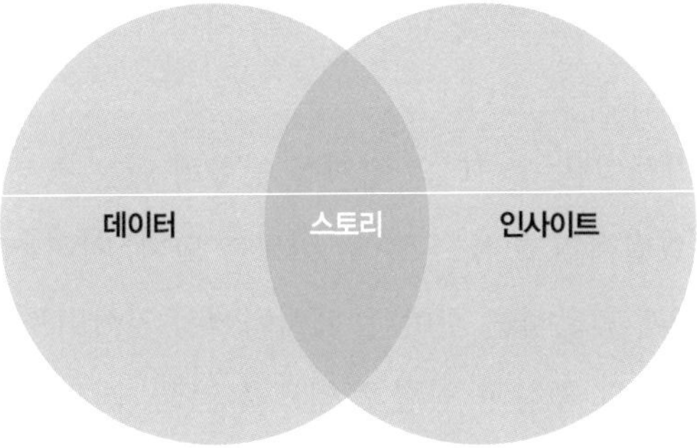

데이터는 복잡하다. 복잡한 것은 바로 잊힌다. 이야기는 복잡한 내용을 이야기로 풀어내서 쉽게 이해하도록 구성할 수 있다. 그리고 이야기는 강한 인상을 남긴다. 이야기를 통해 연결된 감정과 강력한 인상은 오랜 기억으로 남는다.

데이터는 사람들의 행동 변화를 만들어내지 못한다. 반면, 이야기는 사람들의 마음을 움직인다. 우리는 이야기를 통해 화자(話者)의 관점을 이해하고, 공감하며, 동의한다. 그리고 이야기는 지속적인 행동 변화를 끌어낸다.

이제 데이터 이야기 구조를 만드는 방법을 배워보자. 데이터를 이야기 구조로 바꾸려면 이야기 구성요소를 갖추어야 한다. 크게 3가지로 구분할 수 있다.[23]

첫째, 데이터 스토리 주제는 무엇인가?

데이터 분석의 목적과 목표는 무엇인가? 데이터 이야기는 고객의 니즈를 연결해야 한다. 데이터 스토리는 비즈니스 목적을 달성하기 위해 만들어진다. 보여 주는 것만 치중하면 목표를 달성할 수 없다. 스토리 속에 비즈니스 목적이 들어가야 한다. 목적이 명확하지 않으면 최종 결론은 방향을 잃는다.

둘째, 이야기에서 가장 중요한 내러티브를 이끌어가는 캐릭터와 사건이다.

스토리의 주인공은 클라이언트와 브랜드이다. 데이터 분석가는 가이드 역할을 할 뿐이다. 영화 〈스타워즈〉 캐릭터를 예로 들면, 클라이언트(client)는 주인공 '루크 스카이워커(Luke Skywalker)'이고, 분석가는 '요다(Yoda)'이다. 클라이언트가 데이터 스토리에 관심을 갖는 이유는 해결하고 싶은 문제가 있기 때문이다. 결국, 주인공이 직면한 사건을 해결하는 것이 데이터 스토리텔링 핵심이다.

셋째, 스토리를 매력적이고 흥미진진하게 만드는 포인트이다.

아이디어는 무엇인가? 데이터 스토리는 보물찾기와 같다. 모든 데이터는 다양한 힌트를 제공해야 한다. 보물찾기처럼 스토리를 통해 청중에게 결정적 단서를 주고 강한 인상을 남겨야 한다. 데이터와 분석을 캐릭터와 사건으로 전환한다.

또한, 보물을 찾는 결정적 증거와 포인트를 발견할 수 있도록, 치밀하게 구성해야 한다. 데이터 스토리 초반부터 클라이언트에게 최종 결론을 제시해야 한다. 우리가 제시하는 메시지와 아이디어를 중심으로 각기 데이터를 재배열한다. 그다음 결론에 도달할 수 있도록 구성한다. 클라이언트는 효과적인 의사결정을 위해 핵심 결론을 중심으로 지켜본다.

데이터 스토리로 설득하라

데이터를 이야기하는 방식으로 전달하여 데이터를 의미 있게 활용하는 방법에 대하여 알아보자. 데이터 이야기는 명확한 구조를 가져야 한다. 스토리는 아리스토텔레스가 저술한 『시학』의 형식을 따라한다. '도입 - 중간 - 결말'이라는 3막 구조의 형식이다. 이야기 전개 구조로 전환한다.[24]

① 도입

도입 단계는 설정(Setup)이다.

핵심 정보를 제공하기 전에, 앞으로 펼쳐질 주제의 배경이 되는 환경을 설정한다. 환경을 통해 스토리 주제와 주인공을 소개한다. 적절한 배경 정보를 제공하여 이야기 세계를 만들 수 있다.

② 중간

중간 단계는 갈등(Conflict)이 펼쳐지는 단계이다.

복잡한 갈등 구조(Messy Middle)가 극적 긴장을 만들어 내고 몰입하게 만든다. 데이터는 클라이언트에게 잊히기 쉽다. 하지만 이야기는 그렇지 않다. 줄거리를 통해 클라이언트에게 설득력을 준다.

③ 결말

사건이 전개되고 절정을 지나 결말로 향해 갈 때 '데이터 인사이트(Insight)'를 드러내야 한다. 즉, 이야기의 핵심 결론이 클라이언트에게 공감을 주어야 한다. 요약하면, 데이터 줄거리는 문제를 제시하고(도입), 진단하고 해결하는 과정을 거쳐(중간), 결국에는 최종 솔루션을 제시하는 것(결말)이다.

스탠퍼드 대학 마케팅 교수인 제니퍼 L. 아커(Jennifer L. Aaker)는 설득과 이야기의 위력에 대한 동영상 강연에서, 이야기가 인상적이고 설득력이 있을 때 공감을 형성한다고 했다. 즉, 이야기의 위력을 발휘할 수 있다고 한다.

"스토리는 혁신의 지침이 된다. 인간의 사고방식, 감정, 행동을 바꾸는 힘이 스토리에 있다. 커다란 지침을 제시하려면 스토리가 있어야 한다. 직원들이 혁신을 일으키기를 바라는 경영인이라면, 직접 지침을 내리기보다 구체적인 스토리를 들려주어라. 이야기는 직원의 의욕을 자극하는 데 가장 효과적이다. 함께 일하는 동료의 이야기가 공적으로 알려진다면, 직원들은 스스로 의욕이 불타오른다."

그렇다면 단순한 줄거리와 위대한 이야기 차이는 무엇인가? 이야기를 만드는 마지막 5% 과정이 모든 것을 좌우한다. 데이터 스토리는 단순한 결과를 이야기하는 것이 아니다. 클라이언트의 마음을 사로잡고 공감을 끌어내야 한다. 이야기가 공감이 생기면, 친근하게 다가갈 수 있다. 이야기 형식으로 메시지가 전달될 경우 논리적이면서 감성적으로 설득할 수 있다.

데이터와 스토리텔링의 접목은 데이터 이면의 이야기를 통해 클라이언트의 의사결정에 도움을 준다. 창의력은 연결하는 능력이다. 데이터 스토리텔링은 데이터의 점들을 연결하는(Connecting the Dots) 이야기다.

05
인간을 탐구하라, 스탠퍼드 위대한 법칙

머스크는 혁신가로 빛나는 명성을 가지고 있다. 각종 연설이나 프레젠테이션에서 그의 이야기를 들어보면, 스티브 잡스나 빌 게이츠

같은 스타급 CEO들보다 말을 더듬는 편이다. 그는 아스퍼거 증후군을 앓고 있다. 하지만 다양한 분야의 수많은 기업을 경영하며 상상을 현실로 만드는 인물이다.

그는 트위터를 통해 사람들과 소통하는 것을 즐긴다. 미래에 대한 원대한 비전을 제시하고 특이한 기행을 보여준다. 인류의 존속을 위해 화성에 집을 만들기로 한다. 현실과 미래를 자유롭게 오가며 인간의 욕망을 표현하고 있다.

그는 비즈니스에서 스토리가 발휘하는 힘을 알고 있다. 우크라이나 국민을 보호하기 위해 지원한 스타링크(Starlink) 단말기는 우크라이나를 구하고 있다. 그는 자기 자신이 되는 것(being your own person)이 무엇인지 알고 있다.

스탠퍼드대학은 무엇을 가르칠까?

스탠퍼드대학은 개교 이래 지금껏 수많은 창업가와 경영인을 배출했다. 구글의 창업주 래리 페이지와 세르게이 브린, 야후의 창업주 제리 양, 페이팔의 창업주 피터 틸, 넷플릭스의 창업주 리드 헤이스팅스, 나이키의 창업주인 필립 나이트 등 글로벌 인재들이 모이는 곳이다.

사토지에는 『인간을 탐구하는 수업』에서 스탠퍼드가 무엇을 가르치는 걸까? 왜 인기가 높을까? 라는 질문으로 시작한다. 스탠퍼드대학 경영대학원(Stanford Graduate School of Business)은 '최첨단 비즈니스를 전 세계에서 가장 먼저 가르친다'라는 가설을 세웠다.

스탠퍼드에는 인공지능, 로봇공학, 핀테크, 가상현실 등 최신 비즈니스를 가르치는 수업이 많다. 수업은 아무리 당연해 보이는 것을 설명한다고 해도, 반드시 과학적 데이터나 실험 결과를 제시한다. 과학적 데이터를 비즈니스에 전략적으로 도입할 수 있도록 한다. 실생활에서 자연스럽게 실천하는 행위가 실제로 '이치에 맞는 일'이라는 것을 깨닫게 한다.

인공지능 연구의 세계적 권위자 레이 커즈와일(Ray Kurzweil)은 컴퓨터가 인류의 지능을 뛰어넘는 기술적 특이점(Singularity) 시점을 2045년 정도로 예측했다. 이런 시대를 눈앞에 두고 인간이 해야 할 일은 무엇인가?, 인간만이 실현 가능한 일은 무엇인가? 학생에게 깊이 있게 생각할 기회를 제공한다.

놀랍게도 스탠퍼드의 커리큘럼은 '인간을 안다, 자신을 안다'에 초점을 맞춘다. 지극히 인간적이고도 보편적인 지식을 가르친다. 1999년부터 10년간 경영대학원 학장을 맡았던 로버트 조스(Robert L Joss) 명예 학장은 이렇게 말한다.

"우리가 스탠퍼드에서 가르치는 내용은 지속해서 가치를 창출해내기 위한 이론, 사고법, 그리고 프레임워크(Framework 비즈니스 분야에서 경영전략 및 업무전략, 문제해결 등에 도움이 되는 분석 도구, 사고의 틀을 의미함)이다. 비즈니스 분야에서 새로운 비즈니스나 트렌드에 주목하는 경향이 있지만, 스탠퍼드는 보편적인 사고법과 지식을 가르친다."

어느 시대나 통용되는 보편적인 원칙을 가르치는 곳이 바로 스탠퍼드대학이다. 지금 시대에 통용되는 보편적인 원칙과 리더가 되기 위한 기본을 가르치는 곳이 스탠퍼드 대학이다. 대화법이나 리더십 수업시간에도 '타인의 마음을 헤아리는 것'이 얼마나 중요한지를 자주 이야기한다. 궁극적으로 인간을 이해하고 자신을 이해하는 일이 중요하다는 사실을 반복해서 가르친다.

왜 세계 최고의 인재들은 인간의 본성에 집중하는가? 모든 위대한 혁신은 흔들리지 않는 본질에서 시작되었다. 그리고 본질의 중심에는 반드시 인간의 숨겨진 본성과 욕망이 자리 잡고 있다. 아무리 놀라운 제품, 이론, 연구라 하더라도 인간의 마음을 사로잡지 않고는 그 어떤 혁신도 이룰 수 없다.

전 세계에서 가장 많은 창업가를 배출한 창업의 메카로 확고한 위치를 지키고 있는 스탠퍼드대학교가 최신 기술과 최첨단 이론 대신 인간의 본성을 탐구하는 이유는 무엇일까? 스탠퍼드가 키운 혁신적 창업가들은 변화의 중심에 인간의 욕망이 있음을 강조한다.

인간은 진정 무엇을 원하는가? 수만 가지의 정보와 지식만을 쫓다가는 변화를 이끌 수 없다. 아무리 놀라운 제품, 이론, 연구라 하더라도 인간의 마음을 사로잡지 않고는 그 어떤 혁신도 이룰 수 없다. 이 책에서 저자가 내린 결론은 현시대 비즈니스 키워드는 인간의 욕망 그 자체다. 우리가 가장 알아야 할 것은 바로 비즈니스 속에 숨어 있는 인간의 마음을 제대로 읽는 것이다.

비즈니스에서 살아있는 스토리의 힘.

마케팅, 인사, 경영 기획 등 다양한 분야에서 전략적으로 스토리를 도입하는 기업이 많아졌다. 비즈니스에서 사용되는 스토리는 실화, 에피소드, 일화, 전설을 모두 포함한 개념이다. 스탠퍼드대학 경영대학원에서는 최근 '비즈니스에서 스토리가 발휘하는 힘'이란 수업은 꾸준히 인기가 있다.

제니퍼 아커 교수(Jenniffer Aaker)는 비즈니스에서 얻을 수 있는 스토리의 효과를 크게 3가지로 꼽는다.[25]

첫째, 스토리는 소비자에게 '이유'를 제공한다.

많은 상품 속에서 소비자의 선택을 받기 위해 이유가 필요하다. 이유를 부여하는 것이 바로 스토리다.

둘째, 스토리는 혁신의 지침이 된다.

인간의 사고방식, 감정, 행동을 바꾸는 힘이 스토리에 있다. 스토리는 혁신을 촉진한다. 커다란 지침을 제시하려면 스토리가 있어야 한다. 직원들이 혁신을 일으키기를 바라는 경영인이라면 직접 지침을 내리기보다 구체적인 스토리를 들려주어라. 직원은 힘을 발휘한다.

셋째, 스토리는 직원의 의욕을 자극하는 데 가장 효과적이다.

'해야 한다'는 명령어는 직원의 의욕을 반감시킬 수 있다. 함께 일하는 동료 이야기를 통해 스스로 내부의 의욕에 불을 지펴야 한다. 이처럼 스토리는 마케팅, 혁신, 리더십이라는 3가지 분야에서 큰 위력을 발휘한다.

'텟세이 청소부들의 즐거운 고객 경험 만들기' 사례를 통해 비즈니스 스토리를 설명하고자 한다.

일본에는 신칸센 열차를 청소하는 '텟세이'라는 청소회사가 있다. 이 청소회사를 미국 하버드대 경영대학원, 스탠퍼드 경영대학원과 중국 칭화대, 일본 와세다대학 등 세계 각국에서 연구한다. CNN, 독일 국영 TV, NHK 등 세계적인 언론들이 앞다투어 취재했다.

무엇이 그렇게 매력적일까? 승객들에게 감동을 주는 서비스 조직으로 텟세이는 자신을 탈바꿈시켰다. 직원들은 청소 외 다른 일을 해야 할 의무가 없지만, 텟세이 직원은 청소를 비롯하여 고객의 즐거운 경험을 만들어주는 것이 회사의 일이라고 생각한다.

사실 텟테이도 처음부터 인정받는 청소업체는 아니었다. 직원들에게 청소는 그저 생계유지 수단에 불과했고, 자부심을 품고 일하는 직원은 단 한 명도 없었다. 자연스레 작업의 효율성은 낮아지고 이직률은 늘어갔다.

새로운 리더 야베 데루오가 경영 기획부장으로 부임하면서부터 변화가 생겼다. 우선 칙칙한 유니폼 대신 산뜻한 유니폼으로 바꾸고 청소부라는 말 대신 '빗자루 천사'라고 칭하며 변화를 주었다. 직원들의 자부심을 높이고자 그는 청소가 더러운 일이 아닌 열차 이용객의 경험을 책임지는 고급 서비스라는 인식을 심어 주었다.

텟세이는 왜 작은 청소업체임에도 세계가 주목하는 일류기업으로 거듭날 수 있었을까? 야베 데루오 경영 기획부장의 리더십이 존재한다. 무엇보다 직원들에게 일의 가치를 알려주었다.

"텟세이가 고객들에게 파는 것은 청소가 아니다. 우리가 파는 건 여행의 추억이며 종합서비스다."

고객 관점에서 보면 집을 나와 신칸센을 타고 목적지로 가는 모든 과정이 여행의 추억이라는 경험이기 때문이다. 현장 모든 직원이 이런 생각을 명확히 공유하고 있으므로 넓은 관점에서 고객에게 감동적인 경험을 주고 있다. 고객에게 선사하는 7분이라는 시간은 새로운 여행의 추억을 만들어준다.

역 내에 열차가 들어오기 시작하면 그들은 반가운 인사로 고객을 맞는다. 이것이 그들의 첫 업무다. 그리고 하차하는 승객들을 맞이하며 쓰레기를 수거해 고객의 불편을 줄여준다. 고령의 승객이나 짐이 많거나 아이를 동반한 고객이 하차하기 쉽게 돕기도 한다. 시점마다 특색 있는 유니폼을 입어 고객들의 눈을 즐겁게 한다.

청소가 주 업무지만 도움을 필요로 두리번거리는 고객을 보면 먼저 찾아가 그들을 돕는다. 청소시간은 총 6분 40초가 걸린다. 7분 안에 모든 일을 일사불란하게 처리해내는 청소 과정을 신칸센 승객들은 차장을 통해 영화처럼 바라볼 수 있으므로 '신칸센 극장'이라는 별명이 붙었다.

경영인이 직원들의 사명감을 일으키면 우리 매장에서 평범하고 사소해 보이는 일이 아주 특별한 일이 될 수 있다. 이 특별한 사명감은 신칸센 극장 고객에게 상품과 서비스를 넘어 즐거운 경험을 제공할 수 있다.

제니퍼 아커 교수(Jenniffer Aaker)가 말하는 비즈니스에서 스토리가 발휘하는 힘을 엿볼 수 있다. 야베 데루오 기획부장이 나타나 아주 평범하고 사소한 일을 위대하게 만들었다. 직원이 하는 일은 청소가 아니라 여행의 추억을 선물한다는 사명감을 부여한다. 직원들은 자기가 본 일을 사내 게시판에 올리며 칭찬하는 '엔젤노트'를 만든다.

가장 효과적인 방법은 '엔젤노트'이다. 직원들은 서로가 서로에게 칭찬한다. 동료를 도와준 일, 노인 승객을 도와준 일 등 모두 사내 게시판에 공개했다. 무려 1년에 2,600건에 달했다. 매월 최고 칭찬을 선정하여 상과 상금을 전달했다. 직원들은 모두 자기 일에 자긍심과 자신감을 느끼기 시작했다.

그리고 더욱 열심히 일했다. 텟세이는 직원에게 명령하지 않는다. 대신 그들의 목소리에 귀를 기울이고 중요하면 정책에 반영한다. 결국, 텟세이는 작은 청소업체임에도 세계가 주목하는 일류기업으로 거듭날 수 있었다.

리더는 직원에게 고급 서비스라는 인식을 심어주고, 칭찬 릴레이에 매월 상과 상금을 전달하였다. 직원들은 자신이 올린 스토리에 자부심을 느끼고, 그들의 의견이 경영인에게 중요한 정책자료라는 것을 깨달았다. 신칸센 극장 7분간의 선물이 주는 건 스토리가 주는 혁신을 의미한다. 인간의 사고방식, 감정, 행동을 바꾸는 힘이 스토리에 있음을 보여준다.

진정성 리더십 커뮤니케이션, SNS 시대 글쓰기

여러분은 자신의 삶을 정의(定義)한 가장 기억에 남는 이야기가 있는가? 진정성 있는 리더십으로 소통하기 위해서는 방법(How)이 필요하다. 빌 조지는 『진정성 리더십(Authentic Leadership)』의 첫 장에서 리더십은 가장 중요한 것이 진정성이다. 이는 자기 자신이 되는 것(being your own person)이라고 정의했다. 진정성의 정의는 자신에게 진실함(True to oneself)을 의미한다.

진정성 있는 리더십 전달자(Communicator)란 자기 자신만의 리더십 스토리를 아는 리더로 정의할 수 있다. 이는 세 가지 조건을 충족시켜야 한다. 먼저 자기만의 리더십 스토리를 가지고 있어야 한다. 다음에 리더십 스토리와 일관된 실천을 지속적으로 행한다. 마지막으로 리더십 스토리와 구성원을 연결하고 긍정적 결과를 만들어 내야 한다. 이 세 가지는 서로 보완적 관계다. 지금은 과거와 달리 많은 리더가 트위터나 페이스북 등 소셜미디어를 통해 소비자 등과 직접 대화하고 있다.[26]

일론 머스크의 스타링크가 우크라이나를 구하고 있다. 스타링크는 스페이스 X가 자체적으로 시행하는 전 세계 대상 위성 인터넷망 구축 프로젝트다. 우크라이나의 부총리이자 디지털 혁신부 장관인 미하일로 페도로프(Mykhailo Fedorov)는 스타링크(Starlink)의 '터미널(단말기)'을 받았다고 머스크에게 감사의 트윗을 남겼다. 스페이스 X와 스타링크의 일론 머스크도 이에 밝게 화답했다.

기본적으로 지상 기반 위성 수신기와 비슷한 성격의 단말기는 스타링크의 우주 기반 송신기를 이용하기 위한 수단이다. 스타링크를 이용하려면 위성 전화, 위성 TV, 위성 인터넷 모두 위 단말기가 필요하다.

21세기 진정성 리더십은 사명감과 목표의식이 있어야 한다. 일론 머스크가 우크라이나를 구하는 '스타링크'를 제공한 최고 이야기는 베스트 리더상을 보여준다. 아커 교수가 설명한 인간의 사고방식, 감정, 행동을 바꾸는 힘이 스토리에 있다.

일론 머스크 스토리는 그의 세계관을 반영한다. 신기술로 세상의 문제를 해결해 세계를 구하는 미래 자신의 모습을 그린다. 스페이스X의 위성 인터넷망 스타링크를 우크라이나에 제공하여 우쿠라이나 국민을 지원하고 있다. 일론 머스크가 이끄는 미국 전기차 업체 테슬라가 우크라이나 출신 직원이 참전할 경우 최고 석 달 치 월급을 미리 지급할 것이라고 밝혔다. 그의 사명감과 목표의식이 드러나 있다.

06

창조적 긴장, 책 쓰기에 아주 중요하다

21세기는 과학의 시대다. 신종 코로나바이러스 감염증(코로나 19) 후 글로벌 소비자들의 일상은 물론 트랜드에도 변화고 있다. 사람들의 관심은 어떤 방향으로 흘러가는가? 자기계발 창작자가 증가하고 있다. 자신의 퍼스널 브랜딩을 위해 책을 쓰고, 디지털 세상에서 마케팅 홍보하는 시대다. 책쓰기는 과학이다. 책을 쓰는 메뉴얼을 읽히면, 누구나 책을 출판하고 아마존 전자책에서 쉽게 판매할 수 있다.

책에 들어갈 콘텐츠를 만들어 가는 과정, 만들어진 콘텐츠를 한 권의 책으로 상품화하고, 또한 많은 독자를 만날 수 있도록 마케팅하는 과정에는 데이터를 다루는 활용 능력이 필요하다. 데이터의 힘으로 비즈니스 핵심 키워드를 발견하고 패턴을 찾아라. 이젠 경력의 시대가 가고 직장인의 능력과 '인사이트(insight)'를 요구하는 시대이다.

직장인의 사회적 콘텐츠로 책쓰기를 하라

많은 자기계발서는 성공하는 사람과 평범한 사람의 차이는 거의 없다고 한다. 작은 목표라도 실행 가능한 목표를 세워, 이를 꾸준히 실천하는 사람이 성공할 뿐이다. 출퇴근 길에 30분 동안 자신의 콘텐츠를 공부하는 일은 하루 단위로 보면, 그야말로 작은 차이에 지나지 않는다. 하지만 이 차이가 5년, 10년씩 누적되면 엄청난 차이를 만든다. 성공하는 사람과 실패하는 사람의 차이도 마찬가지다. 작은 일을 실행하느냐, 하지 않느냐의 차이가 5년, 10년 후 직장인의 운명을 가른다.

책을 쓴다는 것은 자신을 세상에 드러내는 일이다. 자신의 가치를 세상에 알리는 효과적인 마케팅 수단이다. 책을 써서 자신의 내공, 실력, 가능성, 비전을 알려야만 인간답게 살 수 있다. 직장인이 자기 일을 배경으로 책을 쓰는 사람들이 늘어나고 있다. 사회적 경험은 책을 쓰는 데 강력한 무기다. 경험을 통해 살아있는 지식을 정리할 수 있다. 직접 경험한 사람이 자신만의 언어로 말할 수 있다. 즉, 작가는 다양한 경험을 통해 콘텐츠 역량을 넓힐 수 있다.

시장성 있는 주제를 어떻게 찾을까?

책 쓰기에 성공한 사람과 실패한 사람 사이에는 분명 '관점'의 차이가 있다. 책 쓰기에 성공한 사람은 독자를 위해 쓰는 것이라고 한다. 독자를 위해 책을 쓰는 사람은 독자를 만족시키는 콘텐츠를 생산한다. 아무리 좋은 콘텐츠라도 전달이 효과적이지 않으면 아무 소용이 없다.[27]

- 성공한 책: 저자 경력에서 확장한 경험을 담은 책. 저자는 독자들이 만족할 만한 말을 한다.
- 실패한 책: 책의 메시지와 관련이 없이 저자 자신이 만족하여 쓴 책. 저자가 하고 싶은 말만 한다.

취업 낙방생에서 100쇄 50만 부 베스트셀러 작가가 된 김수현은 20대 후반이던 2014년, 원하는 직장에 들어가기 위해 최선을 다했지만 뜻을 이루지 못했다. 1년여 직장생활과 두 번의 인턴 생활을 거친 후였다. 그녀는 돌아보니 나이도 경력도 애매했고, 미래가 보이지 않았다. 계속 자신을 탓하다가 어느 순간, 그게 뭐 그리 잘못이야 하고 생각했다.

의문점에서 출발한 그녀는 열심히 사회학 책을 찾아서 읽었다. 책을 읽으면서 '대기업 명함에 의지하지 않고 나 자신으로 살아야겠다, 떳떳하게 열심히 산다면 당당하지 못할 이유가 없지 않은가?'라고 생각했다. 우월감을 느끼려는 욕망을 버리자 자유를 누릴 수 있었다. 사회학을 읽기 쉬운 에세이로 전달하려고 만든 책이 『나는 나로 살기로 했다』이다.

그녀가 독자에게 꼬옥 전하고 싶은 이야기를 인터뷰했다.[28]

"내가 어떤 모습이든 나는 나를 존중할 거야. 그리고 어디에서 누군가는 나를 존중해줄 거야. 자신의 잘못만도 아닌데 스스로 자신을 탓하는 사람을 보면 안타깝다. 자신도 원하던 회사에 가지 못했고, 어딘가 부적격자라고 느꼈다. 그래도 다른 무언가를 해낼 수 있다는 이야기를 하고 싶었다. 살다 보면 노력해도 안 될 때가 있다. 취업도, 인간관계도, 소개팅도… 그때 자신이 부족하고, 부적격자라고 여기지 않았으면 좋겠다. 자신을 너그럽게 받아들여야 앞으로 나아갈 수 있다."

사회적 콘텐츠, 핵심 키워드를 읽어라

예스24가 2021년 인기상품 트렌드 분석·도서 판매 동향'을 발표했다. 예스24는 사회 문화 이슈와 도서 판매 데이터를 바탕으로 2021년 인기상품 트렌드 키워드 5가지를 제시했다. '소설 대성황의 해, 돈 되는 독서 생활, 원작의 재발견, 메타버스 A to Z, 인생살이 참고서.'

불확실한 경제 상황 속에서 국민적 관심사로 떠오른 투자 재테크 열풍은 서점가에서 돈 되는 독서 생활 바람이 불었다. 2021년 경제 경영 분야 도서 판매는 지난해 대비 29.0% 증가했으며, 그중 투자·재테크 분야 도서 판매는 지난해 대비 49.3% 증가한 것으로 나타났다.

2021년은 돈의 본질을 깨닫고, 부의 흐름을 탐구하려는 경제 공부 열기도 뜨거웠다. 돈 공부를 주제로 한 도서는 지난해 대비 15.6%의 판매 성장률을 기록했다. 최상위 부자가 말하는 돈에 대한 통찰과 철학 『돈의 속성』. 전 월스트리트저널 기자가 깨달은 부의 비밀 『돈의 심리학』 등 경제학 및 투자 대가들의 저서가 종합 베스트셀러에 올랐다. 관련 도서 구매 연령대는 40대가 37.1% 차지했고, 30대는 30.7%, 50대는 17.2%, 20대가 10.5% 순으로 나타났다.[29]

20대 대통령 선거의 화두였던 공정과 상식이 연관된 책을 소개한다. 2010년 대한민국은 공정사회 열풍에 휩싸였다. 2022년 지금도 청년들은 공정과 상식을 부르짖고 있다. 마이클 샌델 하버드 교수의 저서 『정의란 무엇인가』가 한국 사회에서 주목을 받게 된 이유는 무얼까? 사회 전반적으로 공정하고 정의로운 사회에 관해 불편한 마음이 신드롬을 낳은 것이다. 한국에서 성공한 원인을 살펴보자.[30]

①소비자 욕구의 정중앙(sweet spot)을 맞췄다.

이 책은 우리가 지급한 가격에 맞게 서비스를 받고 있는지, 우리는 우리가 낸 세금에 맞게 국가로부터 대우를 받고 있는지, 우리가 뽑은 정치인들은 나라를 정의롭게 가꿔가고 있는지 등. 좀 더 본질적이고 철학적인 윤리 딜레마를 다루고 있다.

② 구전 마케팅(word-of-mouth)의 성공이다.

이 책은 다른 사람들과 토론하기에 매우 좋은 화두를 준다. 실제로 공정과 정의에 대한 논점(issue)을 주장한 많은 사람이 이 책을 널리 알리고 보급하는 데 큰 역할을 했다.

③ 다양한 사용자 경험(user-experience)을 제공했다.

김영사 출판사는 책을 홍보할 때 책에 담긴 콘텐츠를 동영상, 강연 등. 멀티플랫폼을 활용했다.

④ 하버드라는 브랜드를, 목적을 이루기 위한 지렛대(leverage)로 삼아 마케팅 효과를 극대화했다.

아시아권에서 형성된 하버드대에 대한 독특한 '브랜드 가치'를 강조하였다. 책의 표지, 홍보, 제목 등을 핵심 마케팅 콘셉트인 '하버드대의 전설적인 강연'과 정렬(alignment)시켰다는 점도 주목할 만하다.

베스트셀러 트렌드 분석 · 도서 판매 동향을 보면 국민의 관심사를 알 수 있다. 불확실한 경제 상황 속에서 투자 재테크 열풍은 치열했다.

대체불가능 토큰(NFT)을 중심으로 한 메타버스 경제의 출현이다. NFT와 메타버스를 연결하려는 시도가 곳곳에서 이뤄지고 있다. 메타버스 시장의 폭발적인 성장을 가져올 '특이점'이 올 수 있다는 전망이다.

2022년 상반기 공정과 상식은 20대 대통령 선거에서 뜨거웠던 정권교체의 핵심 키워드였다. 사회에서 이슈화된 국민 관심사를 주제로 출판가는 미래의 책을 선점하고자 다양하게 기획하고 검토한다. 시대 트랜드가 무엇을 말하는지 읽어라. 시대가 바뀌면 공부도 바뀐다. 올바른 세계관를 보고 세상을 탐구하라.

데이터 시대를 활용하는 '데이터 리터러시'

1996년 노벨 생리학·의학상을 받은 피터 도허티 박사는 '과학을 연구하려면 글을 쓸 줄 알아야 한다. 글을 잘 쓰는 사람은 생각도 명확하게 하므로 연구를 더 잘한다'라고 했다. 카이스트 대학교 이광형 총장은 '이공계가 제 몸값을 제대로 받지 못하는 이유는 글을 잘 못 쓰기 때문'이라고 한다.

지식의 시대가 가고 데이터 학습의 시대가 큰 흐름이다. 빅데이터를 강조하는 진영에서는 데이터를 통해 생성되는 새로운 가치가 4차 산업혁명의 핵심이라고 주장한다. 데이터야말로 4차 산업혁명의 원유가 될 것이라고 보는 것이다. 알리바바의 마윈 회장도 세상은 정보화시대에서 데이터 시대로 가고 있다고 했다.

데이터는 언제나 존재했는데, 갑자기 데이터 리터러시(Data literacy)를 높이라는 것은 무슨 말인가? 그것은 오늘날 데이터가 가진 특성에 대한 이해가 있어야만 답할 수 있다. 매켄지가 2011년에 낸 보고서는 의미가 있다. 최근 2년간 스마트폰을 통해 기록된 데이터 총량이 인류 역사를 통해 축적된 데이터만큼 많다고 한다.

아무리 경험이 많아도 쏟아지는 데이터를 활용할 줄 모른다면 어린아이와 다를 바 없다. 반대로 직장 경력이 5년밖에 안 되더라도, 데이터를 자유자재로 모으고, 분석하고, 활용할 수 있다면 얼마든지 비즈니스 가치를 창출할 수 있다.

복잡하고 방대한 정보 속에서 '패턴을 찾아내는 것'은 중요하다. 패턴은 바꿔 말하면 질서, 프레임, 세계관, 알고리즘이다. 데이터 속에서 '패턴을 찾는 것'은 마치 원석에서 보석을 캐내는 것과 같은 능력이다. 남보다 먼저 패턴을 찾는 사람이 비즈니스와 경제활동을 지배한다.

쿠팡은 빅데이터 패턴을 보고 물류창고의 상품 배열을 제품군이 아니라, 소비자군으로 나누었다. 패턴을 못 읽는 사람에게는 쓸모없는 정보지만, 그것을 읽는 사람에게는 성공의 열쇠이다. 직원 역량을 키우려면, 많은 정보를 선형적으로(linear) 머릿속에 입력할 것이 아니라 정보의 패턴을 찾아낼 방법을 가르쳐야 한다.

데이터라고 하면, 엔지니어나 금융회사 직원들에게만 필요한 것으로 생각하기 쉽다. 20세기까지는 그랬을지 몰라도 지금은 아니다. 데이터 리터러시는 마치 글을 읽고 말하는 것처럼 모든 사람에게 필요한 능력이 되고 있다. 데이터 활용을 통해 새로운 가치를 만들어낸 사례는 무수하다.

2012~2013년 겨울 미국에서 치명적인 계절성 독감으로 사망자가 100명을 넘기면서 비상사태를 선포했다. 구글은 검색어 데이터 분석을 바탕으로 보건당국보다 1~2주 앞서 독감 이동 경로를 예측했다. 2015년에는 고질적인 아파트 관리비 비리를 서울시 관리비 납부 데

이터 분석을 통해 발견하고 해결한 사례가 있다.

요즘은 페이스북이나 인스타그램 트래픽 분석(Traffic Analysis)을 통해, 광고비를 거의 쓰지 않고 표적 소비자층을 공략하는 기법이 일반화하고 있다. 데이터를 활용할 수 있는 직장인과 그렇지 못한 직장인 사이에는 마치 대학원생과 초등학생 같은 차이가 생긴다.

특히, 제대로 된 데이터 활용 훈련을 받지 못한 채로 이미 노동시장에 진입해 있는 직장인들이 문제다. 앞으로 직장인들의 업무에서 데이터를 다루는 일의 비중은 높아질 것이다. 데이터 문맹자는 좋은 평가나 승진할 가능성도 작아진다. 더 늦기 전에 재교육해야 한다.[31]

4차 산업혁명 시대에는 연륜과 경력보다 방대한 데이터를 이해하고 활용할 줄 아는 능력이 절실하다. 새로운 인재를 선택하는 기준이 달라지고 있다. 대기업 임원, 교수 임용 선발기준 나이가 젊어지고 있다. 새로운 시대에 도태되지 않기 위해 우리는 무엇을 배워야 하는가?

일반 시민도 데이터 리터러시를 공부하면 데이터 과학자가 될 수 있다. 빅데이터 서비스 플랫폼 구글 트렌드와 네이버 데이터 랩을 통해 키워드 트랜드를 확인할 수 있다. 경력만 믿고 새로운 것을 익히지 않으면 도태된다. 직업 안에서 필요한 전문성이 빠르게 변화하고 있다. '시민 데이터 과학자'는 시대가 요구하는 전문가이다.

Chapter 4

글쓰기 거장, 숨은 실력 따라 하기

나답게 살기 위해 도전하라

_『내가 상상하면 현실이 된다』, 리처드 브랜슨

누구나 추구할 무언가가 필요하다. 그것을 도전이라 부를 수 있다. 도전은 어떻게 부르든 간에 인간을 인간답게 해주는 것이다. 동굴에 살던 원시인이었던 인간이 별나라까지 갈 수 있을 정도로 발전·진화한 것은 바로 이 도전 덕분이었다. 도전하라! 그러면 성장할 것이며 인생이 바뀔 것이고, 긍정적인 시각을 갖게 될 것이다.

01

지금, 우리에게 복잡한 문제를 해결할 능력이 필요하다

글쓰기에서 개인적인 관점이란 자신이 어떤 문제를 마주했을 때 자신의 경험을 바탕으로 어떻게 대처할 것인가를 구체적으로 쓸 수 있는가이다. 우리 자신이 의식을 가지고 문제를 바라보며 해결책을 제시하는 것이다. 여러분은 글쓰기 거장들의 역사적인 데이터를 통해 창조적인 아이디어를 얻을 수 있다.

나탈리 골드버그(Natalie Goldberg)는 '덜어내기의 법칙'을 통해 혁명적이면서 강력한 글쓰기 비결을 보여준다. 역사적인 데이터를 통해 스토리텔링을 만들어 영감(Inspiration)으로, 다시 혁신적 아이디어로 향해 나간다. 역사적인 이야기에 담긴 보편적인 진실은 논리를 넘어 감성적인 언어로 설득할 때, 독자에게 생명력을 줄 수 있다.

자신의 관점으로 세상을 또렷하게 보라

배움이란 모방에서 시작해 독창으로 나아가는 과정이다. 글을 쓴다는 것은 또 하나의 세상을 만나는 경험이다. 단순히 눈으로 읽고 머리에 채우는 것이 아니라 실천적이고 현실적인 비전을 제시해야 한다.

하버드의 교수들이 생각하는 '가장 참을 수 없는 일'이란 무엇일까? 바로 자기 자신이 될 수 없는 것이다. 스스로 옳다고 확신하면 용기 있게 자신의 길을 가라. 타인의 생각이나 말에 휘둘린 채 결정을 미뤄서는 안 된다. 자기 의견을 만들어라.[1]

디지털과 데이터라는 핵심 경쟁력을 갖추지 못한다면, 앞으로 10년 후에 살아남기 어려운 세상이다. 구글의 데이터 과학자 니콜라스 루프(Nicolas Roope)가 의미심장한 말을 남겼다.

"데이터는 궁극적으로 세상을 보는 새로운 방법일 뿐입니다."

데이터를 바라보는 프레임의 변화가 필요하다. 세상을 보는 새로운 방식과 자신의 관점을 가져야 한다. 데이터 분석을 통해 세계관을 제시해야 한다. 즉, 데이터 시대에 창조적인(Creative) 무엇인가를 만들기 위해서 데이터를 분석해야 한다는 생각보다 더 큰 세계관의 변화가 필요하다.

데이터는 과학이지만 창조성은 예술이다. 데이터는 분석을 넘어 영감(Inspiration)으로, 다시 혁신적 아이디어로 향해 나가야 한다. 영감을 시작으로 사람들의 생각과 마음, 그리고 행동으로 움직여야 한다. 데이터가 많은 것이 중요한 것이 아니라 빅데이터에서 우리가 원하는 형태로 추려내어 '스마트 데이터(Smart Data)'로 전환해야 한다.[2]

여러분은 글쓰기 거장들의 역사적인 데이터를 통해 창조적인 아이디어를 얻을 수 있다. 아이디어를 훔치기도 하고, 훔친 아이디어를 조합해서 재창조할 수 있다. 또한, 전략적 직관을 얻어 통찰을 통해 새로운 아이디어 재조합도 가능하다.

『뼛속까지 내려가서 써라』의 저자 나탈리 골드버그(Natalie Goldberg)는 작가이자 37년간 글쓰기와 문학을 가르쳐온 세계적인 명성의 글쓰기 강사이다. 1986년 자신만의 독특한 글쓰기 철학을 담은 『뼛속까지 내려가서 써라』를 출간하면서 미국인들의 글쓰기에 혁명적인 변화를 일으켰다. 이 책은 150만 부가 넘는 판매를 기록하며 세계 각국에서 번역했고, 글쓰기에 도전하고자 하는 이들이라면 꼭 읽어야 할 새로운 바이블로 떠올랐다. 이 책은 지금도 아마존 인기상품 상위를 점하고 있다.

그녀는 경제적으로 궁핍했고 밥벌이와 글쓰기를 고민하며 생존 문제로 치열한 삶을 살았다. 당시의 상황을 그녀는 이렇게 말하고 있다.

"나는 기댈 수 있고 나를 돌봐 줄 누군가가 절실하게 필요했다."

이 책을 통해 그녀는 자신이 25년간 이어온 선(禪) 체험과 글쓰기를 접목한, 혁명적이면서 강력한 글쓰기 비결을 보여준다. 글쓰기가 글을 쓰는 행위 자체로 끝나는 것이 아니라, 내가 글쓰기 그 자체가 될 수 있다고 한다. 그녀가 말하는 창의력의 비밀은 글을 첨가하는 것이 아닌 '덜어내기의 법칙'이다.

그녀는 선(禪) 체험 수련을 통해 몸과 마음을 덜어내는 수행을 하였다. 놀랍게도 이 기법을 글쓰기에 접목한 것이다. 글쓰기를 방해하는 요소들을 덜어내고 비워내면 우리는 자연스럽게 창조성과 만나게 된다. 결국, 참된 글쓰기는 세상을 보는 통찰력과 지혜를 넓힐 때, 자기 자신의 마음과 인생에 대한 확신을 키울 때, 이 세상 모든 존재(나무, 새, 돌멩이, 의자, 이런 존재들에게까지)에 대해 다정한 마음을 갖게 될 때, 자연스레 우러나오는 것이다. 생명력 있는 글은 작가 자신의 깨어있는 정신에서 나온다.

글쓰기 거장 나탈리 골드버그는 결국 마음속에 쓸데없는 억압을 내려놓으라고 강조한다.

"내면의 검열관인 비평가를 무시하라, 당신이 쓰는 모든 글은 아름답다, 당신은 세상에서 가장 형편없는 쓰레기 같은 글을 쓸 권리가 있다. 쓸데없는 자책감과 열등감에서 벗어나라. 살아가면서 자신에게 강박증으로 작용하는 것, 자기 앞에 놓인 작고 사소한 일상들, 이런 것들에서 오히려 작가는 위대한 발견을 할 수 있다"

덜어내기 법칙은 글쓰기에도 적용된다. 무언가를 억지로 집어넣고 고민하지 말라.

그녀는 글을 쓰면서 꾸준히 그려온 그림을 갤러리에서 전시하는 화가이기도 하고, 2006년에는 밥 딜런의 생애를 그린 〈Tangled Up in Bob〉 다큐멘터리 영화 제작에 참여하기도 했다. 글쓰기, 그림, 영화 등 예술가로서 도전하였고, 선수련(禪修練)과 글쓰기를 연결하여 자신만의 관점 〈덜어내기 법칙〉을 완성했다.[3]

그것은 단순한 작법론이 아니라, 글쓰기 영감은 무엇이며 혁신적 아이디어로 창조하는 연결은 무엇인지 설명하고 있다. 우리가 어떻게 그것을 내면에서 발견할 수 있는지를 일깨워준다. 많은 독자의 복잡한 문제를 '덜어내기의 법칙'으로 평정하였다.

대단한 생각(big idea)이란 무엇인가?

이야기하기(storytelling)는 주제가 말하고 있는 보편적 진실(universal truth)을 제시한다. 하버드대학교 도서관은 미국 연방의회 도서관을 제외하면 세계에서 가장 큰 도서관이다. 장서는 2000만 권이 넘고 1년 예산이 우리 돈 거의 3000억 원이다. 중앙도서관의 이름은 와이드너이고 1915년에 개관했다. 1912년 타이타닉호 사고로 사망한 1907년 졸업생 해리 와이드너(Harry Widener)를 기리는 이름이다.

영화 〈타이타닉〉은 실화를 바탕으로 했다. 1912년 빙산과 충돌해 침몰한 비운의 타이타닉 여객선을 다룬 영화이다. 여객선 침몰로 승객 2,229명 중 1,528명이 사망했다. 11층으로 이루어진 거대한 여객선이 최초 항해에 나선 지 며칠 후인 1912년 4월 14일 밤. 차디찬 북쪽 대서양 물을 헤치며 미끄러지듯 빠르게 나아가고 있었다. 그 당시 인간이 만든 최대의 이동 물체였던 여객선은 수많은 서민과 함께 국제적인 명사들, 거부들도 타고 있었다.

해리는 양친과 함께 타이타닉에 승선했다. 부친이 새로 인수했던 필라델피아 리츠칼턴호텔에서 일할 주방장을 구하러, 함께 파리에 다녀오는 길이었다. 사고 당일 와이드너 부부는 에드워드 스미스 선장을 초대해서 저녁 식사를 했다. 부자는 사망하고 어머니 엘리노어 와이드너만 살아남았다. 전해 내려오는 이야기에 따르면, 와이드너 부자는 구명보트에 자리를 잡고 탈출할 수 있었다. 갑자기 해리가 어렵게 구해 읽고 있던 프랜시스 베이컨의 1598년 판 수필집(Essays)을 찾으러 객실로 돌아갔고, 조지 와이드너가 그 뒤를 따라갔다고 한다.

해리는 책을 놓고 왔다며 다시 돌아가는 바람에 구명정을 찾지 못했다. 어머니 엘리노어는 아들에게 수영을 가르쳐주지 않았다는 죄책감으로 괴로워했다. 해리 와이드너는 희귀본과 귀중본 수집에 열중했다. 젊은 나이였지만, 일찌감치 유언장을 작성했다. 유언장에는 어머니의 판단에 따라 자신의 장서(藏書)를 하버드가 잘 지켜줄 것으로 판단하며 자신의 이름을 딴 컬렉션으로 기증해달라고 적혀 있었다. 해리는 사고 발생 전에 한 친구에게 자신은 훌륭한 도서관과 함께 자신을 기억했으면 좋겠는데, 그 방법이 생각나지 않는다고 말한 일화도 있다.

1915년부터 하버드대학교에 새로운 학칙이 생겼다. 45m 수영 시험에 합격해야만 졸업을 할 수 있다는 것. 그 이유는 와이드너 도서관 때문이었다. 1912년 엘리노어 와이드너는 하버드대에 다녔던 자기 아들을 위해 도서관을 세우겠다고 제안했다. 대신 제안하면서 단, 조건이 있었다. 모든 학생이 수영을 배워야 한다는 것이었다. 어머니는 570억에 달하는 막대한 돈을 기부했다. 또한, 해리가 수집한 3천여 권의 희귀서적을 와이드너 도서관에 기부했다. 1970년대 장애인을 위해 이 학칙은 없어졌지만 매년 수영대회를 열어 그를 기념하였다.[4]

타이타닉 이야기하기(storytelling)는 역사적 이야기를 바탕으로 하고 있다. 스토리를 쓰기 위해서는 이야기 뼈대를 유용하게 활용하는 것이다. 바로 과거의 역사를 쓰는 것이다. 시나리오나 극본을 쓸 때 역사 이야기를 활용할 경우, 그 이야기가 실제 있었던 일이라고 믿게 만드는 데 유용하다. 놀라운 사실을 바탕으로 흥미로운 주인공 인물을 통해 감성을 건드린다. 또한, 유명한 사람들의 감춰진 비밀이 차별화된 콘텐츠로 메시지를 전한다.

오늘 당신이 모든 것을 잃는다면 무엇을 하겠는가? 시나리오에서

에드워드 스미스 선장은 구명보트에 탈 수 있음에도 불구하고 끝까지 배에 남았다. 배의 설계자인 토머스 앤드루스는 승객들의 구명보트 탑선과 뜰 만한 물건들을 던지는 것을 돕다가 배와 함께 최후를 맞이했다. 당대 저명한 언론인이었던 윌리엄 T. 스티드는 조용히 독서를 하고 있었다. 월리스 하틀리가 지휘를 맡은 8명의 악단은 배가 침몰하기 불과 10분 전까지 곡을 연주했다. 생애 마지막까지 찬송가 '내 주를 가까이하게 함'을 연주하며 남아 있는 자들을 위로했다.

타이타닉 이야기는 어떤 부분이 매력적인가? 해리의 유언장으로 남겨진 하버드 와이드너 기념관이다. 그는 사고가 발생하기 전 친구에게 장서를 기증하기 위해 하버드를 선택한다. 희귀서적을 모으는 취미가 있어 프랜시스 베이컨이 쓴 수필집을 찾으러 가다, 결국 차디찬 물속에 매장되었다. 그의 어머니는 수영을 가르치지 않아 아들이 죽었다고 자책한다. 모든 학생이 수영할 것을 제안하며 도서관을 설립한다. 해리 인생의 보편적 진실을 밝히고 있다.

창의적인 사람은 생각을 행동으로 옮긴다

우리는 어떤 주제를 탐색하고 거기에 필요한 지식을 연결해서 공부한다. 아는 것이 행동하는 것으로 연결될 때, 우리는 그것을 이해(Understanding)했다고 한다. 우리는 『갈매기의 꿈』을 쓴 조나단 리빙스턴의 아들, 제임스 마커스 바크(James Marcus Bach)가 공부했던 방식에 주목할 필요가 있다. 집에서 온종일 게임이나 하며 무기력하게 지내던 게으름뱅이 자퇴생이 20살에 애플의 팀장이 된 후, 전 세계에서 주목받는 테스터(tester)로 성공하게 된 비결은 역설적이게도 공부였다. 그는 14살 때 아버지에게 선물로 받은 애플컴퓨터와 처음 만나

완전히 마음을 사로잡힌 그 순간을 생생히 기억한다.

그는 컴퓨터 세계를 장악하고 싶은 욕망으로 들끓었다. 실패할 수도 있다는 두려움을 누르고 프로그래밍 학습서를 펼친 순간, 그의 인생은 송두리째 바뀌었다. 소프트웨어를 만지작거리며 밤을 꼬박 새웠다. 호기심에 프로그래밍 언어를 정복했고, 게임을 개발하기 시작했다. 말 그대로 즐거운 공부였다.

그가 말하는 공부는 독학(獨學)이었다. 이제 그는 자기 의지로 좋아하는 일을 하면서, 돈도 버는 사람이 되었다. 20대에 애플에 입사하여 최연소 매니저를 지냈다. 컴퓨터 업계에서 '탐색적 테스팅(Exploratory testing)의 창시자'로 불린다. '탐색적 테스팅'이란 짧은 시간 내에 소프트웨어의 결함을 직관적으로 찾아내는 방식이다.

그는 학술저널 200여 개를 독파했고 소프트웨어 공학, 시스템 사고, 철학, 역사 등. 전문분야 책을 두루 섭렵했다. 그는 이렇게 말한다. "졸업장이나 학위는 고민할 필요 없다. 아무도 날 무시하지 못할 만큼, 실력을 키워야 한다. 그것이 인생을 바꾸는 가장 간단한 방법이다. 교육을 항해에 비유한다면 애플사에 와서야 나는 진짜 항해를 시작했다."

그의 저서 『공부와 열정』에서 스스로 이해하고 확신한 뒤 자신의 기질이나 리듬, 에너지에 따라 자유로이 공부하고 실행하라. 사고를 제약하지 않고, 통찰력이 있어야 자기 삶에 더욱 몰입할 수 있다고 했다.

제임스 바크의 이러한 공부법을 '버커니어식 학습'이라 일컫는다. 예전 카리브해를 누비던 해적인 버커니어처럼 대담하고 자유로우며 순발력 있게 배워 나가는 방식이라는 의미다. 버커니어식 학습에서는 배우는 과정에서 느껴지는 충만함과 자기 결정력을 우선한다.

현재 컴퓨터 소프트웨어 테스팅 분야 전문가이다. 로스앨러모스 연구소, 로런스 리버모어 국립 연구소, 제트 추진 연구소, 콜로라도 대학교, 플로리다 공과 대학교 등 유명 연구소와 여러 대학교에서 강연 활동을 하고 있다.[5]

철학자 짐론의 명언 중에 이런 말이 있다.

"정규 교육이 생계를 유지하게 해준다면, 독학은 당신을 부자로 만들어 줄 것이다."

그는 학교를 일찍 중퇴하여 남들과 다른 길을 가라고 강소하지는 않는다. 남들이 선택하지 않는 자신의 길을 발견하고, 자신이 원하는 주제를 찾아 열정을 다하라고 용기를 주고 있다. 그는 이렇게 말한다.

"이 세상 누구도 배울지 말지를 선택하지 못한다. 그러나 어떤 식으로 배울지는 선택할 수 있다."

그에게 배움이란 자신이 하는 업무에, 그리고 인생을 설계하는데 절대적이다. 그는 공부하는 시스템을 항상 가까이 두고 있었고 활용할 줄 안다. 그는 언제든 떠나고 싶을 때, 세계를 탐사하러 나가는 버커니어(buccaneer) 자세를 원한다.

02 하버드 글쓰기로 인재를 관리하라

하버드의 글쓰기와 말하기는 '연설 분석과 테드(TED) 동영상 분석'

으로 이루어진다.

하버드 글쓰기가 주는 교훈은 기본으로 돌아가, 우직하게 쓰는 방법이다. 글쓰기는 결코 쉬운 일은 아니다. 우직한 노력을 반복해야 한다.

“여러분은 30일 동안 계획하고 할 마음도 있었지만, 실천에 옮기지 못한 일이 있나요?”

맷 커츠는 30일 동안 새로운 것에 도전하라고 제안한다. 그의 유쾌한 주문은 목표를 설정하고 실행하면 세상을 다른 관점으로 보게 한다. 일상에서 작지만, 계속 실천할 수 있는 변화를 만들어보자. 이런 습관을 30일 동안 배우고 느껴보자. 꾸준히 변화하는 자신을 보며 놀라운 기적을 맛볼 것이다.

SAT 에세이 시험은 무엇인가?

하버드대학교에 지원하려면 SAT 에세이 점수가 필요하다. 대학원 때 제출하는 학업 적성검사(SAT;Scholastic Aptitude Test) 시험 중 논리력 시험이 읽기와 쓰기, 수학 등. 또한, 선택과목으로 에세이를 두고 있다. 객관적으로 독해력과 문법 지식을 평가하는 ‘읽기와 쓰기’와 달리 에세이는 주관식 시험이다. 2017년 입학생까지는 SAT 에세이 점수 제출이 필수였으나 2018년 이후부터는 선택으로 제도가 바뀌었다.[6]

SAT 에세이는 읽기(Reading), 분석(Analysis), 쓰기(Writing)로 항목을 나눈다. 각각 1점에서 4점 사이 점수를 받게 된다. SAT 비평적 독해 외에도 하버드대학교 입학을 위해서는 입학 에세이를 써서 제출해야 한다. 입학 에세이는 자유 주제를 선택할 수도 있고, 다음 주제 중 하나를 선택할 수도 있다.[7]

- 자기 인생이 남다른 측면은 무엇인가?
- 다른 나라를 여행하거나 거주했던 경험을 적어보라.
- 앞으로 만나게 될 기숙사 룸메이트에게 말해주고 싶은 것은 무엇인가?
- 지적 도전과 성취를 적어보라(수업, 프로젝트, 독서, 토론, 논문, 시, 수학이나 과학연구 등)
- 대학 교육을 삶에서 어떻게 활용할 것인가에 관하여 기술하라.
- 지난 12개월 동안 읽은 책 목록은 무엇인가?
- 공동체의 기초를 정직함에 두는 하버드대학교에 지원하면서, 자신 혹은 주변 사람이 정직한 행동의 선택 기준에 섰던 상황에 대한 소개를 기술하라.
- 하버드 대학교는 사회의 시민이자 리더를 키우고자 한다. 자신이 동료 학생들의 인생에 이바지할 가능성은 무엇인가?

계획하기	• 주제 정하기 • 논제 만들기 • 논제를 뒷받침하는 아이디어 끌어내기 • 3가지 뒷받침 근거 확정하기 • 5단계 구성의 개요 잡기
쓰기	• 도입부 쓰기 • 논제를 뒷받침하는 3단락 쓰기 • 단락 사이 연결 문장 쓰기 • 결론 만들기
고치기	• 문법이나 맞춤법 오류가 없는지 검토하기 • 글이 부드럽게 흘러가고 문단들이 잘 연결되는지 확인하기 • 문단이 논지에서 벗어나는 일 없도록 하기. 논제를 잘 뒷받침하고 있는지 살피기

미국 고등학생 5단락 글쓰기(하버드 입학 전의 글쓰기 경험) 모델은 5단락 에세이다. 5단락 에세이는 도입(1단락) - 본문(2,3,4단락) -결론(5단락)으로 구성된 글쓰기다. 5단락 에세이를 쓰는 과정은 크게 계획하기, 글쓰기 단계, 고치기 단계로 나눠 볼 수 있다.[8]

1935년 17세의 존 F. 케네디(John Fitzgerald Kennedy, 1917-1963)가 하버드대학교 입학을 위해 쓴 에세이가 소셜미디어에서 화제다. 단조로운 5개의 문장이기 때문이다. JFK 박물관과 도서관에 보관된 87년 전 JFK의 하버드대 에세이는 다음과 같다.[9]

- 질문: 당신은 왜 하버드에 오고 싶나요?
- 케네디: 제가 하버드에 가고 싶은 이유는 여러 가지입니다. 저는 하버드가 제게 더 좋은 배경과 더 좋은 교양교육을 제공할 수 있다고 느낍니다. 저는 하버드가 단순한 대학이 아니라 무언가 제공할 수 있다고 생각했기 때문에 항상 가고 싶었습니다. 게다가 저는 아버지와 같은 대학교에 가고 싶습니다. 하버드 맨이 되는 것은 부러워할 만한 교훈이며, 제가 진심으로 성취하고 바라는 목표입니다.

케네디는 1940년 6월 우등(cum laude 상위 25% 혹은 30%)으로 하버드를 졸업한다. 그의 수석 논문은 이후 '왜 영국은 잠잤는가(Why England Slept)'로 발행했다. 1956년 매사추세츠주 상원의원이었던 JFK는 하버드 동창회보(Harvard Alumni Bulletin)에 '왜 하버드 출신은 정계로 진출하나?'에서 명문대 입학의 의미를 새로 썼다.

"하버드가 평판보다 더 중요한 것은 잠재적인 정치인에게, 그 경력을 쌓을 수 있는 분위기를 제공한다는 것이다."

그가 하버드에 다니면서 국정에 관한 관심과 정치적 문제에 관한 이해가 높아졌다. 경험을 살려 인용하며 '하버드 출신은 지역사회와 국정의 모든 레벨에서 공적인 삶을 개선한다. 또한, 막대한 공헌을 한다. 하버드 맨이 화려한 배경을 활용해, 정계에 다수가 진출할 것임이 틀림없다. 그토록 힘들면서도 마음과 영혼을 만족시키는 직업은 거의 없다고 했다.

그는 1957년 자문인 테드 소렌슨(Theodore Chaikin Sorensen)과 공동 집필한 '용기 있는 프로필(Profiles in Courage)'로 퓰리처상 전기 부문 상을 받았다. 테드 소렌슨은 변호사 출신으로 케네디 대통령 고문이자 연설문 작가였다.

그는 언론 대신 정계에 투신한다. 1947년 매사추세츠 하원의원(민주당)으로 당선된 후, 상원의원을 거친다. 그는 미국 역대 대통령 가운데 가장 뛰어난 능변가 중 하나였다.

"국민 여러분, 조국이 여러분을 위해 무엇을 할 수 있는가를 묻지 말고, 여러분이 조국을 위해 무엇을 할 수 있는가를 물으십시오."

1961년 TV 정치 시대의 개막과 함께 미 제35대 대통령에 당선됐다. 미 최연소 대통령 케네디는 1963년 11월 22일 달라스 공항에서 암살당했다.

그는 정치인이 되기 위해 정치 문제에 관한 책을 꾸준히 집필했다. 독자에게 정치적 대안을 주장하며 설득시키는 노력을 하였다.

"전 세계에 오두막과 촌락에서 대량 빈곤의 속박을 끊으려고 몸부림치는 국민을 보라. 우리는 아무리 오랜 시간이 소요되더라도 그들이 자력으로 일어나는 것을 돕기 위해 최선의 노력을 다할 것이다."

그의 연설문을 보면 용기 있는 사람이 되고 싶은 의지. 청중을 끌어당기는 리더십이 느껴진다.

TED 동영상을 통해 글쓰기 아이디어기법을 배워라

TED는 1984년 미국 캘리포니아주 몬터레이에서 시작된 지식 컨퍼런스다. Technology, Entertainment, Design의 앞글자를 따서 TED라 한다. 다른 사람과 공유할 만한 가치가 있는 아이디어만 있다면 누구나 TED에 참여할 수 있다. 강의 동영상은 인터넷을 통해 무료로 공유한다. 놀라운 점은 TED의 강의 동영상에 대한 사람들의 반응이다.

사람들이 이토록 TED에 열광하는 이유는 무엇일까?[10]

① TED는 가치 있는 지식을 공유한다.

2001년 새플링 재단의 크리스 앤더슨이 TED를 인수하면서부터 TED는 '지식 공유를 통한 인류공동체의 회복'을 내걸고 비영리 조직으로 바뀌었다. 2006년 6월, TED 강연 중 일부를 'TED 토크(TED Talks)'라는 이름으로 인터넷에 무료로 공개하기 시작했다.

② TED에는 마음을 울리는 진한 감동이 있다.

세자르 쿠리야마(Cesar Kuriyama) 동영상 주제는 가장 기억하고 싶은 1초의 영상 순간을 매일 기록해왔다. 1 SE(1초가 가지는 의미)는 스마트 기기를 위한 앱(app)이다. 이 앱을 제작하고 있는 세자르 쿠리야마(Cesar Kuriyama)는 이렇게 말한다.

"제가 딱 30살이 되던 날, 앞으로 하루에 딱 1초씩 평생 기록하자고 결심했다. 40살이 되었을 때, 나의 30대를 기록한 1시간짜리 영화 한 편이 탄생하는 셈이다." 그의 말대로 계산해보면 매일 1초씩 356일, 그렇게 또 10년이 지나면 정확히 3650초짜리 영상이 탄생한다. 그를 위한 기록 영화인 셈이다.

1 SE 앱의 장점은 쉽다는 점이다. 먼저 길이에 상관없이 영상을 찍

는다. 1 SE 앱에서 날짜를 선택하고 이 영상을 불러온 후, 내가 원하는 1초만 편집해서 등록하면 끝이다. 달력 형태의 인터페이스를 제공하며, 각 일자에 어떤 1초가 등록되어 있는지 썸네일을 제공한다. 처음 사용하는 사람도 금세 사용법을 익힐 수 있다.

그 과정을 통해 그는 일상의 소중함을 깨달았고, 매일 활기찬 하루를 시작할 수 있게 되었다. 무엇보다 더욱 재미있는 하루를 살기 위해 노력하게 되었다. 오늘 하루 중에 1분이라도 시간을 내어 가장 기억에 남는 것을 기록하라. 글로 표현하는 생각과 활용할 재료를 찾아내는 건 작가의 정신과 연결되어 있다.

구글 수석 엔지니어인 맷 커츠(Matt Cutts)가 30일 동안 새로운 것에 도전해보라는 내용이다. 그는 〈30일 동안 새로운 것 도전하기〉 프로그램을 통해 소설 쓰기, TV 안 보기, 사진찍기, 단것 섭취 안 하기, 킬리만자로 등반 등을 시도하면서 꾸준히 변화하는 자신을 발견한다. 새로운 것에 도전하면서 몇 가지 배운 점을 이야기한다.

- 시간을 그냥 흘려보내는 대신 더 기억에 남는 순간으로 만들 수 있다. 이것은 한 달 동안 매일 한 장씩 사진을 찍으면서 깨달은 점이다. 그는 그날 어디에 있었고 무엇을 하고 있었는지 정확히 기억한다.
- 다양한 도전들을 더 열심히 실행하면서 깨달은 점은 바로 자신감을 얻었다는 것이다. 그는 책상에만 틀어박혀 있던 컴퓨터광이었는데, 자전거로 출퇴근하는 사람으로 변했다. 그 이후 아프리카에서 가장 높은 산인 킬리만자로산을 등반했다. 그는 30일 도전하기 전에는 모험심이 부족했었다.
- 정말 무엇인가를 간절히 원한다면 30일. 그 일을 충분히 할 수 있

다는 것이다. 그는 창작소설을 써보고 싶어서 도전하고 30일 동안 소설을 썼다. 그는 컴퓨터 공학자이지만 소설가로서 말할 수 있다는 자신감이 생겼다. 마지막으로 그가 배운 점은 작지만, 지속적인 변화들. 특히 계속 실천할 수 있는 변화들은 오래갈 가능성이 더 크다는 것이다.

그는 청중에게 자신이 느낀 유쾌한 도전을 주문한다.

"도대체 무엇을 기다리고 계십니까? 여러분이 좋든 싫든 앞으로 30일이란 시간은 흘러가기 마련이다. 그렇다면 지금까지 하고 싶었던 일이 무엇인지 생각해서 다음 30일 동안 도전해보실래요?"

수잔 케인(Susan Cain)의 TED 동영상을 살펴보자. 〈내성적인 사람의 힘〉은 무려 1,800만 명이 보았다. 그녀는 베스트셀러 『콰이어트 Quiet』의 저자다. 프린스턴과 하버드 법대를 우등생으로 졸업한 후 기업과 대학에서 협상 기법을 가르치는 변호사가 되었다.

하지만 내성적인 자신의 성격이 직업과 어울리지 않는다고 생각했다. 그녀는 항상 궁금했다. '왜 세상은 외향적인 사람을 선호하고, 왜 내향적인 사람은 자기 모습을 그대로 받아들이지 않고 원래의 성격을 감추려 하는 걸까?' 수년간의 연구와 수많은 사람과의 인터뷰 끝에 그녀는 자신과 같은 고민을 한 사람들을 위해, 내향성이 얼마나 위대한 기질인지 스스로 증명했다.

성공이 보장되는 월스트리트의 변호사 세계를 떠나 작가의 길로 들어선 것이다. 내향적인 사람들이 가진 놀라운 영향력이라는 강연 내용을 살펴보자. 과학적인 조사연구를 바탕으로 산업 사회의 과도한 경쟁이 낳은 외향성 이상주의의 부작용을 고발한다.

조용히 세상을 움직이는 힘과 내향적인 사람들에 관한 새로운 시각을 제시하는 책이다. 사람들은 편향(偏向) 속에 살고 있다. 내성적인 것은 부끄러움과 다르다. 자극에 반응하는 방식의 하나일 뿐이다. 순수하게 외향, 순수하게 내향은 없다.

인구의 1/3인 내향적인 사람은 고독한 환경에서 사색하며, 자신의 역량을 최대한 발휘한다. 이러한 사람들에게 외향적임을 강요하는 건 사회적으로 낭비다. 고독은 창의성에 좋은 요소이다. 고독이란 것은 우리가 물리쳐야 하는 부정적인 모습이 아니다. 인간을 고양하고 발전시키는 기회이다.

와튼스쿨의 애덤 그랜트(Adam M. Grant)는 '내성적인 지도자들이 종종 외향적인 지도자들보다 좋은 결과를 낳는다'라는 연구결과를 발표했다. 사람들은 내성적이고 외향적인 것의 스펙트럼 속에 있다. 칼 융은 순수하게 내성적이거나 순수하게 외향적인 것은 없다고 말했다. 그 둘의 성격을 반반 가진 것이 양향 성격자(Ambivert)이다.

한편 양향성의 소유자는 이 모든 특성을 가지지만, 어느 한쪽이 더 지배적이지도 않다. 이들은 더 균형 잡히고 미묘하며, 개성적인 성격을 보인다. 비즈니스 분야 유명 저자로 양향성을 연구한 대니얼 핑크는 '영향 성격자들은 영어와 스페인어를 모두 구사할 수 있는 사람처럼 더 넓은 범위의 기술을 습득한다. 더 넓은 범주의 사람들과 연결될 수 있다'라고 했다. 펜실베니아대 와튼스쿨 조직 심리학자인 애덤 그랜트 박사는 그의 연구결과 사람들의 절반 이상이 양향 성격자라고 밝혔다.

사회적, 정서적 유연성을 가진 양향 성격자가 다른 사람들보다 특정 직업에서 더 좋은 성과를 냈다는 연구결과도 있다. 2013년 6월 출판된 심리과학 저널에는 성격 측정 테스트를 거친 340명의 전화상담실 직원들에 대한 3달간의 판매 수익을 평가한 결과, 가장 높은 수익을 올린 직원이 양향 성격자였다는 연구 결과가 실렸다. 전문가들은 이들의 정서적 예민함이 육아와 결혼에도 유리하게 작용할 것이라고 봤다.[11]

③ TED에는 '오픈 번역 프로젝트'라고 하는 비영어권 이용자를 위한 번역 서비스가 있다. 세계 주요 언어뿐 아니라 한국어를 포함해 무려 80개 언어로 번역 서비스를 제공한다. 번역 서비스 또한 이용자들이 자발적으로 하는 일이다.

TED 동영상 강연자들은 강연하기 전에 연설문을 정리한다. 그들이 도전한 아이디어는 상상력을 단련한 그림이다. 강연자마다 왜 상상력을 표현하고 아이디어를 전달하는 방법은 차이를 보이는 걸까? 상상력을 현실에서 마주할 때는 '생각 근육'이 필요하다. 머릿속 생각을 글로 정리하여 강연할 때는 감각적인 이미지 연출이 필요하다.

여러분이 자신과의 대화에만 몰입한다면, 외부 대상에게 설명할 수 없다. 창조적인 작가는 마음속으로 그림을 그리는 방법을 알고 있다. 또한, 그림을 독자에게 전달하는 언어를 사용할 줄 안다. 이제 아이디어가 정리되면, 강연을 통해 이미지를 채워라. 창조적인 사람은 독자의 생각과 반응을 살피고 외부세계에 관심을 쏟는다. 여러분 주변 세계에 무엇이 있는지 살피고 감성적인 언어를 구사하라.

하버드대에 울려 퍼진 감동적인 연설

아시아계 여성으로는 최초로 하버드 법대 종신교수로 임명된 석지영 교수는 어린 나이에 미국 이민자로서 전혀 다른 세상과 직면하며 두려움을 갖고 있었다. 부모의 선택 때문에 발레리나의 꿈도 접어야 했다. 유년기 시절 가장 큰 즐거움은 엄마와 도서관 가는 것이 취미였다.

그녀는 미국 예일대에서 프랑스 문학을 전공하고, 영국 옥스퍼드대에서 문학박사 학위를 받았다. 그러나 문학도의 길을 걷는 대신 하버드 법대로 진로를 변경하는 새로운 도전을 택했다. 전공을 과감하게 바꾼 데 대해 석 교수는 인생은 길기도 하지만 짧기도 하다고 했다.

"문학에 관심은 있었지만, 문학작품 글쓰기가 적성에 맞지 않았다. 마음을 이끄는 대상을 발견하면 방향을 바꿀 가치가 있다고 생각한다. 인생은 한 번 사는 것이기 때문에 자신이 즐겁지 않은 일을 하는 것은 매우 안타까운 일이다. 하버드 종신교수가 될 수 있었던 것은 단순한 성공 지향이 아닌 학문과 인간의 삶에 대한 끊임없는 애정과 관심 덕분이다. 성공의 진정한 목적을 알리고 사람들이 가지고 있는 그릇된 인식을 바로잡고 싶었다."

『내가 보고 싶었던 세계』에서 그녀는 자신의 삶과 철학을 편안한 마음으로 들려준다. 무엇보다도 자신이 사랑하는 일을 끊임없이 발견하는 태도를 볼 수 있다.

미국에서 출간한 『법의 재발견(At home in the law)』은 2010년 미국 법·사회협회에서 올해 최고의 법률 서적으로 선정됐다. 그는 이 책으로 미국에서 뛰어난 법률서에 수여하는 허버트 제이콥 상을 받았다. 그리고 하버드 법대에 '공연예술과 법'이라는 새로운 강의를 탄생시켰다.

석 교수는 글로벌 리더에 관한 생각을 밝힌다.

"글로벌 무대에서 필요한 자질은 혁신적 생각이다. 주어진 구조와 상황에 머무르지 않고 창조력과 상상력을 발휘할 수 있는 능력이 필요하다. 동양인은 위계질서와 훈육을 중시하기 때문에 연장자가 말하는 대로 따르는 경향이 있다. 하지만 미래를 이끌 한국인들은 부모님의 말씀을 잘 듣고 시험에서 높은 점수를 받는 것을 뛰어넘어야 한다. 그래야만 독특한 생각을 할 수 있는 능력이 길러진다."

석 교수는 미국에서 자란 자신과 글로벌 무대로 나가려는 한국 청년들의 조건은 분명히 다르지만, 대한민국 젊은이들이 해외 무대에 설 가능성은 무궁무진하다고 멘토로서 조언한다.

"글로벌 무대에 선다는 것은 다른 문화와 관습에서 살아온 사람들이 서로 연결되고 교류하는 것을 뜻한다. 편안한 장소에서 벗어나 장애물이 가득한 불편한 공간으로 이동하는 것을 말한다. 자신을 불편하게 하는 것이 있다면, 극복할 때까지 연습하라. 위험을 감수하고 언제든지 새로운 기회에 도전할 준비를 하자. 기회가 왔을 때, 그것을 잡을 준비가 돼야 한다."

교수로서, 인생의 선배로서 석 교수는 즐거운 배움을 깨우칠 것을 강조했다.

"공부는 단순히 지식과 정보를 얻는 수단이 아니다. 공부란 자신을 찾아가는 길이자 과정이다. 내면을 살펴보고 마음을 사로잡는 무언가를 찾는 과정이다. 그래서 공부는 아주 개인적이며 재미있다. 하버드대에서 학생들을 가르치다 보면, 공부하는 희열에 빠져 시간 가는 줄 모르고 책에 파묻히는 모습을 볼 수 있다. 과거의 지식을 학습하는 데 머물지 말고, 앞으로 변화할 세상과 그 세상을 변화시키는 자신의 모습을 상상하며 즐겁게 배우자."

장애물이 있다면 극복할 때까지 연습하라! 자신이 하는 일을 즐기라! 그녀의 철학은 스스로가 매력을 느낄 수 있는 일을 찾고 거기에 몰두하는 것이다.

어릴 때 접했던 발레, 피아노, 뮤지컬 감독 등은 '공연예술과 법'이라는 새로운 강의로 이어졌다. 하버드 법대 교수들은 그에 대해 다른 이들은 예상하지 못하는 것을 알아채는 본능과 놀라운 관찰력을 가지고 있다고 했다. 그녀가 가진 장점은 자신이 즐거운 일을 찾고 만족할 때까지 몰입하는 것이다.

석 교수는 학생들에게 하버드 졸업식 연설하며 감사 인사를 밝혔다.[12]

"여러분은 우리의 현 상황에 대해 의심하고, 그 상황이 더 정의롭고, 폭넓고, 더욱 평등하게 달라지지 않으면, 안 되는 이유를 자문하게 해주었다. 여러분이 우리가 사는 세상을 보다 나은 곳으로 변화시키기 위해 앞으로 해나갈 일들이 무척 기대된다."

그녀가 최연소 하버드 교수가 될 수 있었던 것은 누구보다 풍부한 상상력, 힘있게 사용할 줄 아는 용기. 예술과 철학에 대한 깊은 사랑, 그 사랑을 법학과 연결한 점이다. 하고 싶은 일을 찾을 것, 일을 놀이처럼 즐길 것, 언제나 새로운 것을 시도하고 위험을 감수할 것, 크건 작건 무언가를 만들고 창조하는데 정성을 다할 것. 젊은이에게 조언자가 되어 주고 스스로 조언자도 구하라!. 그녀가 경험한 이야기를 차분하고 진정성 있게 설명한다.

03

무한경쟁 시대, 인간의 자신감과 감성지능 높이는 글쓰기

독자는 감정이 충만한 글을 읽을 때, 논리적인 언어보다 더 설득이 빠르다. 독자는 감정적으로 설득하는 단어를 오래 기억한다. 글을 잘 쓰기 위해서 무엇보다 공감하는 어휘 구사 능력이 필요하다. 공감하는 에세이를 쓸 때, 오피니언 에세이, 개인 에세이, 사적 에세이의 분류 특성을 알고, 가장 적합한 방법으로 연습해야 한다. 글쓰기 거장들은 오랜 시간에 걸쳐, 생각을 글로 표현하는 방법을 습득했다. 독자에게 매혹적인 메시지와 논리정연한 전개, 자기주장으로 분명하게 표현하고 확실하게 전달한다.

진정한 자신의 발견, 감성지능을 높여라

오늘날 경영환경의 급속한 변화와 국제화 시대에 무한경쟁이 펼쳐지고 있다. 경쟁력을 향상하기 위하여 기존의 논리력과 지적능력(IQ), 더불어 감성지능 역할이 높아지고 있다. 어떻게 감성학을 생활화할 것인가?

하버드는 역대 졸업생들을 추적 조사한 결과, 성공을 촉진하는 지능의 영향력은 20%, 감성의 영향력은 80%에 이른다고 발표했다. 감성이야말로 성공의 열쇠임이 다시 한번 증명된 결과이다. 감정적인 언어가 논리적인 언어보다 설득력이 더 빠르다. 뇌는 감정적인 언어를 읽은 뒤, 0.2초 이내에 함축된 감정을 처리한다.

감정이 충만한 글을 읽을 때, 우리는 두려움, 기쁨, 경외감, 혐오감

같은 느낌으로 반응한다. 논리적 판단은 그다음에 온다. 마지막으로 즉각적인 느낌과 생각을 결합해 자신만의 의미를 만들어 낸다.

우리는 책을 읽을 때, 감정에 얼마나 민감할까? 독자는 감정적으로 설득하는 단어를 오래 기억한다. 경쟁에 도전하라, 대신 경쟁자를 뛰어넘자고 말해보자. 혁신을 장려하자, 대신 독창성을 소중히 여기자고 해보자. 은유는 즉각적인 느낌을 주어 감정을 빠르게 처리한다.[13]

자신이나 다른 사람의 감성을 인지하고 이해하는 능력을 감성 지능(Emotional Intelligence: EQ)이라고 한다. 여기서 한번 깊게 들어가보자. 개인의 행동이나 관계에 활용하는 능력을 행동적 감성 지능(Behavioral Emotional Intelligence: BEQ)이라고 한다. BEQ는 학습할 수 있으며, BEQ에 초점을 맞춤으로써 결과적으로 EQ를 향상할 수 있다. 미국 심리학회 박사인 캐세이 멀퀸(Casey Mulqueen)의 감성 지능을 높이는 7가지 방법을 소개한다.[14]

① 자신의 감성을 이해하고 거기에 맞춰 행동을 제어하라.

자신의 행동을 통제할 수 없을 때가 언제인지, 자신의 감성 기폭 장치(triggers)에 대해 배우고 이해하라. 감성을 이해하는 것은 자신의 행동을 제어하는 방법을 배우는 데 있어 매우 중요하다.

② 자신의 감성 기폭 장치가 동작하는 일반적인 상황에 대해 머릿속으로 총연습하라.

연구결과에 따르면, 어떤 시나리오를 머릿속으로 예행연습할 때 시나리오와 같은 실제상황에서도 인간의 신경 회로가 똑같이 반응한다. 따라서 어떤 상황을 가정하고 미리 예행연습을 해두면, 자신이 원하는 방향으로 행동할 수 있다.

③ 자신의 두뇌를 문제해결 상황으로 몰아넣어라.

자신의 마음을 분산시키면 자기통제에 효과적이다. 만약 화가 나거나 혼란스러운 상황이 닥치면, 순간 자신의 관심을 다른 사람이나 상황에 맞추지 말고 정신적 문제로 돌려라. 예를 들어 15×18과 같은 계산 문제를 풀어보는 식으로 말이다.

④ 건강한 도피를 도모하라.

만약 자신의 마음을 정신적 문제해결 상황으로 돌리기 어려우면, 즐거웠던 과거 기억을 떠올려라. 마음속으로 노래를 부르거나 평소 좋아하는 장소나 활동, 또는 재미난 TV 쇼, 최고의 순간을 이미지로 그려보라.

⑤ 이메일을 보내기 전에 재확인하라.

이메일 내용에 자신이 없으면, 보내기 전에 친구나 믿을 만한 동료에게 검토를 부탁하라. 조사 결과에 따르면, 메일의 절반 이상이 오해를 일으킨다고 한다. 상대가 어떤 유형인지, 어떤 행동 스타일을 가졌는지 잘 살피자. 만약 당신이 화가 나 있거나 혼란스러운 상태에서 이메일을 쓴다면, 그것은 대단히 위험하다. 쉽게 '보내기 버튼'을 누를 수 있기 때문이다. 그런 경우 될 수 있는 대로 30분 정도 시간을 가지고 감정을 가라앉히는 것이 좋다.

⑥ 긴장 상태에서 벗어나라.

만약 감정이 격한 대화를 나누어야 할 상황이라면, 상대에게 '내가 이 문제에 대해 답변하기 전에 잠시 시간을 달라'고 말하거나 그 상황을 벗어날 적절한 방법을 찾아라. 모든 문제를 즉석에서 다룰 필요가 없다. 감정이 격한 상태에서는 더욱 그렇다. 될 수 있으면 그 상황을 벗어나는 게 좋다. 이것은 더 좋은 결과를 얻고자 하는 것. 결코, 도피가 아니다.

⑦ 감성적으로 충만한 상황일수록 분명한 말로 정중하게 의사결정을 하라. 이는 자기 뜻을 밀어붙이는 것을 막기 위한 효과적인 방법이다. 만약 감정적인 대화로 진행될 것이 예상된다면, 미리 예행연습을 하는 것도 좋은 방법이다. 당신이 뭘 말할 것인지, 어떤 말을 쓸 것인지 확실하게 결정하라.

사회적 혹은 대인관계 기술 및 역량은 성공을 촉진하는 하버드 연구결과로 알 수 있다. 다른 사람들과의 의사소통에 도움이 되는 기술이다. 이러한 기술을 통해 사람은 의사소통을 원활하게 한다. 더 강력하고 의미 있는 관계를 발전시킬 수 있다. 감정적인 언어는 마음과 뇌와 연관되어 있다. 비즈니스 글을 쓸 때 독자의 이해를 돕는 언어를 사용한다면 독자와 가까운 의사소통을 할 수 있다.

결국, 내 감정을 먼저 이해해야 감성 지능을 높이는 언어와 행동이 나온다. 일상생활에서 많이 사용하는 이메일 보내기도 감성 지능을 높이고 '보내기 버튼'을 누른다면 좀 더 신뢰할 수 있는 인간관계가 형성된다. 준비하는 예행연습 글쓰기 습관을 길들여보자.

공감하는 글쓰기, 나에게 맞는 에세이는 무엇인가?

공감은 자신의 필요와 감정뿐 아니라 타인의 감정도 읽을 줄 아는 능력이다. 다른 사람의 관점에서 사물을 보면 타인의 입장을 더 잘 이해하는 데 도움이 된다. 그리고 질문은 다른 사람들에 대해 더 많이 알 수 있는 가장 좋은 방법이다. 또한, 상대방이 자신의 감정을 정확하게 해석할 수 있는지 분명한 의사를 알 수 있다.

유시민의 『공감 필법』은 독서와 글쓰기를 통해 세상을 이해하는 방법을 말한다. 책은 유시민이 털어놓는 공부 비법과 의미를 글쓰기로 연결한다. 감동, 감정이입, 감정 등의 단어와 친해질 때, 비로소 공부가 되고 글쓰기도 잘할 수 있다.

그가 생각하는 글쓰기란 "생각과 감정을 문자로 표현하는 행위다. 글을 잘 쓰려면 공감하라. 그 어떤 것보다 감정이 중요한 이유가 여기 있다. 남의 감정을 살피고, 내 감정을 글로 드러내야 한다. 머리로 이해하는 독서보다 가슴으로 받아들이는 독서를 강조하는 이유다."

어떤 책이든 글쓴이와 심리적으로 거리를 두지 말아야 한다. 글쓴이의 생각과 감정을 텍스트에 담긴 그대로 이해하는 공감이 필요하다. 독서는 가장 좋은 공부 방법이다. 더 나아가 글쓰기 또한 중요한 공부 방법이다. 그는 글을 잘 쓰기 위해서 무엇보다 어휘를 늘려야 한다. 추천하는 것은 하루 한 문장, 말하듯이 쓰는 습관을 추천한다. 그래서 '메모하는 습관'과 '하루 한 문장'을 추천한다.[15]

나는 어떤 에세이를 쓸까? 선택할 자유를 누려라. 관찰한 메모를 펼쳐보자. 어떤 주제에 대해, 이해하고 있는 진리를 은유적으로 표현해보자. 공감을 어떻게 끌어낼 것인가? 거장들이 생각을 글로 어떻게 표현하는지 살펴보자. 글쓰기는 생각의 완성이자 발표다.

① 오피니언 에세이

하나의 의견을 조리 있게 서술하여, 독자를 원하는 방향으로 설득하는 데 있어 적합한 산문 양식이다. 매혹적인 메시지와 논리정연한 전개, 자기주장이 분명하게 표현하여 전달한다.

19세기 미국을 대표하는 문인이자 사상가, 철학자, 대중 강연가이기도 했던 랄프 왈도 에머슨은 강연을 통해 인생을 조화롭게 살아가는 삶의 통찰과 혜안을 제시한다. 그는 미국인들에게 깊은 울림을 주었다. 『에머슨의 위대한 연설』은 그의 강연 중에서, 가장 유명한 네 개의 강연을 모은 것이다. 그의 사상을 반영한 철학을 집약적으로 보여준다.

그는 미국 전역에서 수천 번의 강연을 한 것으로도 유명하다. 사람들을 직접 만나 자신의 사상을 열정적으로 전달한다. 링컨 대통령으로부터 미국의 아들로 불리었으며, 독서광으로 유명한 버락 오바마 대통령은 그의 책을 즐겨 읽었다. 한 세기가 지난 지금까지 미국인들에게 사랑을 받고 있다.

세 번째 강연 〈문학의 윤리〉 편을 살펴보자. 그가 다트머스 대학 문학협회에 초청되어 강연한 내용이다. 학자에게 부여된 특권을 논하면서, 미국의 학자와 지식인들이 새로운 시대에 걸맞은 역할을 하지 못하고 있다고 질타한다. 문학의 윤리를 주제로 학자의 자원과 과제를 논한다. 학자와 지식인의 역할, 나아갈 방향을 제시한다.[16]

인간의 영혼을 사랑한 철학자, 그는 젊은 학자에게 필요한 신념에 관해 설명한다.

"세상의 평가를 받는 것이 아니라, 세상을 평가하는 것이 지식인의 책무요, 권리이다. 자연의 모든 사물로부터 여러분에게 흘러가는 설득의 목소리에 귀를 기울이자. 그 소리를 인간의 말로 전달하는 혀가 되자. 순간의 아름다움이 어떻게 지혜가 되는지 어리석은 세상에 보여주자. 지나친 권리 요구가 시대와 국가의 악이라는 사실을 명심하자. 우리 함께 그림자를 좇아가며 무관심 속에 버려져 있는 지혜를 찾아보자. 희미한 한 줄기 빛에도 만족하면, 그 빛은 여러분의 것이 될 것이다. 탐구하고, 또 탐구하자."

그는 끊임없이 진실을 추구해야 하는 상황에서, 세상 사람들이 비난하거나 혹은 아첨을 하더라도 신경 쓰지 말라고 요구한다.

"독단(獨斷)에 빠져서도 안 되고, 다른 사람의 독단을 받아들여서도 안 된다. 왜 여러분은 성급한 안락함을 좇느라, 권리를 포기하는 건가? 별이 빛나는 진리의 사막을 횡단하자. 진리에도 지붕과 침대와 식탁은 있다. 세상에 꼭 필요한 존재가 돼라. 그러면 인류가 여러분에게 빵을 줄 것이다. 빵이 많지는 않더라도, 결코 여러분의 몫을 빼앗아가지는 않을 것이다. 인간들의 애정, 예술, 자연, 희망 안에 있는 진리를 탐구하라."

그가 던지는 메시지, 전개, 자기주장은 분명하다. 위대한 사상가 에머슨은 우리가 어떻게 살아야 하는가를 말하고 있다. 지식인으로서 젊은 학자는 지혜를 찾고 세상을 평가하라. 진실을 추구하는 과정에서 독단에 대해 경고한다. 진리를 추구하는 것은 학자의 권리이다. 사고(思考)는 빛으로 가득하므로 진리와 아름다움을 추구하라.

"에머슨이 없었다면 진정한 의미의 미국 문학은 탄생할 수 없었다."

그는 미국 문학 발전에 지대한 영향을 주었다. 미국 사상사를 논할 때 빠질 수 없는 중요한 인물이다. 한 줄기 빛이 광활한 사막을 건너 진리로 내뿜는 순간, 학자에게 땅과 하늘의 사랑이 내려질 거라고 전한다.

② 퍼스널 에세이

자신을 드러내는 이야기에 공감할 만한 메시지를 싣는 방식이다. 일상을 세심하게 관찰하고, 관찰한 것을 성찰하고, 그 과정에서 인사이트를 끌어낼 줄 알아야 한다.

퍼스널 브랜딩을 하려는 수많은 사람이 늘어나고 있다. 책 쓰기에서 차별화를 실현하려면 관점의 차별화, 콘텐츠의 차별화, 메시지의 차별화라는 세 가지 요소를 생각해야 한다. 흔히, 팔리는 책에는 심장을 뛰게 하는 책과 머리를 맑게 하는 책, 두 종류가 있다.

심장을 뛰게 하는 책이란 저자 본인의 경험담을 주로 이야기하는 책이다. 독자 자신을 뛰고 싶게 만들면서, 격려도 하고 위로를 주는 책이다. 예를 들어 『김미경의 리부트』, 『아들아 돈 공부해야 한다』, 『12가지 인생의 법칙』, 『타이탄의 도구들』 등이다.

머리를 맑게 하는 책이란 한마디로 지식을 알려주는 책이다. 피터 드러커나 필립 코틀러의 책들은 수십만 부가 팔리지는 않지만, 일단 출간되면 스테디셀러로 꾸준하게 독자의 사랑을 받는다. 이들이 쓴 책은 경영이나 마케팅 등 자신이 속한 분야의 지식과 통찰력을 전해준다. 예를 들어 『제프 베조스, 발명과 방황』, 『빌 게이츠@생각의 속도』, 『부의 추월 차선』, 『피커드러커 매니저먼트』, 『권오현, 초격차』 등이다.[17]

관점의 차별화, 콘텐츠의 차별화, 메시지의 차별화를 기본으로 비어 있는 시장 트랜드를 찾아라. 고객의 니즈(Needs)를 찾아 당신의 메시지를 한 권의 책으로 만들어 세상에 내놓아라. 새로운 기회가 될지 모른다. 기업체에서 프로젝트 제안이나 특강 의뢰가 올 수도 있다. 유명 출판사에서 선인세를 주며, 두 번째 책을 출간하자고 제안해 올지도 모른다.

글쓰기로 놀라운 일이 당신 앞에 일어날 것이다. 글쓰기의 보상은 당신의 퍼스널 브랜드를 높여주는 효과가 있다. 책쓰기의 보상은 당신에게 '엄청난 기회'를 준다. 책 쓰기는 당신의 콘텐츠를 비즈니스로 이끈다.[18]

③ 사적 에세이

사적 에세이는 개인의 일상을 다루는 산문이다. 체험, 느낌, 인상

등을 자유롭게 표현한다. 일본 소설가 무라카미 하루키(村上春樹)가 쓴 수필집은 '소설의 하루키와 판이한 하루키'라고 할 정도로 널리 알려져 있다. 재미있으며 위트가 넘치고 읽기도 쉽다. 자신은 맥주 회사가 만드는 우롱차 같은 느낌으로 만든다고 밝혔다.

그의 저서 『의미가 없다면 스윙은 없다』에서 위대한 작가를 탄생시킨 위대한 음악이란 책의 부제처럼 슈베르트에서부터 비치 보이스(The Beach Boys)까지 음악과 음악가에 대한 진솔한 이야기를 담고 있다.[19]

"책과 음악은 내 인생에 있어서 두 가지의 중요한 핵심이다."

하루키에게 있어 음악은 그의 작품을 형성하는 데 매우 중요한 역할을 해왔다. 그는 재즈를 들으며, 마음속에서 풍경을 그리고 있다. 책 일부를 기록해 본다.

"노래를 듣고 있으니 정경이 눈 앞에 펼쳐진다. 어디에서나 볼 수 있는, 아무것도 아닌 정경이지만, 어쩌면 아무것도 아닐지도 모른다는, 불가사의한 진실이 문득 느껴진다. 구두 속의 젖은 감촉과 흐린 유리창의 나른함이 어떤 예감처럼, 또는 이미 일어난 일의(그러나 왠지 상실되어 버린) 기억처럼 피부에 와닿는다."

그의 생각과 감정을 나에게 말하듯이 감정이입을 시켜준다. 마치 한 사람을 곁에 두고 재즈를 들려주며 생생하게 묘사한다. 젖은 발이 주는 감촉을 기억하게 만들고, 유리창을 바라보며 옛이야기를 떠올린다. 나른함으로 잊힌 추억에 빠지는 느낌이다.

아는 만큼 보인다, 자기 신뢰로 자신감을 높여라

미국의 사상가이자 시인인 랄프 왈도 에머슨이 남긴 명언에 의하면 "나에 대한 자신감을 잃으면 온 세상이 나의 적이 된다. 해야 할 일은 해야 한다. 어떠한 고난과 장애와 위험, 그리고 압력이 따르더라도 그것이야말로 모든 인간 기본의 도덕이다."라고 전한다.

우리는 자신감을 높이기 위해 스펙을 쌓는다. 하지만 문제해결력이 없는 스펙은 더는 쓸모가 없다. '문제해결력이 있는 사람인가'가 중요하다. 직업과 직장이 빠르게 바뀌는 시대이다. 한 분야에서 문제해결력이 있는 전문가로 섞는 것이 핵심이다. 전문가는 해결책을 제시한다. 해결하고자 하는 문제는 무엇인가? 누구를 위해서 그 문제를 해결하고자 하는 것인가?

책쓰기를 할 줄 안다는 것은 자신의 미래를 만든다는 것과 같다. 결국, 가장 발전한 문명사회에서 재난에 맞설 방패를 만드는 것이다. 책을 출간하면 세상에 자신의 견해를 드러낸다. 자신의 인격을 드러내고 철학을 공유한다. 랄프 왈도 에머슨이 남긴 시를 소개한다.

성공이란 무엇인가?

많이 그리고 자주 웃는 것.

현명한 사람들에게 존경을 받고 아이들에게 애정을 받는 것.

정직한 비평가로부터 찬사를 얻고 잘못된 친구들의 배신을 견뎌내는 것.

아름다움의 진가를 알아내는 것

다른 이들의 가장 좋은 점을 발견하는 것.

건강한 아이를 낳든, 작은 정원을 가꾸든, 사회 환경을 개선하든, 세상을 조금이라도 더 좋은 곳으로 만들고 떠나는 것.

당신이 살아있었기 때문에 단 한 사람의 인생이라도 조금 더 쉽게 숨

쉴 수 있었음을 아는 것.

이것이 진정한 성공이다.

-랄프 왈도 에머슨

타네하시 코츠(Ta-Nehisi Coates)의 『세상과 나 사이』는 2015년 맥아더 펠로우 상을 받았다. 미국에서는 노벨상만큼이나 영예로운 상으로 꼽힌다. 그의 책은 2015년 7월에 출판되었다. 흑인 남자가 린치 당하는 현장을 발견하고 공포에 사로잡혀 무능력에 빠진다. 자신과 세상 사이의 장벽을 실화로 표현했다. 그는 아프리카계 미국인들의 정치·문화적 이슈를 다룬 글로 알려졌다.

코츠는《타임》에서 해고되어 프리랜서로 생활했다.

"나는 어떤 작가가 되고 싶은지 알고 있었지만, 그 꿈을 이루지 못할 것 같았다. 헛된 노력만 계속되고 결과물은 아무것도 없었다."

생계를 위해 택시 운전을 하려고 생각했지만, 말할 수 없는 고통을 참으며 글쓰기를 이어갔다. 그는 세 개의 직장을 잃고 실업 수당으로 가족을 부양해야 하는 상황에서도 희망을 잃지 않았다. 그의 삶 이야기는 믿을 수 없을 정도로 감동적이다. 그의 아내는 한 번도 불평하지 않고 확실한 지지를 보내주었다. 마침내 그는 다시 일어섰다. 스트레스를 견디며 원고를 써나간 끝에 정상에 올랐다.[20]

맥아더 재단은 매년 미국 사회에 영감을 주는 다양한 분야의 독창적인 인물 20~30명을 선정한다. 5년 동안 62만 5천 달러를 준다. 일명 천재상이라고 불린다. 맥아더 재단의 웹사이트에 올라온 동영상에서 코츠는 이런 말을 했다.

"아마도 제 모든 작품에서 가장 중요한 요소는 실패일 것이다. 제

글은 실패작이었다. 하지만 지칠 줄 모르는 호기심을 갖고 자신에게 계속 질문했다. 글이 아주 달라졌다. 문장에 훨씬 힘이 생겼다."

코츠는 영상의 끝부분에서 글쓰기가 어떤 일인지 가장 적절하게 묘사한다. 언어구사력을 높이기 위해 산문을 운문으로 바꿔본다. 코츠가 전하는 글쓰기 어려움. 이제 언어가 주는 음조와 운율을 느껴보라.

글쓰기의 어려움은
지면에 옮겨진 자신의 형편없는 글과
서툰 글을 보고
잠자리에 들어가야 한다.

그리고 다음 날 잠에서 깨어
형편없고 서툰 글귀들을 들여다보고 다듬어서
너무 형편없고 서툴지 않게 고치고
다시 잠자리에 들어가야 한다.

그리고 또 다음 날이 되면
조금 더 그 글을 다듬어서
그리 나쁘지 않게 만든 다음
다시 잠자리에 든다.

그리고 그 글을 다시 다듬어
평균 수준으로 만든 다음에
한 번 더 다듬는다

운이 좋다면
좋은 글을 얻을 수도 있으리라

그리고 거기까지 했다면 성공이다.

04

글쓰기 인재, 디지털 역량을 높여라

책을 출간한 이후, 디지털 마케팅에서 독자의 관심을 유지하는 비결은 우선 부가가치 콘텐츠에 초점을 맞춘다. 가장 우호적인 커뮤니케이션 채널을 신중하게 결정하여, 온라인 방향을 강화한다. 필립 코틀러 『마켓 4.0』은 기계 대 기계의 연결성을 인간 대 인간의 접촉으로 보완하는 마케팅 전략이다.

작가와 독자 사이의 온라인과 오프라인 상호작용을 통합하고 진정성을 쌓아가는 서비스를 제공한다. 콘텐츠는 새로운 광고이며, 해시태그는 새로운 태그라인이다. 작가는 브랜드 구축에 스타일과 본질을 만들어 독자 참여를 강화한다. 디지털 세상에서 인간중심주의 감성이 중요해질 것으로 기대한다. 그러므로 마케팅은 인간 중심적 마케팅의 힘을 발휘해야 한다.

프로가 되기, 책 쓰기로 출판하는 방법

여러분은 신문사 편집장에게 자신의 칼럼을 원고 투고할 수도 있고, 최고경영자에게 이메일을 쓸 수도 있다. 자신의 주장에 근거를 제시하기 위해, 글쓰기 기술을 활용할 수도 있다. 사려 깊고 정교하게 다듬어진 글은 실제로 세상을 바꾸는 위력을 발휘할 수 있다.

프로가 되기로 했다면, 특정 글쓰기 시장에서 전문가들과 경쟁하라. 이제 전문가처럼 행동하라. 글쓰기라는 직업을 존중하고 자존감을 가져야 한다. 사전준비를 해서 자신의 글을 발표할 만한 적절한 대상을 물색하라. 자신의 글을 마케팅하는 방법은 출판, 잡지, 신문사, 웹사이트에 올리기 등 얼마든지 있다.[21]

이제 실천법으로 들어가자. 책을 출판하는 과정을 알고 실행하여 보자. 책 쓰기와 글쓰기는 다르다. 책쓰기는 콘텐츠를 만드는 작업이다. 퇴고할 때 검토해야 할 대조표를 살펴보자.[22]

① 주제가 분명한가.

② 문장이나 문단 순서를 바꿔서 더 좋은 부분은 없는가.

③ 본문 내용과 목차가 달라 목차를 바꿀 필요는 없는가.

④ 인용한 자료의 오류는 없는가.

⑤ 문단이 논리성, 통일성, 완결성이 있는가.

⑥ 독자들이 읽었을 때 공신력이 있는 글인가.

⑦ 인용이 적절한가.

⑧ 맞춤법, 띄어쓰기, 부호가 맞는가.

⑨ 각 목차 간의 관계가 유기적으로 통일성이 있는가.

⑩ 주제문과 관련성이 없어 덜어낼 글은 없는가.

출간계획서를 작성하는 방법을 살펴보자. 타인에게 요청하여 샘플을 받아보고 학습하면, 많은 것을 배울 수 있다. 스스로 포기하지 말고

나를 단련시키고 성장시켜보자.[23]

- 기획 의도: 왜 이 책을 쓰고자 하는지 의도를 비교적 자세하게 적는다. 다른 책과 차별화되는 점을 곁들여도 좋다.
- 가제(제목): 책의 주제나 콘셉트가 담겨 있는 책의 제목을 쓴다. 제목을 보고도 이 책이 무엇을 말하는지 알 수 있어야 한다.
- 책 소개: 쓰고자 하는 책의 내용에 대해 적는다. 각 장에 들어 있는 각 꼭지에 어떤 내용이 들어 있는지 비교적 상세하게 쓰는 것이 좋다.
- 저자 프로필: 저자의 프로필(학력 사항, 경력 사항)과 함께 저자의 스펙이나 경쟁력을 풀어서 쓰는 것이 좋다.
- 독자 대상 연령층: 책을 기획할 때 염두에 두었던 연령층을 메모한다.
- 시장환경 및 경쟁 도서: 기존에 비슷한 주제나 콘셉트로 나와 있는 책들을 세밀하게 비교 분석한 후 자신이 쓰는 책의 장점을 설명하듯이 쓴다.
- 집필 기간: 원고 쓰기를 언제 시작해서 언제 마칠 것인지 마감을 정한다.
- 판매 & 마케팅 전략: 책이 출간된 후 출판사에 홍보와 마케팅을 전적으로 맡기기보다 저자와 함께 마케팅을 위해 노력하면 책의 판매량에 영향을 준다. 출간 기념회나 강연, 블로그 마케팅을 할 것인지 동원 가능한 마케팅 전략을 생각한다.

지금 당장 한국에서 베스트셀러가 된 도서의 목차를 출력하여 보라. 좋은 목차와 카피를 담은 책을 보며, 글쓰기 감각을 길러보자. 목차는 철저한 자료조사를 거치고, 시장의 흐름을 판단한 후에 정한다.

책을 35~40권 읽으면 시야가 넓어진다. 아는 만큼 보인다. 그래야 독자를 위한 정교한 목차를 잡을 수 있다. 자신의 콘텐츠를 담고 있는 제목과 목차설정은 중요하다. 독자가 요구하는 시대 흐름을 반영해야 한다. 책을 통해 앞으로 할 일, 목표가 무엇인지 의식하면서 설정해야 한다.[24]

신의 경지에 들어선 편집자의 힘, 훌륭한 작가를 만든다

남의 글을 고치는 것을 직업으로 삼는 사람이 있다. 우리말로 편집자, 영어로 에디터(editor)라 불린다. 언어의 마법사들이다. 편집자는 B급 원고를 A급으로 바꾼다. 신의 경지에 들어선 편집자는 C급 원고를 A급으로 들어 올리는 신통력을 발휘한다. 훌륭한 작가는 신의 경지(入神) 편집자를 만난다. 세계 최고의 작가는 편집자에 의해 만들어진다.

마이클 그랜디지 감독의 〈지니어스〉는 20세기 초 요절한 문학가 토마스 울프와 편집자 맥스 퍼킨스의 만남과 우정을 그린 드라마이다.

비 내리는 거리. 롱코트를 입은 사내는 담배에 불을 붙인다. 비가 오는데도 신통하게 불이 붙는다. 남자의 시선이 꽂힌 곳은 한 빌딩. 빌딩의 벽면엔 찰스 스크라이브너스 손스(Charles Scribner's Sons)라는 간판이 붙어 있다. 유명 출판사다. 최고의 편집자 맥스 퍼킨스와 천재 작가 토머스 울프가 나온다.

맥스 퍼킨스는 어니스트 헤밍웨이의 『무기여 잘 있거라』, 『노인과 바다』를 편집한 인물이다. 1929년 뉴욕, 최고 편집자 퍼킨스는 모든 출판사에서 거절당한 작가 울프의 원고를 우연히 읽게 된다. 퍼킨스는 울프의 야성적 필력에 반해 출판을 제안한다. 울프의 감성과 퍼킨스의 냉철한 편집이 이룬 결정체 『천사여 고향을 보라』는 불황 속에서도 불티나게 팔렸다. 이후로도 둘은 밤낮없이 편집실에 모여 편집을 하게 된다. 한때 울프를 문전박대하던 출판사들은 그와 계약하고 싶어 애를 태운다.

편집자는 원고를 객관적으로 보고, 독자들이 더 사랑할 수 있도록 이끌어주는 존재다. 편집자와 작가는 서로를 돌보고 키우는 관계다. 뛰어난 편집자는 신의 선물이다. 작가와 편집자의 대화, 어떻게 균형을 맞출 것인가? 그들은 서로를 받쳐주는 관계이다. 작가는 기본적으로 편집자를 존중해야 한다. 편집자는 저자의 생각을 존중한다. 글을 고칠 때 편집자는 저자의 글감을 자신의 것으로 이해한다. 편집자는 원고를 입체적으로 볼 힘을 가지고 있다. 작가는 편집자의 이야기를 잘 들으면 반드시 도움이 될 것이다.

결론적으로 저자는 훌륭한 글을 쓰는 사람이고, 편집자는 글을 훌륭하게 고치는 사람이다. 편집자는 가독성(可讀性·readability)이 높고 틀린 내용이 없게 만든다. 편집자가 작가가 되면 그의 편집능력이 몇 단계 향상한다. 또 작가가 편집능력을 갖추면 글 실력이 껑충 뛴다. 훌륭한 편집자는 기본적으로 내 원고에 애정을 갖고, 콘셉트와 편집 방향에 대해 정확히 설명해줄 수 있다.

작가와 편집자와의 대화에서 가장 중요한 문제는 독자 대상을 선택해야 한다. 그들에게 가장 중요한 것은 독자를 아는 것이다. 작가와 편집자는 최대한 많은 독자에게 정보와 즐거움을 주기 위해 글을 다룬다. 그런데 독자의 취향과 수준은 천차만별이다. 어떤 작가·편집자는 왕초보 독자를 우선시한다. 중간이나 고급 수준 독자를 기준으로 삼는 작가·편집자도 있다. 선택의 문제다. 모든 독자는 영양가 있는

글이 최고라고 생각한다.[26]

행운은 그냥 오지 않는다, 디지털 마케팅을 활용하라

『마켓 4.0』 저자 필립 코틀러(Philip Kotler)는 마케팅의 아버지라 불리는 마케팅의 대가이자 세계적인 경영사상가다. 그는 기업 경영에서 생소했던 마케팅(marketing)이라는 개념을 널리 확산시킨 인물이다.

2001년 〈파이낸셜타임스〉가 선정한 비즈니스 영적 스승(Guru)에 잭 웰치, 피터 드러커, 빌 게이츠에 이어 4위에 이름을 올렸다. 2003년 하버드 비즈니스 리뷰의 가장 영향력 있는 비즈니스 거장 50명에 꼽히기도 했다.

'마켓 4.0'은 무엇을 말하는가? 소비자의 '자아실현'을 만족시키는 마케팅이다. 온라인과 오프라인 양쪽에서 고객의 자아실현에 도움이 되는 제품 및 서비스를 제공하는 마케팅이다.

4차 산업혁명은 새로운 마켓 트랜드를 원하고 있다.

이제 대부분의 개인적 구매 결정은 기본적으로 사회적 결정이 될 것이다. 마케팅 커뮤니케이션의 관점에서 봤을 때 고객은 이제 더는 수동적인 대상이 아니라 적극적인 커뮤니케이션 미디어로 변신하고 있다.

고객의 구매절차가 더 사회적으로 변하고 있다. 고객은 결정할 때 자신이 속한 사회적 집단에서 나오는 소리에 더 많이 주목한다. 그들은 온라인과 오프라인 모두에서 리뷰와 평가를 구한다. 시장은 더욱 선택의 요소가 넓어지고 있다. 소셜미디어는 지리적 · 인구학적 장벽을 허물었다. 플랫폼 기업들은 사람들이 서로 연결하고, 소통하도록 협업 네트워크 혁신을 만들었다.

자신의 책을 브랜드로 만들기 위해서는 인간 중심의 마케팅을 펼쳐야 한다. 즉, 인간처럼 행동하는 마케팅을 보여줘야 한다. 접근할 수 있고 쉽게 끌어당기는 브랜드를 만들어야 한다. 브랜드는 덜 위협적으로 만든다. 브랜드는 진정성이 있고 정직하고 결점을 인정해야 한다. 마치 완벽해 보이는 척하는 걸 중단해야 한다. 인간 중심적인 브랜드는 고객을 친구처럼 대하고, 그럼으로써 고객의 생활 양식에 반드시 필요한 일부가 된다.[27]

입소문은 여전히 비즈니스 세계에서 주요 홍보 도구이다. 일반 고객은 모르는 사람에 대한 설명이나 리뷰보다 가족이나 친구의 조언을 더 신뢰하고 따를 가능성이 크다. 소셜미디어가 주도하는 가상 세계에서, 제품 및 서비스에 대한 부정적인 리뷰와 긍정적인 리뷰는 모두 여러 온라인 플랫폼에서 즉시 공유된다. 리뷰 작성자의 수많은 친구와 팔로워 사이에서 제품 특성이 퍼진다.

디지털 시대에 비즈니스를 성공으로 이끌 새로운 전략은 간단하다. 고객에게 필요한 솔루션을 제공하는 것이다. 콘텐츠 공유에 가장 적합한 자신의 채널을 만들어라. 브랜드에 대해 자신을 신뢰하고 일관성, 지속성, 차별성을 유지하라. 채널을 결정하면 바로 목표를 달성할 수 있다. 내 생각을 발행하라! 인생은 행동하는 것이며 나다움이 정답이다.

TIP

출판 진행 과정 프로세스를 살펴보자

종이출판 계약 이외에 전자책출판 계약 동의 여부를 출판사와 의논한 후 계약을 진행한다.

① 주제 선정: 책의 제목을 보고 무슨 내용인지 알 수 있도록 콘셉트를 정하기

② 자료수집; 주제와 관련된 경쟁 도서 35~ 40권 읽고 도움이 되는 내용 필사하기

③ 콘셉트 도출: 제목을 도출하고 목차를 구성하기

④ 목차완성: 보통 소목 차는 35~ 40개를 만든다. 1개의 꼭지(소모차) 원고 분량은 한글파일 A4용 기준으로 2.5~3페이지 작성한다(한글 10포인트, 160%). 총 40개 꼭지로 A4 100~ 120장이 나온다. 책 장르에 따라 꼭지와 원고량은 달라질 수 있다.

⑤ 초고완성: 제목, 목차 붙여넣기. 맞춤법 & 띄어쓰기 정리한다.

⑥ 퇴고하기; 주제와 관련 없는 것은 버린다. 책의 메시지에 집중하여 편집한다.

⑦ 출판기획서 작성: 순서에 따라 알아보기 쉽게 자신의 관점을 적는다.

⑧ 투고: 출판사 이메일에 개인별 설정 표시하여 출판사에 보내기

⑨ 출판계약: 책 부수에 따른 인세 조건 설정

⑩ 원고편집: 보충자료(용어정리, 참고문헌) 요구 시 추가 제공한다.

⑪ SNS 채널구축: 페이스북, 유튜브, 인스타그램, 블로그 등을 통해 책 사진과 저자 프로필, 주제를 기록한다. 작가의 스토리를 남겨라.

⑫ 출간 후: 강연, 인터뷰 등. 이메일을 체크하여 인터뷰 요청, 칼럼 요청, 방송 출연 요청이 있는지 살펴본다.

출판사에 투고하는 법을 알아보자.

출판사를 선택에서 원고를 보낼 때도 성공 확률을 높이기 위해서는 체계적인 접근 전략이 필요하다. 출판사와의 출간 계약을 성공시키기 위해서는 가장 먼저 출판사의 속성을 이해할 필요가 있다. 출판사라고 모두 같은 종류의 책을 내는 것도 아니고, 출간 전략도 출판사별로 다양하다. 우선 대형 출판사와 중소형 출판사의 경우 각각의 장단점이 있다.

대형 출판사에는 워낙 많은 원고가 접수되기 때문에 제대로 원고 검토가 안 될 확률이 아주 높다. 검토 기간이 긴 경우가 많다. 또한, 대형 출판사가 홍보에 많은 투자를 하는 것은 맞지만, 자신들이 전략적으로 선택한 책에 대해 홍보를 집중한다. 오히려 대형 출판사는 많은 책을 출간하기 때문에 일반 작가의 책은 홀대를 받을 우려가 크다.

소형 출판사 중에는 1인 출판사 형태로 운영되는 예도 있다. 이런 출판사는 아무래도 초판만이라도 팔릴 것으로 보이면 출간을 결정할 확률이 높다. 물론 1인 운영 소형 출판사에서는 대표가 직접 원고를 검토하기 때문에 피드백이 빠르다.

출판사를 접촉할 때 또 한 가지 고려해야 할 점은 각 출판사가 선호하는 분야가 있다는 사실이다. 대형 출판사들은 여러 장르의 책을 출간하지만, 중소형 출판사들은 선호하는 장르가 정해져 있어서 그 분야의 원고에만 관심을 보인다. 문학 분야의 출판사에 자기계발 분야의 원고를 보내봐야 검토 자체를 하지 않을 가능성이 크다.

자신과 맞는 분야 책을 출간하는 출판사 홈페이지를 들어가 본다. 정기적으로 책을 출간하는 곳인지 점검한다. 아래의 협회 홈페이지에 들어가서 출판사 이메일 리스트를 만들고 원고를 투고하라.[25]

- 출판유통진흥원 www.booktrade.or.kr
- 한국출판인회의 www.kopus.org
- 대한출판문화협회 www.kpa21.or.kr
- 서지정보유통지원시스템 www.seoji.nl.go.kr

05

글로벌 리더, 세상의 질문에 답하다

작가와 출판사와의 관계에서 긴밀한 대화가 필요하다. 출판사의 특성을 파악하고 계약조건을 꼼꼼히 잘 읽어보자. 책의 제목과 디자인을 설정하는 데 있어서, 독창성을 제시할 줄 알아야 한다. 출판계 흐름을 이끄는 글로벌 출판 리더 전문가에게 요청을 구하여 조언을 받아보자. 사람은 사람에게서 가장 많이 배운다.

좋은 책이란 ①자신의 독창성으로 새로운 시각을 담아 구성해야 한다. ②시대가 변해도 독자에게 무언가를 주는 책이다. ③오늘을 사는 데 필요한 책이다.

독창성이 뛰어난 작가는 21세기 감성시대를 이끌어간다. 강력한 상상력을 현실로 실현해 미래 부가가치를 창조할 줄 아는 사람이다.

디자인 노벨상 휩쓴 산업디자인 선구자, 이노디자인 대표 김영세

이노디자인 USA를 시작으로 김 회장은 30년 동안 입지전적인 성공스토리를 썼다. 그가 디자이너의 꿈을 꾸기 시작한 것은 중학교 3학년 때다. 우연히 집에 있던 산업디자인 관련 잡지를 보다가 산업디자이너라는 직업을 알게 됐다. 그때부터 자신의 삶을 디자이너로 살기로 했다.

그는 1974년 서울대를 졸업한 후 바로 미국 시카고 주에 있는 일리노이대학교 산업디자인 석사과정에 입학했다. '독일의 바우하우스는 산업디자인 혁명 기지였다. 그곳의 핵심 멤버들이 미국에 들어온 곳이 시카고여서 일리노이대학을 택했다'라고 김 회장은 설명한다.[31]

김영세 이노디자인 대표는 미국 일리노이대에서 공부하던 시절 산업디자인계의 거장 빅터 파파넥 교수의 특강을 들었다. 그는 강의가 끝난 뒤 교수들만 참석 가능한 리셉션에 몰래 들어가 주빈석에 앉았다. 파파넥 교수가 오자 본인을 당당히 소개했고, 다음 두 가지를 요청했다.

그의 책을 한국말로 번역할 수 있게 해달라는 것과 1년 동안 자신의 지도교수 역할을 해달라는 것이다. 파파넥 교수는 그 자리에서 두 가지를 모두 흔쾌히 들어줬다. 김 대표는 그렇게 디자인계의 구루(Guru)가 된다.[32]

그의 저서 『이매지너(Imaginer)』에서 디자인 철학을 엿볼 수 있다. 그가 만든 신조어인 '이매지너'는 21세기 감성시대를 이끌어갈 리더이자, 강력한 상상력을 현실로 실현해 미래 부가가치를 창조하는 사람이다.

그는 국가 경쟁력을 높이는 이매지너의 창조적 사고법도 소개했다. "디자인은 비즈니스의 엔진이다. 이매지너는 상상력을 통해 무에서 유를 창조한다. 최고의 부가가치를 만들어 낸다. 이는 특별한 사람이 아니라 모든 사람이 이렇게 실천할 수 있다."

최근 들어 복고풍 감성과 아날로그 감성이 유행을 따르는 요소로 자리 잡으면서 종이책이 다시 떠오르기 시작했다. 작가는 책을 출간할 때 디자이너에게 몇 가지 샘플을 받아 책표지를 결정한다.

책의 디자인을 선택할 때, 가장 중요한 것은 내용이 충실히 반영되고 이미지 편집이 잘 정돈되었는지 살펴야 한다. ①책표지는 책의 제목과 내용을 충실히 반영해야 한다. ②독자의 손이 갈 수 있도록 예쁘게 만드는 것이다. 그냥, 예쁘기만 한 것은 경계해야 한다. 예쁘면서 이야기와 결합하였을 때, 그 매력이 증폭될 수 있도록 디자인을 선택하라. 결국, 책의 내용을 한눈에 이해할 수 있도록 독자를 돕는 것이다. 이매지너(Imaginer)는 책의 내용을 전략적 상상(Imagining)을 통해 경제적 가치를 만들어내는 것이다.

독창성(Originals)을 이야기하는 애덤 그랜트

하버드 경영대학원, 런던 비즈니스 스쿨과 함께 세계 최고의 MBA로 손꼽히는 펜실베이니아 대학교의 와튼 스쿨, 그곳에 서른한 살이라는 놀라운 나이에 최연소 종신교수로 임명된 애덤 그랜트는 현재 세계가 주목하는 젊은 경영사상가다.

그의 저서 『오리지널스(Originals)』에서 오리지널은 독창성이나 창의력을 가진 사람을 뜻한다. 천재성과는 아무런 상관이 없다. 누구나 오리지널이 될 수 있다.

잠재되어 있던 독창성이 발휘되는 순간을 포착하여 일종의 행동지침을 제시한다. 예를 들어 할 일을 의도적으로 미루기, 불안과 분노를 이용하기, 과격한 성향 숨기기 등 기존의 상식과 통념에 반하는 내용이 많다.

대세에 순응하지 않는, 이른바 반항아적 기질이 필요하다. 사람이라면 누구나 현재 상태에서 벗어나고자 하는 욕구가 있고 자기만의 아이디어를 갖고 있다. 정체 상태를 벗어나 발전하고 싶다면 우리는 규칙에 도전하고, 새로운 아이디어를 선보이며, 또한 그런 아이디어를 수용할 줄 아는 사람이 되어야 한다.

저자는 이른바 브레인스토밍이 창의성을 죽인다고 말한다. 대세에 순응하지 말고, 튀는 아이디어를 자유롭게 표현하라. 구태의연한 전통을 거부하는 독창적인 사람들을 '오리지널스'로 지칭한다.

상황을 바꾸고 싶다면, 닫혀 있던 입을 열고 용기를 내 독창적인 아이디어를 제시해야 한다. 구성원은 조직이 성장하기 위해 정통으로 의견을 자유롭게 이야기하고 현재 상태에 도전해야 한다. 조직의 리더는 구성원의 독창성을 더 많이 불러일으키는 통찰력이 필요하다.[33]

오리지널스 글쓰기의 시작은 제목 짓기(제목 카피 글쓰기)에서 시작한다. 글을 구상하고 핵심 메시지와 함께 서론-본론-결론을 모두 담아내는 것이 바로 제목이다. 바꿔 말하면 제목은 글 전체를 한 줄로 요약한 것과 같다. 그래서 혹시라도 글이 써지지 않는다면 제목부터 멋지게 잘 짓고(제목 카피 라이팅), 그 제목들을 모아 놓으라는(제목 아카이빙) 것이다. 또한, 제목은 쓰는 사람뿐 아니라 독자에게도 중요한 요소다.

제목은 작가의 글을 읽을까 말까 하는 기준이 되기 때문이다. 첫인상이 좋아야 한다는 건 누구나 아는 사실이다. 결국, 사람들은 끌리는 제목을 선택할 가능성이 크다. 나에게 필요가 있든, 느낌이 왔든, 궁금증을 해소할 수 있든 간에, 제목이 큰 역할을 하는 것이다.

제목 카피 글쓰기는 마케팅과 같다. 내 글이 잘 팔리게 하기 위한 전략이다. 누군가의 시간을 소비하여, 책을 돈으로 교환하기까지 그 부가가치를 잘 전달해야 한다. 결국, 글에는 마케팅 요소가 들어간다. 때론 글을 써 내려가다가 제목을 바꾸기도 한다. 내용이 생각보다 더 잘 나온다던가, 그 내용의 범위가 커진다면 제목을 바꾸어야 한다.[34]

글 제목이 말하고자 하는 내용을 충실히 담았는지, 반대로 글의 내용을 제목이 잘 표현하고 있는지. 이 모든 걸 작가는 수시로 점검하며 글을 써야 한다. 탁월한 성과를 내는 리더들은 승자의 단어를 선택한다.

2021년, 사람들은 답답한 현실의 탈출구를 찾아 책을 들었다. 2021 도서시장의 키워드는 꿈이었다. 꿈을 사고파는 백화점을 무대로 한 판타지 소설, 주식·가상자산 투자법 등 재테크 도서가 연간 베스트셀러 상위권에 올랐다.

이미예 작가의 판타지 소설 『달러구트 꿈 백화점』이 단연 화제작이었다. 잠들어야만 입장할 수 있는 꿈 백화점을 배경으로 꿈을 사고파는 사람들의 뭉클하고 따뜻한 이야기를 다룬다. 2020년 7월 1권 출시 이래 1·2권을 합쳐 100만 부 이상 팔렸다.[35]

회의 분위기에 휩쓸려 아이디어를 말하고 싶어도 입을 닫았던 기억은 없는가? 쓴맛을 빼고 단맛만 얻으려고 하면 독창성은 사라진다. 내가 쓴 책을 독자가 읽고 잘 사용하는 방법은 무엇일까? 독자가 박식한 계층으로 남길 바라는 건가? 독자는 책을 읽고 생각하는 사람으로 바뀐다. 독자는 영감을 얻고 나를 읽는 시간을 갖는다.

책의 제목을 보고 내용을 떠올리게 하라. 고정된 관념에서 벗어나면 제목을 확장할 수 있다. 우리는 위대해져야 한다. 생긴 대로 나를 드러내면 세상을 얻을 수 있다. 작가가 되는 방법의 시작은 자신의 독창성을 끄집어내는 것이다.

"자연은 직선을 싫어한다."

칸트의 말이 다시 들리지 않는가. 곡선이 주는 힘을 느끼길 바란다.

06

창조력이 뛰어난 거인들, 세상을 호령(號令)하다

세상을 호령하는 거인의 글쓰기는 모두 자신만의 방법으로 지혜를 전하고 있다. 연암 박지원은 세상이 하나의 커다란 책이기 때문에 다양한 관점에서 사물을 관찰했다. 문제를 객관적으로 바라보고 문제의 본질을 깨달으면, 통찰의 순간이 온다. 관찰과 통찰이 글을 쓰기 위한 전제조건이다. 그는 실용적인 글쓰기 방법론을 제시하여, 세상에 자기 뜻을 전달하고 증명하라고 강조한다.

허균은 신분 차별이 없는 사회를 만들기 위해, 소설이란 장르를 활용하여 세상 사람에게 전파한다. 정약전은 백성들의 삶을 이롭게 하려고 만든, 과학에 기반한 실용주의 정신을 담은 우리나라 최초 해양 생물 백과사전을 저술하였다.

인문과 실용의 사이를 꿰뚫는 모험가, 연암 박지원

연암 박지원(1737~1805)은 탁월한 글쓰기 이론가이다. 그의 글쓰기 방법론은 실용적인 글쓰기이다. 『연암에게서 글쓰기를 배우다』는 연암의 문장론을 다루는 본격 소설이면서 동시에 실용적인 글쓰기 방법을 배울 수 있는 실용서기도 하다.

『연암협일기(燕巖峽日記)』의 주인공은 제자인 지문이다. 독자들은 연암이 지문에 문장을 가르치는 이야기를 좇아가며, 글쓰기를 배울 수 있다. 평생 제자를 두고 가르치지 않던 연암은 지문이 서너 번 읽은 연암선집(燕巖選集)을 외워 변용(變容)하는 재주를 보고, 말년에 그를 제자로 받아들인다.

연암이 지문에게 문장을 가르치기 위하여 내준 두 번째 과제는 적오(赤烏, 붉은 까마귀)를 주제로 하는 글쓰기이다. 며칠 동안 붉은 까마귀를 찾아 헤매던 지문은 마침내 연암이 주려던 가르침을 깨닫는다.

연암은 마침내 지문에게 '약(約)과 오(悟)의 이치'를 설명한다.

"문제가 풀리지 않을 때는 거리를 두는 것도 좋은 방법이다. 네가 이리저리 걸으며 까마귀를 본 것이 그 방법이었다. 그럴 때 비로소 문제를 객관적으로 인식할 수 있다. 그것을 일컬어 약(約)의 이치라 한다."[36]

약이란 한자어는 '묶다, 합치다, 약속하다, 따르다'라는 뜻이 있다. 문제를 객관적으로 보기 위해서는 다양한 관점에서 까마귀를 관찰해야 한다. 그런 다음 조합해서 정의를 내려야 한다.

까마귀에 대해 생각하는 관점은 문화마다 다르다. 까마귀는 까치, 앵무새와 함께 새 중에서 최상위권의 지능을 가지고 있으며, 동물계에서도 비인간 인격체로 분류되는 인간 다음으로 똑똑한 동물 중 하나이다.

갈고리를 사용하는 떼까마귀는 즉흥적인 문제를 푸는 해결 능력이 침팬지보다 높다. 우리가 아는 까마귀는 크고 음습하고 불길한 새란 이미지가 있다. 조선의 2대 임금 정종은 까마귀와 까치에 유독 시달렸다고 한다. 그의 일생 및 재위 기간에 몇 차례나 골육상쟁(骨肉相爭)이 벌어지기도 했는데 여기에 까마귀가 등장한다. 고대 그리스의 욕 중에도 '까마귀에게나 가 봐라! (죽어서 시체나 되어라)'라는 욕이 있다.

켈트 신화 등에서도 저승과 연관되어 있을 정도로 시체를 뜯어먹는 습성 때문에 각국에서 피한다. 반대로 영국에서는 길조로 여겨 '킹스 버드'(King's Bird)라고 부를 정도다. 실제로 영국에 가보면 거의 한국의 비둘기만큼 널린 새가 까마귀다. 이쪽에선 오히려 까치를 반짝이는 것을 훔치는 습성 때문에 흉조(凶兆)로 여기기도 한다.

연암은 오(悟)의 이치에 관해 설명한다.

"문제를 인식하고 나면 언젠가는 문제의 본질을 깨닫는 통찰의 순간이 온다. 통찰은 결코 저절로 오지 않는다. 반드시 넓게 보고 깊게 파헤치는 과정이 필요하다."

지문은 연암에게 다시 질문한다.

"선생님 왜 하필 까마귀를 관찰하게 하셨습니까? 연암의 탁월한 이치를 말해주는 답변이 나온다.

"문자로 된 것만이 책이 아니라는 사실을 알아야 한다. 책에 세상사는 지혜가 담겨 있으니 정밀하게 읽을 필요가 있지만, 그렇다고 늘 책만 본다면 물고기가 물을 인식하지 못하듯 그 지혜를 제대로 보지 못한다. 기껏 동서고금의 많은 책을 읽고 여러 사물에 대해 잘 생각하는 것(博覽强記)만 자랑하게 될 뿐, 정말로 알아야 할 것은 알 수가 없다는 말이다. 즉, 요약하고 깨달아야 하는 대상은 문자로 된 책뿐만 아니라 천지 만물에 흩어져 있다는 뜻이다. 그런 눈으로 보면 세상이 하나의 커다란 책이고, 그때 비로소 천지 만물은 제 안의 것을 보여준다. 이것이 바로 네가 깨우쳤으면 했던 붉은 까마귀의 이치다."[37]

연암의 글쓰기 방법론은 실용적인 방법을 제시한다.[38]

실전에 적용할 수 있는 글쓰기 수칙 11가지

1. 이치: 전체 틀

① 명확한 주제 의식을 가져라.

② 제목의 의도를 파악하라.

2. 혜경(慧經): 구성방식.

③ 단락 간 일관된 논리를 유지하라.

④ 인과관계에 유의하라.

⑤ 시작과 마무리를 잘하라.

3. 요령: 세부표현

⑥ 사례를 적절히 인용하라.

⑦ 운율과 표현을 활용하여 흥미를 더하라.

⑧ 참신한 비유를 사용하라.

⑨ 반전의 묘미를 살려라.

⑩ 함축의 묘미를 살려라.

⑪ 여운을 남겨라.

연암은 아들 종채에게 책 읽기에 관해 설명한다.

"어항을 깨고 나와야만 세상을 볼 수 있다. 어항은 곧 책이다. 책을 꼼꼼하게 읽었다면 다음은 객관적인 입장에서 관찰하고 바라보아야 한다. 그래야만 책이 말하는 의미를 명확하게 짚어낼 수 있다. 세상이라는 책도 마찬가지이다. 넓고 깊게 반복하다 보면 불현듯 통찰의 순간이 온다. 개인의 좁은 안목과 시야를 확장하면 보편적인 사물의 이치가 드러난다. 그렇게 오(悟)의 단계에 이르면, 비로소 그 사물에 대한 글을 쓸 수 있다. 관찰과 통찰이 글을 쓰기 위한 전제조건이라는 의미다. 마찬가지로 사물에 대한 새로운 통찰 없이는 제대로 된 글을 쓸 수 없다."

연암의 여섯 번째 가르침은 사마천의 『사기』에 등장하는 분발심이다.

"어린아이들이 나비 잡는 모습을 보면 사마천의 마음을 간파할 수 있다. 앞다리를 반쯤 꿇고, 뒷다리는 비스듬히 발꿈치를 들고서 두 손가락을 집게 모양으로 만들어 다가가는데, 잡을까 말까 망설이는 사이 나비는 그만 날아가 버린다. 사방을 둘러보아도 사람이 없기에 어이없이 웃다가 얼굴을 붉히기도 하고 성을 내기도 한다. 이것이 바로 사마천이 『사기』를 저술할 때의 마음이다."

마침내 연암의 마지막 가르침을 깨달은 지문은 글쓰기란 모름지기 사마천이 『사기』를 쓰는 마음으로, 지극한 초심으로 세상에 자기 뜻을 증명하는 것이라고 한다.[39] 사마천은 오랜 세월 동안 참고 견뎠던 슬픔과 분노, 수치심, 아쉬움 등을 온전히 글에 녹여냈다.

사마천은 친구 임소명에게 보낸 편지에서 자신이 이릉이라는 장수를 변호하다가 황제(무제)의 미움을 사게 된 경위를 밝힌다. 『사기』를 완성하기 위해 궁형(宮刑)이라는 치욕을 감수하고도 유려(流麗)한 문장으로 이야기한다. 사마천은 무제에 대한 강렬한 분노를 직접 표출하지 않는다. 『사기』 안에서 '군주의 모범적인 행동이란 무엇인가'를 사색하는 단계로 끌고 나간다. 지극한 진심으로 한 자 한 자 새긴 글로써 세상에 자기 뜻을 증명했다.

연암은 조선 후기 실학자·소설가·외교관이었다. 16세 때 동갑내기인 전주 이씨와 결혼했다. 장인 이보천에게 맹자를 배웠고, 이보천의 동생 이양천에게 사마천의 『사기』를 배우며, 문장 짓는 법을 터득했다.

서얼 출신, 중용되지 못한 몰락한 가문 출신, 사회적으로 비천한 계급에 속했던 이들과 스스럼없이 어울리고, 그들에게 삶의 기회를 주려고 애썼다. 그는 백성들이 곧 나라의 중심이라는 생각을 가져야만, 이 나라 조선이 옳게 설 것이라고 격려해주었다. 그가 지문에게 문장 짓는 법과 책 읽는 법을 설명해준 건 우연이 아니었다.

연암은 여러 글쓰기 법칙 중에서도 이것이 가장 중요하다고 한다.

"글에 힘을 쏟지 않고 다른 것에 기대는 순간 글은 그 즉시 가치를 잃고 만다."

그는 『허생전』을 통해선 상공업이 경제생활을 윤택하게 바꾸어놓게 될 것이다. 선비라는 직업을 버리고 공업과 상업적인 직업을 가지고 살 것을 제안했다. 연암은 44세에 청나라 건륭황제의 70세 생신을 축하하는 외교사절단에 심부름꾼에 불과한 자제군관(子弟軍官, 사신들이 자기 아들이나 제자를 개인 수행원으로 데리고 가 견문을 넓혀 주는 것) 자격으로 중국을 다녀올 수 있었다.

『열하일기』를 통해 조선도 건축에 벽돌을 쓰고 전국적으로 수레를 다니게 하자고 주장했다. "청나라와 통상한다면 국내의 산업을 촉진할 뿐 아니라 문명의 수준을 향상할 수 있다. 국제 정세를 파악하는 데 큰 도움이 될 것"이라고 했다. 그는 50세에 작은 고을 현감으로 지내지만 내 인생에 가장 행복한 순간이라 표현했다.

그는 소설이라는 장르를 통해 실용적인 철학을 보여주었다. 또한, 실용적인 글쓰기 방법론을 만들었다. 그가 왕에게 남기고 싶은 말을 소설에 담아내었다. 조선의 낙후된 현실을 개혁할 구체적 방안들을 제시하여, 백성들을 보살피고자 했다. 글로써 증명할 수밖에 없는 역사적인 현실이다.

조선의 자유주의자, 소설가 교산(蛟山) 허균

허균(許筠)은 1569년(선조)에 태어나 1618년(광해군 10)에 능지처참으로 사망했다. 어려서부터 문재(文才)에 뛰어났고 학문은 류성룡에게, 시는 조선의 이태백으로 불리는 서얼 출신 이달에게 배웠다. 14세인 1582년 형의 친구였던 손곡 이달을 스승으로 모시면서 그의 철학과 문학은 단단한 뿌리를 내린다. 이달은 양반과 관기 사이에서 태어난 서얼이라 벼슬에 나아가지 못하고 울분을 시에 쏟았다.

명나라 사신 접대 종사관으로 기용되어 문장으로 이름을 떨쳤으며, 명나라에도 여러 차례 다녀왔다. 광해군 즉위 후, 대북파에 가담하여 인목대비 폐비론을 적극적으로 주장했다. 유학 외에 불교와 도교, 천주교 등에 깊은 관심을 보인 비판적 개혁사상가이다.

그는 시대의 금기에 도전하며 파격적이고 자유분방한 삶을 살았다. 불교 신봉을 이유로 사헌부 탄핵을 당한 후, '내가 불교의 진리를 접하지 않았더라면 한평생을 헛되이 보낼 뻔했다'라고 술회했다. 도교의 양생술과 신선 사상에 깊이 빠져들기도 했다. 중국에서 천주교 기도문을 가져오면서 서학(西學)에 관심을 보이는 등 종교를 자유로이 넘나들었다.

조선 성리학에 안주하지 않고 서자들의 후견인이 되었다. 사회모순을 비판한 소설 『홍길동전』, 『한정록』 등의 작품을 남겼다. 이 작품을 비롯해 『교산 시화』, 『성소 부부고』, 『성수시화』 등 여러 문집이 전한다.

『홍길동전』은 단지 규방 아낙들에게 재미를 선사하려고 쓴 것이 아니었다. 조선을 다스리는 임금과 임금에게 아부를 떨며 권력을 쥐고 사는 벼슬아치들을 향한 경고의 일침이었다. 권력의 늪에 빠져 조금도 뒤를 돌아보지 않고, 반성하지 않는 그들에게 끊임없이 할 말을 해야만 했었다. 교(蛟)는 용이 못된 이무기라는 뜻이니, 파란만장했던 그의 삶과 부합한다.

『성소 부부고(惺所覆瓿藁)』는 조선 중기의 문인인 허균이 편찬한 시문집이다. 총 26권 8책으로 구성되어 있다. 허균이 칩거 생활, 유배 생활을 하던 동안에 저술했던 시와 산문들을 모은 책이다. 시부(詩部),

부부(賦部), 문부(文部), 설부(說部) 4부로 나누어 정리했다. 부부고(覆瓿藁)는 "장독 뚜껑을 덮을 만한 보잘것없는 원고"라는 뜻이 있는데 이는 허균이 자신의 시문을 겸손하게 표현한 용어이다.[40]

조선의 이단아 허균은 나라를 다스리려면 인재를 고루 등용해야 한다고 주장했다. 신분 차별이 없는 사회, 신분 평등 선구자였다. 직언하면 '재능에는 천함이 없다'고 강조하였다.

허균은 『유재론(遺才論)』에서 "하늘이 재능 있는 사람을 내었는데, 사람이 이를 가문과 과거로 한정시키는 것은 옳지 않다"라고 주장했다. "사람들은 이런 나를 이해하지 못했다. 서얼 출신과 어머니가 천출이나 개가한 자식들의 벼슬길을 막아놓고 인재가 없다고 탄식하니, 평양 가는 수레를 남으로 모는 것과 무엇이 다르겠느냐?"는 말이다.

조선의 신분 차별에 대한 강한 비판이다. 오늘날의 금수저 · 흙수저 혹은 기울어진 운동장. 공정과 상식에 어울리지 않는 신조어이다.

그는 뛰어난 재주를 지녔음에도, 서얼이라는 신분 때문에 사람대접을 받지 못하고 사는 친구들과 어울렸다. 그는 자연스럽게 시대의 부조리를 논했고, 이런 불평등한 세상을 갈아엎는 게 장부의 나아갈 길이라는 것을 천명했다. 칠서지옥(七庶之獄) 사건 후유증으로 또다시 파직당한 후 소신을 굽히지 않고 쓴 시를 소개한다.[41]

예절의 가르침이 어찌 자유를 얽매리오.
뜨고 가라앉는 것은 다만 천성에 맡기노라.
그대들은 그대들의 법을 쓰게,
나는 나름대로 내 삶을 이루겠노라.

부안으로 내려가 산천을 유람하며 황진이에 비견되는 기녀이자 시인인 매창과 사랑을 나누고, 천민 출신의 시인 유희경을 벗하며 살았다. 또, 사랑에 관하여 '남녀의 정욕은 하늘이 준 것이고 남녀유별의 윤리는 성인의 가르침이다. 성인은 하늘보다 한 등급 아래이니, 성인을 따르느라 하늘을 어길 수는 없다'라면서 스스로 세운 기준과 철학을 바꾸지 않았다.

그는 시대를 앞서가는 자유주의자였다.

"조선은 성리학을 신봉하는 사람들이 예절의 가르침을 내세워 인간의 본성을 구속하는 시대였다. 나아가 그들은 온갖 특권을 누렸고, 나라는 불평등해졌으며 전쟁은 수시로 일어나 강산을 유린(蹂躪)했다."

창덕궁 인정전 앞에서 살벌한 국문이 열려 광해군의 스승이자 친구이기도 했던 허균은 '영창대군 옹립'의 역모 혐의를 벗지 못하고 사지가 찢기는 참형을 당한다.

그는 죽음 앞에서도 '할 말이 있다!'라고 외쳤다. 그가 광해군에게 전하고 싶은 '할 말'은 무엇이었을까? 그는 광해군에게 이런 말을 남기고 싶었을 것이다.

"임금이 백성을 위하지 않고 자신의 욕심을 차리면 백성은 망한다. 신분을 차별하지 말고 인재를 고용하라."

과학적 글쓰기의 도전정신, 손암(巽庵) 정약전

정약전(丁若銓, 1758~1816)은 조선 후기의 문관이자, 실학자, 저술가, 생물학자이다. 흑산도 연해의 해양생물 생태계를 연구, 기록한 실학서 『자산어보』의 저자이다. 우리나라 최초 해양생물 백과사전이다.

그는 정조의 총애를 받았으나, 정조가 세상을 떠난 뒤 신유박해로 유배 생활을 16년 했다. 정약전은 유배 기간을 학문 탐구의 기회로 삼았다는 점에서 동생 정약용과 비슷하다. 동생만큼의 저술 성과는 남기지는 않았지만, 그는 유학자들은 물론이고, 진보적 유학자인 실학자들도 쉽게 접근하지 못하는 해양 생물학에 접근했다. 특이한 사항은 체계적으로 분류하고 정리한 해부학이 기록되었다.

이 책은 흑산도 실생활의 경험을 바탕으로 사물의 이치를 깨닫고 기록한 과학적 단행본이다. 근대 어류학의 시조가 된다. 해양 생물학의 기초를 실험하여, 과학적이고 체계적이며 사실주의 묘사로 저술하였다. 그가 그린 그림 두 점이 남아 있는데 동물도, 화조도를 보면 극사실적인 묘사기법이다.

정약전은 『자산어보』를 저술할 무렵 정약용에게 편지를 보냈다. 정약용은 그림보다 글로 쓰는 게 좋겠다고 조언을 해주었다. 그리고 정약전은 바다에서 생활하는 와중에 정약용에게 조수(潮水)가 발생하는 까닭은 달에 있다는 편지를 보내기도 했다.

그는 어민들과 소통하며 덕망을 쌓아갔다. 정약전이 정약용을 만나기 위해 우이도로 떠난 것을 알아챈 흑산도 사람들은 배를 급히 몰아 뒤쫓아 와서, 그를 다시 흑산도로 데리고 갔다. 정약용은 『다산시문집』 제21권에서 형의 덕망을 언급하였다.[42]

현재 흑산도 사리에 소재한 사촌서당은 정약전이 유배 생활을 하면서 『자산어보』를 집필한 곳이다. 서당을 만들어 그곳 아이들에게 글공부를 가르쳐주었다. 그의 독창적인 아이디어를 살펴보자.

오징어 먹물을 사용하여 붓글씨 먹물로 활용하였다. 기름 상어 간으로 등잔 기름에 사용했으며, 굴 껍데기로 바둑알을 만들었다. 어류를 연구 대상으로 아이디어를 발상한 실험정신이 담겨 있다.

그는 정약용의 멘토였다. 정약용도 유배지 강진에서 자신이 지은 책을 정약전에게 보내 조언을 구했다. 정약전은 동생이 보내준 책을 읽고, 기특한 동생의 등을 두드려주고 싶으나 그러지 못하는 아쉬움을 표현하였다.

"그 새로운 뜻을 밝힌 것이 내가 생각해 낸 것과 판에 박은 듯 똑같아서, 곧바로 자네의 손을 잡고 내 아우야! 내 아우야! 등을 두드려주고 싶었으나, 그럴 수가 없었네."

정약전은 정약용의 많은 저술에 대해 일일이 답을 해주었다. 정약용은 형의 조언을 따르면, 의심났던 글과 서로 맞지 않던 수(數)가 모두 신기하게 들어맞아 조금도 틀림이 없었다고 회고하였다. 『자산어보』는 정약용에 의해 알려졌다.

『자산어보』의 자산(玆山)은 정약전의 유배지인 흑산도를 가리킨다. 정약전은 서문에서 "나는 섬사람들을 널리 만나보았다. 그 목적은 어보를 만들고 싶어서였다. 그러나 사람마다 그 말이 다르므로 어느 말을 믿어야 할지 알 수 없었다. 섬 안에 장덕순, 즉 창대라는 사람이 있었다. 성격이 조용하고 정밀하여, 대체로 초목과 어조 가운데 들리는 것과 보이는 것을 모두 세밀하게 관찰하고 깊이 생각하여 그 성직을 이해하고 있었다."[43]

영화 〈자산어보〉에서는 자신을 유배 보낸 흑산도에서 이를 관찰과 탐구의 기회로 삼는다. 나아가 이용후생(利用厚生)의 정신이 담겨 있다. 어민들에게 도움을 주는 실용주의 정신을 그리고 있다.

정약용의 『다산시문집』 제15권에 기록된 문집에는 정약전에 관한 기록이 곳곳에 보인다.

"공(정약전을 말함)은 어려서부터 범상치 않았고 자란 뒤에는 더욱

기걸(奇傑)하였다. 서울의 젊은 사류(士類)들과 교유하며, 견문을 넓히고 뜻을 고상히 가졌다. … 성옹(星翁) 이익(李瀷)의 학문을 전수하여, 주자(朱子)를 연구하였다. 도학(道學)의 근원을 찾아, 공자(孔子)에까지 거슬러 가서, 읍양(揖讓)하였다. 학문을 강론하고 탁마(琢磨)하여, 서로 더불어 덕을 쌓고 학업을 닦았다."[44]

그는 왜 『자산어보』를 만들었을까? 그 이유는 애정이 어린 눈으로 사물을 관찰하여 백성들의 삶을 이롭게 만들기 위함이다. 과학에 기반한 실용주의 정신이었다.

Chapter 5

글쓰기는 절망을 희망으로 바꾸는 간절함이다

일단 문턱을 넘어가면,
영웅은 기묘하게도 유동적이고
모호한 형태들의 꿈 풍경 속으로 들어서며,
그곳에서 반드시 일련의 시험을 겪고
살아남아야 한다..

_조셉 캠벨, 『천의 얼굴을 가진 영웅』 중에서

01

글쓰기는 자기혁신이다

변형적 사고(transforming thinking)란 하나의 생각 도구가 다른 생각 도구에 영향을 주거나 작용하는 식이다. 여러 가지 생각 도구를 연속적, 혹은 동시적으로 사용하는 경우를 말한다. 이처럼 서로 다른 분야를 연결하는 변형적 사고를 통하여 공동작업을 완성할 수 있다. 관찰, 형상화, 유추, 패턴화 등과 더불어 새로운 상상의 세계로 바꿔본다. '변형적 사고'도 창조하는 과정의 하나로서 중요하다.

혁신적인 사람은 잠재성을 현실로 만든다. 또한, 일과 놀이가 하나가 될 때, 느끼는 것과 아는 것은 하나가 된다. 아는 것은 수동적인 것이고, 이해한다는 것은 아는 것에 따라 행동할 수 있는 것이다.

변형적 사고의 힘, 서로 다른 것을 연결하다

글쓰기 시험의 험난한 여정을 겪고 나면 혁신의 길로 들어선다. 생각하는 힘은 '글쓰기 패턴과 나다움'을 만든다. 결국, 우리의 문제는 모두의 문제라는 걸 알게 된다. 작가는 많은 사람에게 영향력을 발휘한다. 가슴을 재생시켜주기도 하고, 의미를 제대로 파악하게 해준다.

지금 우리는 달리는 문명에 다시 활기를 불어넣을 수 있을까, 없을까? 또 하나의 세계를 만들고 싶은 욕망이 있다. 교보문고에 따르면

『달러구트 꿈 백화점』이 20대 독자층 비율이 높았던 반면 이번 『달러구트 꿈 백화점 2』는 40대 독자의 판매 비중이 36.7%로 높았다. 10대 독자의 판매 비중도 3.1%에 달했다.[1]

이미예 작가의 판타지 장편소설 『달러구트 꿈 백화점』 1·2권이 100만 부를 돌파했다. 한국 소설로는 2020년대 들어 첫 100만 부 돌파다. 앞서 2010년대에는 조남주 작가의 『82년생 김지영』(2018년)과 조정래 작가의 『정글만리』(전 3권, 2013년)가 100만 부를 돌파한 사례가 있다.

1990년생인 이미예 작가는 국어국문학과나 문예창작과처럼 글쓰기와 관련된 학과가 아닌 부산대에서 재료공학을 전공했다. 이후 삼성전자에서 4년 9개월간 반도체 생산설비 관리를 담당하는 일을 하다 소설가가 됐다. 직장에서 받는 스트레스를 풀고자, 공상하며 떠오른 아이디어를 메모하였고 이를 소설로 풀어냈다.

소설작법은커녕 작가 스스로 글쓰기와 아예 접점이 없었다고 말할 정도다. 그녀는 『달러구트 꿈 백화점』 출간 이전엔 공모전 출품 등을 한 적이 없다. 소설을 쓰고 싶다는 꿈을 이루기 위해 삼성전자를 퇴사한 사실이 알려져 세간의 주목을 받았다.

『달러구트 꿈 백화점』은 작품의 주제가 저자의 삶과도 연결하는 점이 있다. 2019년 10월 텀블벅 크라우드 펀딩에서 『주문하신 꿈은 매진입니다』라는 제목의 자비출판으로 첫선을 보였다. 작가가 편집과 표지 디자인까지 직접 도맡아 판매한 책은 목표 금액의 1,812%를 달성하며 화제가 됐고 이후 정식 출간까지 이어졌다.

『달러구트 꿈 백화점』은 '무의식에서만 존재하는 꿈을 정말 사고팔 수 있을까?'라는 기발한 질문에 답을 찾아간다. 꿈을 만드는 사람, 파는 사람, 사는 사람의 비밀스러운 에피소드를 담고 있는 판타지 소설이다.

독특한 소재와 이국적인 인물들, 현실에 지친 사람들에게 꿈을 통해 마법 같은 위로를 선사하는 줄거리가 결합한다. 어른을 위한 힐링 판타지라는 수식을 얻었다.[2]

디지털 문명의 시대에 변형적 사고는 필요하다.

이미예 작가는 공대생에서 판타지 소설가로 변신하였다. 변형적 사고의 힘이란 그것이 음악, 유전자, 뇌, 시, 수학, 미술 등 서로 다른 분야를 연결해주는 메타 패턴을 드러낸다. 언어로 표현된 문제를 방정식으로 만들어 이념과 사상을 설명하는 과학자도 있다. 아인슈타인의 생각하는 힘은 멋진 풀이 과정으로 다시 변환된다. 이런 일화가 있다.

"저희도 박사님처럼 훌륭한 과학자가 되어 성공하고 싶습니다."

아인슈타인은 칠판 위에 다음과 같이 적었다.[3]

'S=X+Y+Z'

여기서 X는 말을 많이 하지 말라는 뜻이다. 말보다는 행동이 더 중요하다. Y는 생활을 즐기는 것이다. 과학과 마찬가지다. 자기 일을 즐길 줄 모르면 그건 무척 힘든 고행이다. 연구는 즐거운 마음으로 해야 한다. Z는 한가한 시간을 의미한다. 자신을 비워두는 연습을 해야 한다. 그리고 시간이 날 때마다 자신과 대화해야 한다."

"그럼 S는 무엇인가요?"

"S는 자네가 질문한 성공(success)이다."

그는 성공이라는 자신의 철학을 방정식으로 풀이하였다. 성공은 말보다 행동이 중요하고, 즐거운 마음으로 반복과 실험을 계속 진행하고, 자신과 대화하는 시간을 가져야 한다. 방정식을 시각적인 이미지로 전환하여 상상력을 불러일으킨다. 수학을 예술처럼, 영감(Inspiration)을 떠올리게 만든다. 새로운 사실을 발견하며 전진한다.

혁신적인 사람은 잠재성을 현실로 만든다. 변형은 수학이나 언어, 이미지에 한정하지 않는다. 미국의 물리학자 파인먼(Richard Phillips Feynman)은 많은 방정식을 소리로 변환시켰다. 그는 다양한 변형작업을 위해 생화학자, 음악가, 컴퓨터 프로그래머들과 소리로 변형하는 작업을 하였다.

그는 콧노래를 부르기도 하고, 손으로 두드리기도 하고, 여기저기 돌아다니면서 자신이 지각하는 육체적 감각과 물리적 세계의 개념을 서로 결부시킨다.[4] 작곡가 로베르트 슈만은 이렇게 답한다.

"음악가라면 라파엘로의 그림을 연구해야 하며, 화가라면 모차르트의 교향곡을 공부해야 한다. 시를 그림으로 바꾸고 음악가는 그림에 음악성을 부연한다."

혁신적인 사고 변형을 깨닫게 한다.

이미예 작가는 소설작법을 공부하지 않았지만, 자신을 위한 시간을 비워두고 자신과 대화하는 시간을 가졌다. 떠오르는 공상 아이디어를 메모하여 소설로 탄생시켰다. 꿈 백화점이란 설정은 꿈을 만드는 사람, 파는 사람, 사는 사람을 전체적으로 조명한다. 우리가 아는 일상의 백화점을 '꿈 백화점'으로 공감각을 살려 재배치하였고, 술술 잘 읽히는 언어로 위로와 공감을 주었다.

독자에게 감각적인 묘사로 시각· 청각 정보를 동시에 들을 수 있게 하였다. 그녀의 외침(whoops)은 마침내 꿈을 이루어주는 제작자를 만나게 하였다. 여러분에게도 해리포터의 마법사처럼 호그와트 입학 허가서를 기다리게 만든다.

마음 챙김으로 단련할 수 있다

여전히 나를 괴롭히는 상상력이 떠오르면, 글로 써보아라. 최근 나는 책을 쓰면서 이런 저서를 통해 마음을 위로하였다. 류시화 저서 『나는 나』, 『마음 챙김』. 인생의 셀프 심리학책을 읽었다. 책상에 앉아 글이 가볍게 쓰지 못할 때, 다른 생각에 잠시 빠져보고 힐링의 시간을 가졌다.

처음 책을 출판한 『미래인재 모든 것』. 나를 존중하는 관계가 형성되었던 책이라 더 진실하고, 더 만족스러운 관계로 독자와 만나고 싶었다. 시골에서 자란 내가 데이터 싸이언티스트로성장하여 세상을 보는 관점을 멘토로서, 친구로서, 들려주고 싶은 이야기였다.

이 책은 내 얼굴을 찾을 때까지 많이 공부하고 쓴 책이다. 문화예술교육사, 평생 교육사, 독서코치, 미술교육 심리상담사, 심리상담사 등 자격증을 수렵하고 빅데이터, 3D 프린팅, 코딩교육을 받은 후 그와 관련된 40권의 책을 읽었다.

내가 몰랐던 정보까지 내 것으로 만들어 집필하였다. '내가 모르는 나'가 있을까? 하고 끊임없이 감각훈련을 하였다. 내 책을 읽고 서평을 쓴 독자에게 댓글을 남겼다. 그녀는 댓글을 읽고 울먹이며 위로와 공감을 받았다고 글을 남겼다. 자녀에게 많은 사랑을 남기고자 자신의 헌신이 가끔 힘들지만, 특별함을 위로받고 싶었다고….

디지털 시대 교육환경을 극복하고자, 데이터 싸이언티스트로 고독한 여정을 시작하였다. 자기 자신을 발견하고자 문화예술교육에 사명감으로 연극, 영화, 음악, 무용, 미술에 열정을 쏟아부었다. 나는 방랑자로 자유로운 생활을 즐기고, 나 자신과 대화하기 위한 시간을 가졌다. 살아남기 위해, 적응하는 환경을 깨달은 후에 『나는 나로 살기로 했다』 김수현 작가 책을 경험하였다.

더 많은 모험과 여정을 갈구하기 위해, 편안한 생활을 버리고 선택한 그 길은 내 머릿속에 맴돌던 상상력을 책으로 쓰는 것이었다. 영화 음악 〈A Love Idea〉를 떠올렸다. 내 영혼에게 간절하게 말을 할 때 듣는 음악이다. '나 자신, 영웅으로 살고 싶다' 잔잔하게 울려 퍼진다.

대학원 스승은 나에게 조셉 캠밸의 『천의 얼굴을 가진 영웅』 이야기를 들려주었다. 신화를 통해 콘텐츠를 만들 수 있는 스토리텔링이 엄청나다는 생각을 깨달았다.

바로 그 책을 사서 보았고, 홀로 길을 떠나는 여정이 외롭지 않았다. 힘든 일과를 마치고 떠나는 학문의 길은 마음 챙김을 위한 시간이었다. 나에게 숨겨진 페르소나를 꺼내는 수업이라고 느껴졌기 때문이다. 방랑자에서 세상을 탐구하는 마음과 가슴을 안겨 주었다.

나는 미처 몰랐는데, 이제까지의 경험을 떠나, 새로운 모험을 향해 도전할 수 있게 만든 것은 제도권 곁에 머무르는 것을 싫어하는 취향일 수도 있다고 느꼈다. 아웃사이더에서 정체성을 찾으려는 기득권일 수도 있다.

마법 거울을 통하여 나를 가두지 않는 제도권을 만들고 싶었을 것이다. 문화예술교육사에서 데이터 싸이언티스트로 연구하는 여정은 힘들었지만, 어려운 고통을 참아야 했다. 취미인 바이올린을 배우고, 한국무용을 즐기던 자유로운 일상 예술을 변형해본다. 문화예술교육과 데이터 싸이언티스트와 접목하는 연구는 전사처럼 참아내야 했다. 자신의 현재와 미래를 연결하는 구심점은 어려운 역경이지만, 때론 만족스러운 관계로 발전할 수 있다.

창조적인 글쓰기는 일과 놀이가 하나 된다

일과 놀이가 하나 될 때, 느끼는 것과 아는 것 또한 하나가 된다. 일과 취미를 조화시킨 창조적인 사람 중에 곤충학자 앙리 파브르는 이렇게 말했다.

"내가 글을 쓸 수 있었던 것은 기하학 덕분이다. 기하학은 인간의 사고능력을 이끌어주는 놀라운 스승과 같다."

그가 생각하는 기하학은 뭔가 얽혀 있는 것을 풀어주고, 중요하지 않은 것을 제거한다. 핵심만을 추출하여 주며, 동요하는 것을 진정시켜 주고, 혼잡한 것을 걸러 내준다. 관점을 명료하게 만들어주고, 모든 수사법을 능가한다.

파브르에게 기하학은 곧 아름다움 그 자체였다. 마찬가지로 시나 소설도 거기에 쓰인 단어와 리듬과 구조가 어떤 밝은 빛으로 향해 간다고 느낄 때, 아름다움을 느낀다.[5] 창조적인 사람은 어린 시절의 호기심과 성인으로 성장하여도, 관심과 조화를 이루었다. 일과 취미를 동시에 하고 있었다. 이런 태도는 그들의 상상력을 만드는 힘이 되고, 혁신가로 이끌어준다.

심리학자는 오랜 관찰을 한 후에, '혁신적인 사람'은 다른 사람에 비해, 더욱 폭넓게 지식 활동에 참여하는 경향을 보인다고 한다. 취미 활동에 필요한 더 높은 수준의 기술을 가지고 있음을 알 수 있다고 한다. 우리가 살펴본 화가, 과학자, 발명가, 인문학자, 이들은 항상 새로운 지식을 탐구한다. 창조적인 사람이 항상 천재는 아니다. 누구나 아마추어적인 취미생활과 직업적인 일을 연결해볼 수 있다.[6]

MZ세대는 취미를 단순히 여가 활동을 즐기는 것으로 그치지 않는다. 그림그리기 취미는 그림을 활용한 굿즈로, 글쓰기 취미는 책으로, 운동으로 만든 몸은 사진으로 각각 남기는 등. 자신의 취미를 기록하고 결과물을 남긴다.

박기수 한양대학교 문화콘텐츠학 교수에 따르면, 이전에 특정 분야 종사자나 연예인에게 국한되었던 활동을 일반인도 누릴 수 있게 변모했다. 글을 쓰는 사람은 작가, 카메라 앞에 서는 사람은 연예인의 경계가 점차 사라지고 있다는 것이다. 이를 기록물로 남기려는 풍조에 대하여 MZ세대가 상호작용에 민감하게 반응한다는 점을 들었다.

"MZ세대는 자신의 삶을 남들과 공유하고 피드백을 받는 상호작용(interaction), 즉 상호작용에 익숙하고 민감히 반응하는 세대이다. 취미를 단순히 체험하는 것에는 만족하지 못한다. 이를 결과물로써 남기고 타인과 공유하려는 니즈(Needs)가 강하게 발현한 것"이라 했다.[7]

일과 놀이가 하나가 되면 전 분야를 넘어서는 소양을 키울 수 있다. 기록으로 남기는 습관은 콘텐츠를 생산한다. 여러 가지 것을 조합하고, 생각하는 사람을 찾아보고, 자신이 직접 '작가'로 성장하는 방법을 터득한다.

파브르는 기하학을 글쓰기에 적용하였다. 기하학이 다루는 대상으로는 점, 선, 면, 도형, 공간과 같은 것이 있다. 필요 없는 군더더기를 뺄 줄 알았고, 주제의 핵심을 찾아 관점을 간단명료하게 주장하였다. 글에 쓰인 단어로 리듬과 구조를 만들고, 2차원 모양과 3차원 그림을 그린다. 기하학은 공간 감각과 기하학적 추론을 탐구하고 있다.

우리가 추구하는 창조적인 활동에서도 기하학을 찾을 수 있다.

02

어린 시절의 호기심과 상상력을 다시 붙잡아라

자신의 능력을 단련시킬 때 여러분의 인생은 진정 변할 것이다. 우리는 새로운 일을 배울 때 좌절감을 맛볼 수도 있다. 하지만 새로운 일을 배운다는 것은 동시에 우리를 늘 깨어있게 만든다. 우리 내면의 세계나 외부세계에서 생생하게 살아있다는 느낌을 주는 활력소이다.

자신의 길을 발견하는 데는 시간이 걸린다는 것을 기억하라. 하지만 훈련을 지속하다 보면 마침내 주제를 발견할 것이며, 기술도 발전시킬 수 있다. 자신이 글쓰기 연습을 좋아한다는 사실을 알면 바로 실행하라. 부담스럽다면 실습작가가 돼라. 글쓰기가 즐겁고 자신에게 기쁨을 준다면, 생활 속에서 호기심과 상상력을 다시 훈련해보자.

재능보다 초보의 자세를 유지하라

나는 작가가 되는 데 재능보다 훨씬 더 중요한 것은, 끝없이 초보자의 자세를 유지하면서 기꺼이 배우는 사람이 되겠다는 자세라고 굳게 믿는다.[8]

연습목록을 관리하여 훈련시간을 가장 잘 활용해보자. 연습하고 싶은 것 서너 가지를 골라서 목록으로 작성해본다. 나에게 가장 필요한 것은 무엇이며, 지금 하고 싶은 연습은 무엇인가? 자신에게 물어보면서 기본 훈련에 돌아가 연습한다. 연습목록을 작성하기 위해 좋아하는 작가의 책을 선정하여 읽는다.

이제 글의 내용을 생각해보고, 마음에 떠오르는 것을 적어보라. 이

작가는 어떤 재료를 사용했는가? 어떤 인물이나 사건, 상세한 묘사 장면, 아이디어를 사용했는가? 이 재료의 무엇이 마음에 드는가? 작가는 이 재료를 어떻게 얻었다고 생각하는가? 작가가 이 특정한 자료를 사용한 까닭은 무엇이라고 생각하는가?[9]

작가 헌터 톰슨(Hunter S. Thompson)은 자신이 좋아하는 다른 작가의 문장을 손으로 베껴 쓰는 습관이 있었다. 『그릿』의 저자 엔젤라 더크워스는 다음과 같은 공식으로 설명한다.

재능은 노력을 기울일 때 기술이 향상되는 속도를 말한다. 성취는 습득한 기술을 사용했을 때의 결과물이다. 노력을 통해 기술이 생긴다. 동시에 노력은 기술을 생산적으로 만들어준다.

재능 × 노력= 기술
기술 × 노력= 성취

엘리엇(T.S Eliot)은 언젠가 아마추어 작가는 빌리고, 전문작가는 훔친다고 표현한 적이 있다. 전문작가가 훔친다는 말은 상대와 똑같은 단어나 문장을 사용한다는 뜻이 아니다. 새로운 글쓰기 기술을 습득하기 위해, 다른 전문작가의 글을 연구한다는 뜻이다.

이제 중요한 것은 전문작가의 과정을 좀 더 의식적으로, 계획적으로 내 것으로 만드는 과정이다. 따라서 책을 읽을 때 전문작가의 글쓰기 기술 자본은 무엇인지 주목하라! 그 부분의 인물묘사가 생동감이 있는가? 대화의 전개라든지 작가가 뭔가를 설명하는 방식이 마음에 드는가? 어휘선택, 구성이 마음에 드는가? 와, 정말 멋지다! 라는 감탄사가 나오는 문장이나, 구절에 주목하라.

그리고 그 구절을 몇 차례 반복해서 읽어본다. 또 큰소리로 읽어본다. 그 부분이 왜 멋져 보이는지 확인하라. 어느 한 작가의 기술을 연구할 때 기교에 관한 생각을 활용하는 것이다.[10] 자신이 좋아하는 영화 스타일을 집중적으로 시청하고 모니터해서 기록하는 것과 마찬가지이다.

또 좋아하는 작가의 작품에 깊이 몰두함으로써 전문가의 관점으로 스타일을 분석할 수 있다. 작가가 되기를 원한다면 배우는 사람이 되어야 한다. 이 말은 자신에게 시간을 제공하여 배울 기회를 허용해야 한다는 뜻이다. 배우는 사람이 된다는 것은 초보 작가가 기본적으로 갖추어야 할 태도를 보인다는 뜻이다. 초보자가 된다는 것을 두려워하지 말라!

성숙한 작가라고 해서 이미 모든 방법을 배운 것은 아니다. 자신을 초보 작가라고 생각하고 받아들이면, 무엇이든지 다 배울 수 있다. 자신에게 필요한 것을 자기 것으로 만들면 큰 도움을 받는다.

니체는 재능을 얻기 위하여 전문적인 작가를 모델로 스타일을 분석하라고 한다. 탁월한 기술을 내 것으로 만들어 작은 부분부터 제대로 만드는 법을 배운다. 다음 단계에서 전체적인 구성을 나의 상상력으로 채우는 것이다. 호기심을 갖고 꾸준히 좋아하는 작가를 모니터하면, 결국 부단한 관찰로 글쓰기 기술 자본을 찾아낸다. 자신만의 방식으로 결합하라.

상상력은 그림으로 사고하는 방법을 가르친다

상상력은 타고난 인간의 기능이며 누구에게나 있다. 그런데 왜 많은 성인은 자신에게 상상력이 없다고 생각하는 걸까? 그 이유는 대부분이 상상력이 무엇인지 제대로 알지 못하기 때문이다. 사람들은 상상력이 단지 새로운 것을 만들거나, 환상을 창조하는 능력이라고 생각한다. 그렇다면 상상력이 환상도 아니고 발명도 아니라면 도대체 무엇인가? 상상력은 실제로 존재하지 않는 것을 마음속에 그림으로 그려주는 정신적인 기능이다.[11]

우리는 일을 하면서 상상력을 단련하거나 발전시킬 기회가 많지 않다. 고도로 복잡해진 21세기 첨단기술 문화 속에서 살아남으려면, 지적능력에 의존할 수밖에 없다. 온종일 컴퓨터 앞에 앉아서 데이터를 처리하는 사람은 자신의 감각이나 상상력을 사용하는 것이 아니라 정보처리에 신경을 집중해야 한다. 모든 초점은 추상화된 지식, 즉 지적능력의 단련에 맞춰져 있다. 감각과 상상력을 동원해서 일에 참여하는 것보다, 현실에 관한 아이디어를 개발하는 데 맞춰져 있다.[12]

여기서 강하고 잘 단련된 상상력을 갖지 못하는 주된 이유가 밝혀진다. 지금 교육시스템은 상상력을 활용하고 발달시킬 기회를 부여하지 않는다. 사실과 개념에 대한 기계적인 기억과 오직 정신적 기능인 지적능력을 개발하는 것에 모든 에너지와 관심을 쏟고 초점이 맞춰져 있다.[13]

관찰이 삶을 스케치하는 것과 같다면 상상은 모델이 없는 화실에서 그림을 그리는 것과 같다. 상상력은 인간의 두뇌 기능 중에 중요한 역할을 한다. 상상력이 없다면 인간은 문화나 미술, 음악 같은 것을 만들어 내지 못했을 것이다. 상상력을 단련하고 교육할 충분한 기회가 없으면 그 기능은 퇴화한다.

학술과 직업상의 글 내용은 주로 지적능력에서 오는 글쓰기다. 시, 소설, 시나리오 같은 글의 내용은 주로 상상력에서 나온다. 학술과 직업상의 글쓰기 내용은 정보이자, 아이디어인 동시에 의견이다. 오직 지적능력에만 의존한다.

이에 비해 창조적인 글쓰기 내용은 기본적으로 그림이며 이미지다.[14] 전문가의 정교한 글은 상상력과 지적능력 모두를 대상으로 설득한다. 해설용 글보다 힘이 넘친다. 상상력은 그림으로 사고하는 다른 방법을 가르친다.

호기심을 일깨워라! 몇 분간 시간을 들여 여러분이 관심을 두거나 호기심을 느끼는 모든 것을 목록으로 작성해본다. 계속 글을 써본다. 여러분은 무엇을 더 알고 싶은가? 작성을 마치면 목록을 읽어보고, 당장 눈에 띄는 항목을 고른다. 이 항목 중에 쓰고 싶은 주제가 생각난다.

자신의 호기심을 믿는 방법을 배워라! 사물에 대해 의문을 품고 그 궁금증을 써보라! 이제 눈을 감고 선택한 주제를 상상하라. 필요한 감각을 모두 동원해서 그 주제가 마음속으로 살아 움직이게 한다. 가능하면 그 이미지를 자세하게 만들어 본다. 그리고 그림을 다듬거나 자세하게 묘사할 수 있는 쓰지 않는 생각 근육도 있다는 것을 명심하라.

일단 글쓰기 보여주는 능력을 갖추게 되면 8할은 성공이다

장르를 크게 두 가지로 나누면 허구와 실화로 구분한다. 재료를 어떤 장르에 사용할지 아는 것은 자신의 글에 초점을 맞추고 그 글을 발전시키는 데 도움이 된다. 따라서 자신에게 물어보라. 내가 모은 이 재료로 무엇을 쓰고 싶은가? 시(詩), 에세이, 칼럼, 자기계발서인가? 아니면 소설인가? 이 재료는 어떤 글이 되고 싶어 할까?? 이에 대한 정답은 따로 없다.[15]

온라인 글쓰기 브런치 플랫폼을 보면 다양한 글쓰기를 볼 수 있다.

논리적, 비평적, 학술적, 감성적 글쓰기 형식을 볼 수 있다.

대부분은 자신의 일상을 담은 감성적 글쓰기가 높은 비중을 차지한다. 어릴 적 나는 감성적 글쓰기를 좋아했다. 주로 시를 필사하고 에세이를 쓰고, 팝송 가사를 옮겨 적는 습관이 있었다. 지금은 데이터 싸이언티스트 스토리텔링 글쓰기에 매진하고 있다.

브런치 작가는 브런치 북 출판 프로젝트를 진행하여 책으로 출간한다. 브런치 팀은 작가 고유의 생각과 새로운 시선이 담긴 작품을 선정한다고 밝혔다. 대표작으로는 100쇄를 찍은 임홍철 작가의 『90년생이 온다』. 직장인 작가로서 퇴근 후 5시간, 주말 16시간을 활용했다.

그런데 저자는 이 책을 어쩌면 다락방에 영원히 잠들어 있을 뻔했던 원고라고 표현한다. 연재 글이 한 권의 책으로 출간되기까지 꼬박 7년이 걸렸기 때문이다. 2012년부터 기획했지만, 출간은 포기하고 본인에게만 남겨지겠지…, 5회 브런치 북 프로젝트에 도전해서 은상을 받았다. 브런치 북 출판 프로젝트와 기타 공모전에 응모하며 다양한 기회를 만들었다.

- 작가지원 프로젝트
  https://brunch.co.kr/special/list
- 브런치 이용 안내
  https://brunch.co.kr/magazine/brunchupdate
- 브런치 북 출판 프로젝트(매해 진행)
  https://brunch.co.kr/brunchbookproject/8

작가의 길을 간다는 것은 배우는 사람이 되는 것이다. 여러분에게 필요한 것은 재능이 아니다. 이미 타고난 능력을 기대할 필요는 없다. 그렇다고 훌륭한 작가가 될 필요도 없다. 오직 자신이 쓸 수 있는 콘텐츠를 찾아 글을 쓰려는 욕구와 기술을 익히면, 개발하는 과정을 만들 수 있다.

지식소비자로 살 것인가? 생산자로 살 것인가? 한 번쯤 독자에게 말하고 싶은 욕구가 가슴까지 차오르면 그냥 쓰면 된다. 자신이 글쓰기 연습을 좋아한다는 사실을 알면, 그대로 시행하라.

글쓰기에 온전히 몰두해야 한다고 생각하는 사람이 있다. 하지만 이런 사람은 어느 순간 자신을 확신하지 못해 두려워하고 포기한다. 갑자기 글쓰기에 몰두할 필요는 없다. 글쓰기가 여러분의 인생에서 어떤 위치를 차지하기를 바라는가? 의식적인 글쓰기에서 벗어나 자신의 내면이 요구하는 목소리를 글로 담아라! 내가 정말 쓸 수 있을까? 글쓰기 방법을 찾아내서 내 것으로 만들어야 한다.

직장인으로서 새벽 5시에 글쓰기를 시작하는 작가도 있고, 65세가 되어 직장에서 은퇴한 후 도서관에 들러 글을 쓰는 작가도 있다. 언제나 글을 잘 쓰는 사람들에겐 일거리가 있다. 유튜브 방송작가부터 광고업, 행정 업무 등 긱경제 시대에 재테크도 할 수 있다. 또는 프리랜서로 글을 쓰거나 편집 업무를 할 수도 있다.

예를 들어 탁월한 글쓰기 기술 덕분에 직장을 구하는 이도 있다. 학교, 기업 등에서 강사로 초빙하기도 하고, CF 광고 문의, 방송국에서 인터뷰를 요청하기도 한다. 글쓰기 기술을 즐겁게 활용하면서 직장에 다니는 젊은 세대를 주변에서 흔히 볼 수 있다. 1인기업 브랜드 마케팅을 위해 자신의 분야를 책으로 출간하는 작가도 많이 볼 수 있다.

또한, 글쓰기로 여가를 활용하는 사람도 볼 수 있다. 기획출판, 전자책출판으로 1년에 다섯 권 출간하는 작가도 있다. 자신의 취미를 클래스 101에 올려 유튜브로 방송하고, 단행본으로 출간도 하고…. 다양하게 활동하는 사람들을 보라. 결국, 현실적인 문제는 간단하다. 자신의 시간과 에너지를 어떻게 소비하고 있는가에 달렸다.

내가 정말 글을 쓸 수 있을까? 많은 작가 지망생에게 자신의 글을 출판한다는 것은 자신과 다른 사람을 향해 '나는 진정한 작가다!'라는 말을 하는 수단이기도 하다. 자신의 이름이 인쇄된 책을 볼 때 짜릿한 흥분이 있을 수 있다. 따라서 출판하는 것이 자신에게 꼭 필요하다면 그렇게 하라. 출판이라는 것은 본질에서 자신의 글을 널리 알리는 것이다. 자기만의 연습이라는 사적 공간을 벗어나 다른 사람과 그 글을 공유하는 것이다. 자신의 글을 공개한다는 것은 특별한 주제에 대한 여러분의 생각을 독자에게 제대로 알릴 수 있다.

03

말하기와 글쓰기, 자기 신뢰의 힘

글을 쓰는 것은 인간의 존엄성을 찾기 위한 것이다. 자신의 존재를 증명하기 위해 나 자신과 사회 환경과 대화한다. 글쓰기는 우리 자신으로부터도 우리를 해방한다. 글을 쓰는 동안에 우리가 변화하기 때문이다.

사람은 어떤 엄혹한 환경에서, 그 어떤 끔찍한 상황에서도, 절망의 순간에도 글을 쓴다. 우리가 마지막까지 글쓰기를 하는 것은 자신을 지키고 싶기 때문이다. 자신의 잠재 능력을 일깨운다면, 모든 부정적 상황을 바꿀 수 있다.

세상을 바꾸려는 사람은 많지만, 자신을 바꾸려는 사람은 극소수다. 자신의 잘못을 인정하고 분석하는 것을 두려워하는 사람은 반드시 똑같은 잘못을 저지른다. 똑같은 일이라도 당신이 세상을 어떻게 바라보느냐에 따라 관점이 달라지는 법이다.

자신을 선택할 자유

뇌과학자는 글쓰기를 위하여 생활 전반에 걸쳐서 뇌를 최적의 상태로 유지하는 것이 중요하다고 한다. 어떤 것을 선택해야 하는 상황에서, 우리는 내가 아는 나, 내가 모르는 나를 경험한다.

빅터 프랭클(Victor Frank)은 『죽음의 수용소에서』에서 자유를 어떻게 유지하는지 관찰했다. 그에 따르면 어떠한 상황 속에서도 자신의 태도와 길을 선택하는 것이 자유다. 가장 위대한 자유는 자신의 태도를 선택하는 자유다. 그에게서 낙관주의와 끊임없이 내면의 자유를 갈망하는 삶의 의지를 읽을 수 있다. 이 책의 주제는 절망이 아니라 희망이다.

프랭클은 수용소에서 개인이나 집단을 대상으로 정신요법과 정신건강법을 이용한 치료를 시도하였다. 포로들을 위해 자살 방지를 막기 위해 노력했다. 삶을 의미 있고 목적 있는 것으로 만드는 것, 이것이 바로 빼앗기지 않는 영혼의 자유이다.

도스토옙스키는 이런 말을 남겼다.

"내가 이 세상에서 한 가지 두려워하는 것이 있다면, 그것은 내 고통이 가치 없는 것이다."

우리는 자신에 몰입해야 시련을 이겨낼 수 있다. 때론 책쓰기를 시작할 때, 주변 환경으로부터 많은 부정적인 언어와 행동에 자신을 스스로 비하하며, 낡은 습관으로 돌아가고픈 절망도 생길 것이다.

아우슈비츠에 수용된 프랭클은 가족과 재산, 심지어 숨겨뒀던 원고까지 빼앗긴 채 벌거숭이 몸뚱이만 남았다. 그러나 그는 고통과 죽음으로 둘러싸인 수용소 생활을 전하면서 내면에 남아 있는 자유의지와 시련을 극복하는 과정을 보인다. 한없이 열악한 환경에서 삶에 대하여 긍정적인 이미지를 묘사한다.

"자기에게 남은 마지막 빵 조각까지 다 주어버리던 사람들을 기억할 수 있다. 물론 그런 사람은 극소수였다. 그러나 그들은 만족할 만한 증거를 제시해 준다. 한 인간에게서 모든 것을 다 빼앗을 수는 있으나 단 한 가지 빼앗을 수 없는, 그것은 인간의 마지막 자유. 즉 어떠한 환경에 놓이더라도 자신의 태도를 선택하고 자기만의 방식을 선택할 수 있는 자유다."[16]

참전하는 우크라이나 시민 중에, 한국에서 일하다 고향을 위해 돌아간 음악가도 있다. 발레리나와 테니스 선수도 총을 들었다. 우크라이나에서 온 콘트라 베이시스트, 지우즈킨 드미트로는 지휘자가 이끄는 선율에 맞춰 현을 튕기는 연주가이다. 한국의 한 오케스트라에 입단해 20년째 활동 중인 그는 지금 활 대신 총을 잡고 있다. 동료 단원 두 명과 함께 우크라이나로 돌아가 악보 위 음표 대신 총성이 빗발치는 전장에 뛰어든 것이다.

『국경: 우크라이나 역사기행』의 작가 안나 레이드의 인터뷰 내용이다.

"우크라이나는 7개의 유네스코 세계문화유산을 가졌다. 르비브 ·

오데사 · 키이우 · 체르니히우가 폭격당하면 중세 교회 · 수도원, 귀한 성화들이 사라지게 될 것이다. 2차 세계대전 당시 드레스덴 파괴에 맞먹는 유럽의 문화적 손실을 보았다."

조국을 지키기 위해 생업을 팽개치고 러시아에 맞선 우크라이나 예술가들. 또한, 공연장에서 리듬을 타던 가수는 이제 군복을 입고 광장이 떠나가라! 목청껏 우크라이나를 부르짖고 있다. 무대 위를 비상하던 발레리나도 토슈즈 대신 총을 들었고, 코트를 누비던 테니스 선수는 공 대신 미사일을 쏘고 있다. 우크라이나를 지키는 무기는 우크라이나 시민이 자유를 지키고자 하는 의지이다.[17]

인류 역사상 가장 끔찍한 일을 겪은 사람들도 아무것도 할 게 없을 때는 글을 썼다. 글을 쓰는 것은 인간의 존엄성을 찾기 위한 것이다. 전쟁터에서도 많은 글이 책으로 전해진다. 자신의 존재를 증명하기 위해, 나 자신과 자신이 처한 환경과 대화한다. 우리는 주변 사람에게 현명한 사람이라고 평가받거나 신뢰받으면 스스로 성장하려는 의지가 높아진다. 모든 일에서 의미를 찾으려고 한다.

글을 쓰는 어떠한 상황 속에서도 자신의 태도를 결정하고 길을 선택하는 것이 자유다. 글쓰기는 우리 자신으로부터도 우리를 해방한다. 글을 쓰는 동안에 우리가 변화하기 때문이다. 인간은 개인적인 비극을 영광스러운 승리로 바꿀 수 있는 유일한 존재이다. 사람은 어떤 엄혹한 환경에서도, 그 어떤 끔찍한 상황에서도 절망의 순간에 글을 쓴다. 글쓰기야말로 우리가 마지막까지 자신을 지키고 싶은 이유는 선택할 자유가 있기 때문이다.

의미를 찾고자 하는 그 무엇

스탠퍼드의 학생은 대부분 졸업 후, 세상을 바꾼다는 사명감으로 다양한 업계에 종사한다. 세상을 바꾸는 과정에서 반드시 실패에 좌절할 필요는 없다. 변화를 일으킨다는 것은 불안도 따르지만, 스스로 대처하는 능력을 기르는 것이다.

아일랜드 출신의 영국 극작가 조지 버나드 쇼는 말했다.

"하나의 성공에는 여러 개의 실패가 포함되어 있다."

실패보다 더 무서운 것은 바로 실패의 원인을 모르는 일이다. 실패를 경험했다면 우선 마음을 차분하게 하고 되돌아볼 줄 알아야 한다.

톨스토이는 말했다.

"세상을 바꾸려는 사람은 많지만, 자신을 바꾸려는 사람은 극소수다."

똑같은 일이라도 당신이 어떻게 바라보느냐에 따라 세상이 달라지는 법이다. 당신의 행복은 무엇을 가졌느냐가 아니라 가진 것을 어떻게 바라보느냐에 따라 결정된다.[18]

자신의 잘못을 인정하고 분석하는 것을 두려워하는 사람은 반드시 같은 잘못을 저지른다. 잘못으로부터 깨달음과 교훈을 얻고 타인과 신을 원망하지 않는 사람만이 같은 잘못을 저지르지 않는다.[19]

자신감과 특유의 개성을 드러내며 살자. 이 세상에 같은 사람은 없다. 모두 저마다의 개성, 특징, 장단점이 있다. 진정으로 자신을 이해하고 자신을 기준으로 사는 사람은 개성을 잃지 않는다. 개성은 당신을 성공으로 이끌어주는 매력적인 요소이다. 자기 자신을 믿어야 한다. 자기를 신뢰하는 강한 현(絃)을 갖게 되면, 모든 사람의 마음이 거기에 맞춰 화음을 넣을 것이다.

자신의 의미를 만들고 방향을 맞추는데, 시간은 걸리겠지만, 제대로 맞춰지면 원하는 곳으로 끝까지 길을 안내해준다. 한 편의 글을 발전시키는 데는 시간이 얼마나 걸릴까? 이것은 그때, 그때 다르다. 자신의 재료를 잘 안다면 자신감이 생긴다. 이 자신감은 여러분의 말을 거쳐 독자에게 생생하게 전달될 뿐 아니라 독자가 마음 편하게 작가를 신뢰하도록 해준다.[20]

글쓰기 발견의 핵심은 여러분이 의미가 있고 생각하는 초점이다. 초점의 선택은 글의 통일성을 유지하는 핵심 부분이다. 마음에 드는 문장, 이미지, 문단을 썼지만, 이것이 적절하지 않거나 전체 글과 어울리지 않는다면 독자에게 초점 없는 인상을 줄 수 있다.

이런 부분은 당연히 버려야 한다. 글쓰기의 실질적인 핵심은 글을 쓰는 과정의 단계마다 초점을 선택하는 일이다. 독자에게 자신이 선택한 자료가 서로 어떻게 연관되는지 보여줄 필요가 있다. 모든 재료는 서로 조화되어야 한다. 여러분의 글이 지향하는 것, 다른 말로 표현해서 '초점'이 글의 모든 요소를 연결해주는 중심이다.

자신의 글을 쓰기 시작했다면 여러분은 이미 글의 초점을 파악하고 있으며 말하고 싶은 것을 결정했을 것이다. 하지만 글쓰기란 때론 지극히 즐거운 발견의 과정이기도 하다. 해야 할 말, 전달하고 싶은 말을 찾아내기 위해 글을 쓴다고도 볼 수 있다. 해야 할 말을 전달하는데 도움이 되는 것은 모두 포함하고, 필요 없는 것은 모두 버려라. 선택한 다양한 재료에 질서를 잡게 되면 자신이 원하는 방식으로 글을 전달하는 데 도움이 된다.[21]

세상의 중심에 나를 놓다

가족 치유의 어머니라고 불리는 버지니아 사티어가 쓴 '나의 자존심 선언' 중에서 「나는 나다」를 소개한다. 그녀는 '가족은 세상을 압축해 놓은 소우주다'라는 결론에 이르게 되었다. 미궁에 빠진 가족관계를 변화시키는 해법을 찾아냈다.

또한, 모든 인간관계의 기초가 되는 가족관계가 변함으로써 자존감을 높이고 대인관계를 바꾸는 계기가 된다고 확신하고 있다. 일생 심리 치료사이자 강사로, 그리고 저자로 활발하게 활동했다. 자신의 생을 마치는 1988년까지 인간에 대한 희망이나 사람을 성장시키는 신념을 버리지 않은 채, 넘어진 사람들을 일으켜 사람을 사람답게 만드는 일에 최선을 다한 것이다.

세상 어느 곳에도
나와 똑같은 사람은 존재하지 않는다.
어느 부분이 나와 비슷한 사람은 있겠으나
나와 완전히 똑같은 사람은 없다.

나에게서 나오는 모든 것은
나 혼자서 선택한 것이므로 진정 나의 것이다.
내가 나를 친절하고 사랑스럽게 대하는 한
나는 용감하고 희망차다.

문제에 대한 해결책을 찾고
나 자신에 대해서도 좀 더 잘 알아낼 수 있을 것이다.

내가 다른 사람에게 어떻게 보이고 들리든,
무엇을 말하고 행동하든,
또 주어진 순간 무엇을 생각하고 느끼건
그 모든 것은 나다.
나는 나의 주인이며
나는 나를 조절할 수 있다.
나는 나이며 나는 괜찮다.

자신의 잠재 능력을 일깨운다면 모든 부정적 상황을 바꿀 수 있다. 에디슨은 만약 할 수 있는 모든 일을 했다면, 자신도 깜짝 놀랄 것이라고 했다. 그는 모든 사람이 놀랄 만한 잠재 능력을 보유하고 있으며, 반드시 세상의 중심에 나를 놓고 펼치길 바란다고 했다. 자신을 향한 위로와 격려는 잠재 능력을 일깨운다. 모든 사람은 중요하지만 동시에 크고 작은 결함도 있다. 바로 이 점을 겸허히 받아들이고 극복해야만 성공할 수 있다.

환경은 바꿀 수 없지만, 자신은 바꿀 수 있다. 현실은 바꿀 수 없지만, 태도는 바꿀 수 있다. 과거는 바꿀 수 없지만, 현재는 바꿀 수 있다. 내일을 예측할 수 없지만, 오늘을 잘 살 수 있다. 날씨는 마음대로 할 수 없지만, 기분은 바꿀 수 있다. 삶의 길이는 연장할 수는 없지만, 삶의 폭을 확대할 수는 있다. 외모를 선택할 수 없지만, 활짝 웃을 수는 있다. 타인을 조종할 수 없지만, 자신을 제어할 수 있다. 모든 것이 순조로울 수는 없지만, 자기의 일에 최선을 다할 수는 있다.[22]

자신을 향해 나는 소중하다고 말하라, 나는 소중하다!

모든 사람은 각각 독립적인 개체이니 자신만의 길을 가야 한다. 각자 자신만의 특기와 장점이 있고 자기만의 지혜로 가득한 두뇌가 있다. 독특한 감성으로 세상과 타인을 바라보자. 자신의 능력을 의심하고 스스로 비하하는 사람은 고난을 참고 견딜 수는 있을지는 몰라도 절대 나아지거나 성공할 수 없다. 타인과 비교하고 자신을 비하할 시간에 자신만의 무언가를 꿋꿋이 밀고 나아가 잘 드러내기만 해도 성공할 수 있다.[23]

04

문학작품을 읽고 철학과 심리학을 끌어내라

시대가 요구하는 셀프 심리학은 대중에게 위로와 공감을 준다. 우리는 조셉 캠벨의 『천의 얼굴을 가진 영웅』, 『영웅의 여정』을 탐구하며 나 자신으로 끌어들인다. 세상을 바꾸는 위대한 이야기와 작가를 보면서, 우리는 자신의 영혼과 만나 다시 이야기를 만들고 작가를 꿈꾼다.

지금 우리는 왜 영웅을 찾는가? 우리는 영웅의 깊은 내면을 들여다보고, 새로운 패러다임을 제시하길 원한다. 우리는 전기 스위치를 켜는 법과 끄는 법을 알 필요가 있다. 자신의 비법을 대중에게 알리기 위해서는 시대의 기운, 시대의 안목, 시대의 흐름을 파악해야 한다. 우리는 영웅의 성격 유형을 분석하고, 마법사처럼 자신의 원형을 찾아 외로이 떠나는 이야기꾼이다.

자신 안의 힘을 발견하라

심리학자 캐럴 S. 피어슨의 『나는 나』를 읽고 영감을 받아서, 『자신 안의 힘을 발견하라』의 저자 에릭 버터워스를 만났다. 그는 자신의 영혼과 다시 연결되는 일을 '전등 켜는 것'에 비유한다. 영혼은 전기와 같다고 한다.

우리는 대개 전기 스위치를 켜는 것을 잊은 채 일을 하는데, 불이 들어오게 해 달라고 간청할 것이 아니라 그저 불이 꺼져 있음을 알아차리고 다시 켜면 된다. 자신의 영혼과 다시 연결되는 것도 이와 같은 원리이다. 자신의 영혼과 다시 일치되면, 무엇을 해야 할지 직관적으로 안다. 그러면 의식이 잠든 채, 행한 잘못된 일은 시간이 지나면서 대부분 바로 잡힌다.[24]

대학원 스승님이 들려준 조셉 캠벨의 『천의 얼굴을 가진 영웅』을 읽고 전등을 켜는 순간이 시작되었다. 나 자신의 삶으로 끌어들이기 위해, 캠벨의 『영웅의 여정』을 탐구하였다. 인간은 미러링 효과를 통하여 통찰하는 힘을 키운다면, 세상의 모든 것이 자신의 스승이다. 전 세계의 신화 이야기는 공통의 서사구조가 있음을 발견하였다. 지금 우리의 인생 속에서, 왜 우리는 영웅을 찾는지 궁금증을 유발했다.

내 마음속에 있는 영웅을 재발견하는 여정이 글 쓰는 즐거움과 연결 지어졌다. 제20대 대통령선거를 앞두고 관상에 대한 열풍이 불었다. 백재권 사이버 한국외국어대학교 교수는 관상 · 풍수 전문가로서 칼럼을 연재한다. 그는 사람을 동물에 대입해 해석하는 물형관상이론을 현실에 맞게 적용했다. 다시 다양한 동물로 세분화해 동물 관상풀이법으로 재정립했다.

그는 우리 국민이 관상·풍수와 관련해 궁금증을 가질만한 내용을 대선후보 등 정치권의 사례를 풍부하게 들어가며 전개했다. 우리나라 최초로 관상의 새로운 패러다임을 『동물 관상으로 사람의 운명을 본다』에서 제시했다. 자신의 비법을 대중에게 공개한 것이다. 우리는 영웅의 깊은 내면을 보길 원한다. 따뜻한 가슴과 사람 냄새 나는 관상은 대중의 정서를 끌어내기 쉽다.

그는 이렇게 설명한다.

"악어 관상'은 치세에는 쓸모가 거의 없다. 그러나 난세에는 필요한 인물로 떠오른다. 사람은 시대에 따라 쓰임이 달라진다. 자신을 뒷받침해줄 뚜렷한 정치세력이 없었던 성웅 이순신은 임진왜란이 일어나지 않았다면, 역사의 부름을 받지 못했을 것이다. 그저 충직한 공직자로만 살다 생을 마감했을 것이다. 이순신은 반대 정치세력으로부터 수많은 모함을 받았지만, 이를 극복하고 나라를 구했다. 난세에 영웅이 난다."[25]

영웅과 관상에 대한 이야기는 시대의 흐름을 반영하는 걸까? 그는 악어에 관한 이야기로 시대를 살아가는 지혜를 들려준다.

"악어는 부패한 고기, 죽은 동물을 먹어치워 강이 오염되는 것을 막는다. 오염된 고기를 삼켜 강물을 깨끗하게 유지한다. 악어는 못생겼지만, 세상을 정화하는 고마운 동물이다. 또한, 악어는 아무리 배고파도 자기 배를 채우기 위해, 동료나 친구를 물지 않는다. 인간은 세상을 이길 수는 있어도 시대를 이길 수 없다. 시대가 변하는 것을 인지하지 못하면 제일 먼저 도태된다. 세상이 변하는 것을 인지하는 눈(眼) 즉, 안목(眼目)은 소중하다."

그는 시대의 기운, 시대의 안목을 갖고, 흐름을 파악하는 방법에 대해 깊은 성찰을 준다.

"현재 자신이 살아가는 시대가 어떤 시대인지, 바람이 어디에서 불어와 어디로 흐르는지 깨닫지 못한다면, 그저 파도에 휩쓸려 이리 갔다 저리 갔다 쓸리다 사라진다. 한 국가의 국운(國運)이 좋지 않을 때, 악어 관상은 대부분 죽임을 당한다. 그러나 지금은 우리나라의 국운이 상승하는 시기다. 그래서 악어가 다 죽은 것처럼 보이다가도 죽지 않고 살아나는 것이다. 지금은 세상의 강(江)은 혼탁한 시대다. 부패한 고기가 많은 강물일수록 강을 정화하는 악어상의 존재가 절실해진다."

다시 영웅의 세계로 들어가 보자. 우리는 고전 작품, 신화를 읽으며 영웅의 성격 유형을 분석한다. 칼 융은 오랜 정신분석 경험을 통해 개인의 행동, 사고, 신념, 감정 등에는 몇 가지 공통된 유형이 있다는 것을 발견하였다. 그것을 원형(archetype)이라고 이름 붙였다.

우리 안에 존재하는 심리원형은 무엇일까? 그 원형들이 희망이든 두려움이 든 내 마음을 지배할 때 그것들은 내 삶으로 표현하고 나를 통해 개인의 성격으로 드러난다. 고아 원형, 방랑자 원형, 전사원형, 이타주의자 원형, 순수주의자 원형, 마법사 원형. 나를 비추어 볼 때, 20~30대는 방랑자 원형, 40대 이후 마법사 원형을 찾는 여정이었다.

시대가 요구하는 셀프 심리학으로 대중에게 위로와 공감을 주는, 김수현 작가의 『나는 나로 살기로 했다』는 다양한 예시가 깃들어 있는 깊이 있는 수필이다. 지금 이 시대를 살아가는 지친 젊은이들에게 위로가 되어 주는 매력 있는 책이다.

의미 있는 삶을 살기 위해서 어떻게 해야 할까? 자신이 빛날 수 있는 자리에서 살아갈 것을 요구한다. 그래도 우리는 우리 자신을 이해하며, 나의 행복을 찾는 여정에 관심을 가진다. 이 책은 냉혹한 현실 속에서 있는 그대로의 나를 찾아가고 싶은 마음 사용 설명서이다.

가장 마음에 드는 구절은 열심히 일하고, 사랑하는 사람들과 대화하고, 함께 맛있는 것을 먹고, 좋아하는 노래와 좋은 책과 함께하며 날씨가 좋은 날 햇볕을 쬐는 것. 나는 그 일상의 따스함이 좋은 삶의 전부라 생각한다.

버지니아 사티어가 쓴 「나는 나다」 글 중에서 일부를 소개한다. '나는 나의 주인이며 나는 나를 조절할 수 있다. 나는 나이며 나는 괜찮다.' 내 삶의 주인으로 살기 위해 자신의 '원형'을 갖고 독자에게 세상이 변하는 것을 일깨워주는 안목(眼目)을 전해주자. 여러분은 어떤 이야기를 쓰고 싶은가? 자신을 발견하는 여행을 떠나는 순간, 당신은 영웅이다.

「나는 나다」, 자신의 미래를 마법처럼 변화시켜라

심리학자 캐럴 S. 피어슨은 융의 원형 심리학을 바탕으로, 우리 내면에 존재하는 여섯 가지 심리적 원형을 이야기한다. 그중에서 마법사 원형은 자신의 미래를 마법처럼 변화시키려는 강한 의지를 지닌 사람이다.

자신을 세상의 중심에 놓고 삶의 주인을 자신으로 설정하는 유형이다. 마법사는 삶을 선물로 보며, 이곳에서 자신이 할 일은 자신의 선물을 세상에 주면서 삶과 완전한 관계를 맺는 것이다. 우리 안의 마법사가 만드는 이야기 구조는 '내가 어떻게 나의 세계를 바꾸는가?'가 초점이다.

나탈리 골드버그는 『뼛속까지 내려가서 써라』에서 첫 마음은 어때야 하는지, 첫 생각은 왜 절대로 놓치면 안 되는지, 내 강박관념은 무엇인지 등 단순히 글을 쓰는 기술을 넘어, 자신을 발견하는 글쓰기를 제안한다. 자신의 느낌과 자신의 경험을 토대로 글을 쓰도록 조언하고 있다. 글쓰기를 처음 접하는 사람일지라도, 어떤 식으로 접근하면서 글쓰기를 확장해야 하는지 강한 의지를 보여준다.

그녀는 『뼛속까지 내려가서 써라』를 쓴 후, 에이전트 매니저에게 소설을 써보라고 권유를 받는다. 그녀는 글쓰기를 오랫동안 해왔고, 소설을 쓰는 방법은 모르지만 찾아낼 수 있다는 자신감이 생겼다. 주인공 이름을 생각하여 짓고, 주인공의 이미지를 어떻게 만들지 생각하고, 이런 인물로 자신이 경험한 이야기를 세상 사람들과 나누고 싶었다. 서사구조와 공간배치를 결정하고 이제 작가의 손을 부지런히 움직였다. 그녀는 소설의 컨셉을 정하고 미지의 땅을 달렸다. 그녀의 소설 『바나나 로즈』가 탄생하였다.

그녀는 『글 쓰며 사는 삶』에서 글쓰기 몰입하는 방법을 소개했었다.

항상 규칙적인 생각 공간(베이스캠프)에 들어가 시간제한 글쓰기 할 것을 주문한다. 작가의 길에 들어설 수 있는 좋은 방법은 건강한 압박감이 필요하다. 그녀는 자신에게 일정한 약속을 주문한다. 창조적인 일을 하기 위해 스스로 자극을 주라고…. 일단 거기에 들어서면 글을 쓸 수 있다. 나 자신과의 데이트 시간을 표시하며, 곧바로 글쓰기를 시작한다.

작가는 언제나 글과 자신이 만나는 데이트 시간을 정하고 자신에게 일정한 훈련을 요구했다. 더 나은 글을 쓰기 위해서는 나의 몸과 마음을 안정감 있게 유지하는 자세가 중요하다.

자신의 감정을 최고로 끌어올리는 공간으로 뛰어가라! 문학은 우리에게 인생과 가장 뜨겁게 만나는 순간을 경험하게 만든다. 문학은 작품의 주인공을 통해 마법으로 들어가는 여행이다. 아직 완전히 치유되지 않은 마음을 더욱더 커다란 발자국으로 안내한다. 글을 통해 소설 속의 친구를 만날 수 있고, 독자도 만날 수도 있다.

모든 가능성은 내 안에 있다

캐나다 출신의 신학자이자 철학자인 에릭 버터워스는 삶을 경험하지만 말고, 삶을 통해 성장하라고 일깨워준다. 책을 읽다 보면 책 안에 여러 책을 인용하면서, 새로운 책을 만난다. 독서를 즐기는 분들이라면, 지금 흥미롭게 읽는 책 속에서 그 책들을 찾아 따라가면, 읽는 재미가 생긴다.

지금 읽는 책의 저자는 인용하는 책을 통해서 무엇을 느낀 것일까? 어떤 것을 발견하고 그 책을 인용하는 것일까? 이런 궁금증이 생기면 찾아 읽게 된다. 특히 논문 및 관련 서적들을 읽을 때 이런 방식으로 자료를 찾아 들어간다.

캐럴 S. 피어슨의 저서 『나는 나』에는 총 45권의 책이 인용되었다.

세상에 있는 보편적인 스토리 요소를 분류할 줄 알면, 그때부터 스토리가 보인다. 갈등을 찾으면 훌륭한 스토리를 발견할 수 있다. 우리는 욕망을 가진 인물, 온갖 역경과 고난을 겪고 세상을 바꾸는 거인을 캐릭터로 만들기도 한다. 우리는 뉴스나 인터넷 사이트에서 시작이 빠진 결말을 본다.

하지만 작가는 어떤 사건으로 들어가는 원인은 무엇일까? 스토리를 추적해보기도 한다. 퓰리처상은 미국에서 가장 권위 있는 보도·문학·음악상으로, 1911년 사망한 저널리스트 조셉 퓰리처의 유언에 의해 1917년 제정되었다. 매해 4월경 컬럼비아대학교 언론대학원 퓰리처상선정위원회가 뉴스·보도사진 등 문학·음악 부문을 대상으로 가장 탁월한 업적을 이룬 인물을 선정해 수여한다.

두 번이나 퓰리처상을 받은 프랭클린은 이렇게 이야기한다.

"세상을 스토리 요소로, 재료로 생각했다. 내 눈에는 어떤 것이 스토리이고, 어떤 것이 스토리가 아닌지 보인다. 실화 이야기꾼은 스토리 소재를 금방 알아차리고, 이야기를 구성할 수 있다. 사건이 발생하면 거꾸로 추적하여 사람들의 트라우마, 집요한 이야기, 강박관념, 스타의 허무감 등 훌륭한 소재를 찾을 수 있다."

변호사는 상대를 설득하기 위해 이야기를 구축할 수 있는 기술을 배운다. 심리학자는 환자를 치료하는 데 스토리텔링을 사용한다. 스토리텔링은 다양한 영역에서 활용되고, 통찰을 준다. 프랭클린은 이야기 전개, 이야기 포물선(사건 전개에 대한 설명을 그린 표, 발단-상승-위기-절정-대단원)을 만들어 기본 구성을 설명한다. 오케스트라 지휘자의 자세한 지침을 적어 놓은 것과 같다. 그가 바라보는 이야기 관점을 소개한다.

"이야기는 모두 똑같은 것 같지만, 저마다 다르다는 점에서 눈송이를 닮았다."

작가가 하는 일은 결국 인간의 캐릭터 그리고 인간의 이야기를 그리는 것이다. 사람은 사람에게서 가장 많이 배운다. 독자는 사람 냄새가 나는 책을 좋아한다. 작가는 자신만의 넘을 수 없는 스토리텔링 두뇌를 제시한다. 우리는 드라마, 영화, 소설을 보며 훌륭한 이야기 전개를 발견한다. 인물, 사건, 장면을 끌고 가는 플롯을 감상한다. 그다음 캐릭터에 대해 심리적으로 접근한다. 우리는 대중문화를 통해 철학적으로 사고하는 힘을 기른다. 해리포터에 담긴 철학, 페이스북과 철학을 자신만의 해석으로 기록한다. 캐릭터의 경험을 추론하면서 모티브를 찾고 전율을 느낀다.

05

제7의 감각, 자신의 전략적 직관을 믿어라

당신의 내면에 귀를 기울여라. 자신의 마음에서 나오는 소리를 따라, 안으로 들어가 봐라. 20세기의 가장 위대한 입체파 화가인 피카소. 그의 비현실적이고 독창적인 화풍은 어디서 온 것일까. 더건 교수는 피카소 역시 남의 아이디어를 훔쳐 창조적으로 재생산하여, 그만의 화풍을 완성했다고 한다. 그는 역사를 쓴 획기적 아이디어에 새로운 사실은 없다. 다만 새로운 조합이 있을 뿐이라고 한다.

클라우제비츠는『전쟁론』에서 나폴레옹의 성공 전략은 냉철함을 바탕으로, 역사적 사례에서 얻은 조각들을 완전히 새롭게 끼워 맞춰 만든 것이라고 했다. 전략이라는 단어를 태동시킨 나폴레옹부터 최고의 아이디어는 창조가 아닌 조합이라는 것이다.

기회는 반드시 온다

살아갈 이유(Why)가 있는 사람은 어떠한 방식(How)에도 견딜 수 있다. 우리는 자신을 이김으로써 자신을 향상한다. 자신과 싸움은 반드시 존재하고 거기에서 이겨야 한다.

데이브 펠저(Dave Pelzer)는 어린 시절 혹독한 아동학대를 겪고 양부모 손에서 자랐다. 데이브가 열두 살이 되었을 때, 비로소 학교 선생님이 당국에 알려 그를 비참한 삶에서 구해냈다. 18살에 미 공군에 입대했고, 96년 애틀랜타 올림픽 성화 주자로도 뽑혔다.

그의 첫 작품 『세상이 나를 버리려 해!』는 저자가 4살부터 12살까지 알코올 중독자인 친어머니로부터 받은 가정폭력과 학대를 기록한 실화이다. 그의 엄마는 아이에게 저녁을 먹여야 한다는 것을 곧잘 잊어버리곤 했다.

"먹을 수 없다는 것은 정말이지 큰 고통이었다. 그것이 가난 때문이 아니라, 엄마의 심술 때문이라는 사실이 그런 고통을 더욱 서글프게 했다."

캘리포니아 역사상 가장 심한 아동학대를 경험하며 자란 그는 3년 이상 뉴욕타임스 베스트셀러의 자리를 차지하며 퓰리처상에 지목되었다. 차라리 남이 되고 싶었던 엄마, 구세주라 믿었던 아빠의 비겁한 모습에 품었던 분노. 그를 살린 것은 살고자 하는 자신의 욕망뿐이었다.

그가 이 책에서 말하고 있는 것은, 생모의 학대에 대한 단순한 고발이 아니다. 그는 이 책에서 놀랍게도 그런 환경을 딛고 일어서는 불굴의 의지를 보여주고 있다. 중요한 것은 바로 이것이다. 상상하기도 힘든 가혹한 고통을 극복하고, 훌륭하게 자신의 삶을 조정한 그 불굴의 의지에 독자는 아낌없이 존경과 찬사를 보내고 있다. 그가 당한 학대가 얼마나 지독한 것이었는지는 주변 사람이 그를 가리켜 '생존자'라고 부르고 있는 것만 보아도 쉽게 알 수 있다.

훌륭한 성인으로 성장한 그는 이 책을 쓴 동기에 대해서 이렇게 말하고 있다.

"내가 이런 이야기를 하는 데에는 두 가지 목적이 있다. 먼저 아무리 자상하고 사랑하는 부모라 할지라도, 언제 어떻게든 무력한 자식에게 울분을 터뜨리는 차갑고 폭력적인 괴물로 변할 수 있다는 것을 독자 여러분에게 알리고자 했다. 그리고 도저히 불가능해 보이는 난관을 뚫고 일어선 인간의 생존력과 인간 정신의 승리를 알리고자 했다."[26]

그는 다른 아이에게 자신이 겪은 고통을 안겨주지 않기 위해, 이처럼 자진하여 자신의 고통스러운 이야기를 솔직하게 들려준다. 그것은 대단한 용기가 아닐 수 없으며, 그러한 용기는 그의 소원대로 도움이 되길 희망한다.

더는 어둠뿐인 세계에서 아이들이 악몽처럼 살아가는 일은 없어야 한다. 그는 생존자로서 아동학대에 대한 폭력적인 괴물을 사실적으로 묘사했다. 폭력이 사회악으로 가장 위험한 이유는 그것이 외부적인 상처를 뛰어넘어 커다란 영혼의 상처를 유발하기 때문이다. 자신의 고통스러운 이야기를 들려주며, 아이들에게 더는 이런 일이 발생하지 않기를 바라는 목적으로 쓴 책이다. 독자에게 가정폭력의 위험성과 심각성에 대해 인식하도록 돕는다.

우리는 자서전, 회고록을 통해 삶을 배운다. 타라 웨스트오버(Tara Westover)의 특별한 회고록 『배움의 발견』은 미국 북서부 아이다호의 독실한 모르몬교 가정에서 태어나 아무런 교육을 받지 못한 그녀의 이야기다.

그녀는 아버지의 반대를 무릅쓰고 케임브리지대 역사학 박사로 성장한다. 세상의 종말이 임박했다고 믿는 모르몬교 광신도 아버지, 아버지의 폭력성을 방관하고 동종요법을 맹신하는 어머니, 여성에게 신체적·언어적 폭력을 서슴없이 가하는 오빠. 그런 가정에서 태어난 그녀는 기본적인 교육의 기회를 박탈당하는 것은 물론, 병원 진료조차 받지 못한 채 유년 시절을 보냈다.

세상의 지식을 습득하는 것은 창녀가 하는 짓이라며 비난하는 아버지. 가정 안에서의 은밀한 폭력에도 불구하고, 그녀는 배움에 대한 열정을 이어갔다. 그녀에게 배움은 학업적 성취를 넘어 세상을 넓고 깊게 바라보는 일이다. 더 나아가 진정한 자아를 발견해 가는 일이었다. 배움을 통해 자신의 삶을 변화시키고자 하는 의지와 폭력에 맞설 수 있는 용기를 갖게 된 것이다.[27]

그녀의 이야기를 관찰자 시점으로 풀어본다. 한 작은 소녀가 벅스 피크 봉우리 아래 서서 산 아래를 굽어보고 있다. 벅스 피크는 미국 북서부의 두메산골인 아이다호에서도 한참을 더 들어가는 오지에 있는 산봉우리다. 소녀의 아버지는 연방정부가 강제로 자신의 아이들을 학교에 가도록 하지 않을까 걱정했지만, 그럴 일은 애초부터 없었다. 소녀와 몇몇 형제들은 출생증명서가 없다. 당연히 정부는 이들이 존재한다는 사실을 모를 수밖에 없다. 소녀는 곧 닥칠 심판의 날을 준비하면서 해가 빛을 잃고 달이 피로 물드는지 살피면서 자랐다.

저자에게 배움이란 단지 좋은 대학에서 학위를 따는 것이 아니라, 세상을 더 깊고 더 넓게 보고 싶었다. 세상의 눈을 뜨고 자신을 재발견하는 일이었다. 저자가 방송인 오프라 윈프리와 나눈 대화 중에 배움에 대한 단호한 정의가 나온다.

"배움은 발견하는 과정이다. 우리의 정신이 성장하고, 책임을 받아들이고, 놓을 것은 놓아 보내고, 품을 것은 더 힘껏 품을 줄 알게 되는 과정. 모두가 배움이라고 생각한다."[28]

데이브 펠저와 타라 웨스트오버가 강한 전사로서 시간과 인내를 극복하지 못했다면 어떻게 변했을까? 끔찍한 환경을 상상할 수 있다. 삶의 불행에서 인간의 존엄성을 지키기 위한 두 전사 이야기는 독자에게 긍정적인 태도와 상황을 극복하고자 하는 의지를 불태운다.

작가의 뇌에 침투하라

노력 없이 쓰인 글은 대개 독자의 감흥(感興)을 받기가 힘들다. 춤추는 나비를 잉태하려면, 반드시 스스로 나비 내면의 속성을 지녀야 한다. 통찰력이 가득한 글도 오·탈자나 비문장(非文章), 맞춤법, 고유명사, 연도 등에서 오류가 있으면 독자의 신뢰를 잃는다. 최대한 독자에게 정보와 즐거움을 주기 위하여 글의 편집과 고쳐쓰기에 능해야 한다. 가독성이 높고 틀린 내용이 없도록 글을 훌륭하게 고쳐야 한다.

우리는 왜 글쓰기를 하는가? 우리의 생활 전반이 영감으로, 혁신적 아이디어로 향하기 때문이다. 생활 문화 플랫폼(Life Culture Platform)에서 영감(靈感)을 시작으로 사람의 생각과 마음, 그리고 행동을 움직여야 한다. 창의적인 일에 동기를 부여하고 생각과 자극을 일으켜야 한다.

사람은 머리로 안다 해도 가슴이 받아들이지 못하면 변화하지 않는다. 내용이 아무리 옳아도 가슴을 울리지 못하면, 독자는 한 발자국도 움직이지 않는다. 문장을 고칠 때는 독자에게 뜻을 조금이라도 정확하게 전달하는 데 목표를 둔다. 무엇을 뺄까?, 무엇을 더할까?, 무엇을 바꿀까? 고민하고 정확한 표현으로 마무리하자.

끝까지 쓰고 고쳐라! 독자에 대한 배려의 심리학을 잃지 말자. 글을 고쳐 쓸 때 다음 질문을 해보자.[29]

① 내가 이야기하고 싶은 대상을 위해 글을 썼는가?

② 어조가 그 대상에게 잘 맞는가?

③ 단어를 적절하게 사용했는가?

④ 글을 읽기에 자연스러운가?

⑤ 이 문단을 말로 하면 어떻게 될까?

⑥ 힘차고 적극적인 동사를 사용했는가?

이제 글쓰기를 마칠 시간이다. 다음 순서에 따라 퇴고하자.

① 참고 자료를 이용하고 책에 부록으로 넣는다.

사전, 용례집, 스타일 가이드(Style Guide)를 적극적으로 활용하자. 최신의 자료들을 찾아봐야 한다.

② 문명의 혜택을 누려라(맞춤법 검사)

③ 글쓰기를 다 끝내기 전까지는 문법, 철자, 구두점 등은 신경 쓰지 말자. 확인할 단계에서 맞춤법 검사를 실행하자.

④ 시간을 가져라

글을 퇴고하기 전에 짧은 글은 몇 시간, 긴 글은 며칠 정도 기다리는 습관을 기르자. 글을 객관적으로 평가할 수 있다.

⑤ 큰 소리로 읽어라

잘못 쓴 철자나 어색한 단어를 찾는 데 이 방법은 정말 효과적이다.

⑥ 다른 사람에게 읽어보라고 요청하라

당신이 믿고 존경하는 사람에게 피드백을 부탁하고 잘 들어본다.

독자에게 커뮤니케이션을 전달하기 위해서는 전략이 필요하다. 우리는 '글쓰기 기술+ 스토리'로 독자의 마음을 움직였다. 독자의 마음을 움직이고 싶다면, 논리적 설명보다 구체적인 스토리가 큰 위력을 발휘한다. 비록 여러분이 작가와는 다른 일을 하더라도, 작가의 꿈을 이룰 수 있다.

현재 자신의 직업을 통하여 어떻게 하면 꿈을 이룰 수 있는지 전략을 짜고 새로운 방식으로 조합하면 된다. 절대 포기하지 말자. 천재는 노력하기 때문에 어떤 분야에서 뛰어난 것이 아니다. 뛰어난 전략으로 그 분야에서 노력한다. 한 걸음, 한 걸음 단계를 밟아 나아가라!

노력의 융복합 시스템은 탁월한 직관으로 가는 길이다.

윌리엄 더건은 미국 컬럼비아대학교 경영대학원 교수이다. 그는 《제7의 감각: 전략적 직관》이라는 책으로 유명하다. 뇌과학 연구에 따르면 직관에는 세 가지 유형이 있다고 한다. 바로 평범한 직관, 전문가 직관, 전략적 직관이다. 더건 교수는 바로 세 번째 유형인 전략적 직관에 관해 꾸준히 연구했다.

더건 교수의 블로그(columbiapress.typepad.com)는 실마리를 제공한다. 그의 주장에 따르면 직관을 통하여 우리는 창조적 아이디어를 얻을 수 있다고 한다. 그는 『전쟁론』을 쓴 독일의 역사가 클라우제비츠의 이론을 바탕으로 직관의 4단계를 설명한다.[30]

① 역사에서 사례 찾기: 남의 아이디어를 훔치기, 훔친 아이디어 조합하기.

② 마음 챙기기: 편견과 선입견을 버리기, 명상으로 마음 수련하기.

③ 직관을 얻음: 통찰을 하면 아이디어 재조합이 이루어진다.

④ 결단: 직관을 실천하기, 직관은 전략이 된다.

CEO에게 최고의 아이디어가 떠오를 때는 언제인가? 기획부서에서 몇 달간 고생하며 만든 보고서를 읽을 때인가. 아니면 오히려 이른 아침 강변을 따라 조깅할 때인가. 뜻밖에도 머리를 쥐어짜며 고민할 때가 아니라, 조깅할 때이다. '아! 바로 이거야'라며 섬광 같은 아이디어가 떠오른 경험을 말하는 CEO가 많다. 불쑥 찾아든 아이디어, 직관은 어디에서 오는 것이고 탁월한 직관을 얻는 방법은 무엇일까?

그는 유튜브 동영상에서 '당신은 언제 최고의 아이디어를 얻는가" 라는 질문에 대부분 사람은 샤워할 때, 운동할 때, 잠이 들려고 할 때 최고의 아이디어가 떠오른다고 한다. 공식적인 브레인스토밍이라고 답한 사람은 단 한 명도 없다.

브레인스토밍의 목적은 창조적인 아이디어를 얻기 위함이다. 그렇다면 우리는 아이디어를 얻는 방법에 대해 큰 오해를 하고 있다. 그렇다면 우리는 창조적 아이디어를 어떻게 얻을까. 당신의 마음속에서 '섬광 같은 통찰(flash of insight)'이 오는 순간이다.

여러 가지 요소가 당신의 마음속에서 문자 그대로 결합하면서 나타난다. 섬광 같은 통찰, 다시 말해 직관을 통하여 우리는 창조적 아이디어를 얻을 수 있다. 마지막 단계는 직관으로 얻은 아이디어를 실천하겠다는 결단이다. 이처럼 직관은 아이디어로 끝나지 않고, 행동으로 이어지기 때문에 전략적이다.

그가 인용한 엘리엇의 말은 평론집 '성스러운 숲'의 한 구절에 있다.

"좋은 시인은 그가 훔쳐 온 것들을 결합해 고유의 것으로 만든다"

놀랍게도 더건 교수의 훔치고 결합하라는 말과 전혀 차이가 없다. 엘리엇은 또 좋은 시인은 다른 시간대에 살았던 작가, 다른 언어를 쓰는 작가, 관심 사항이 다른 작가에게서도 아이디어를 빌려온다고 썼다. 더건 교수가 직관에 이르는 1단계로 제시한 역사에서 사례 찾기라는 말과 흡사하다. 결국, 그가 제시한 1단계는 클라우제비츠와 T. S. 엘리엇(Thomas Stearns Eliot)에게 훔쳐 온 것이다.

이처럼 이 세상에 온전히 새로운 것은 별로 없다. 남의 아이디어·업적에서 잘려 나온 조각들이 내 머릿속을 채우고 있다. 어느 날 갑자기 새로운 방식으로 합쳐질 때, 창조적 아이디어가 직관의 형태로 찾아온다. 그렇다면 또다시 '어떻게'라는 문제에 부딪힌다.

그런 조각들을 새로운 방법으로 정렬시키려면 어떻게 해야 하나? 그는 마음 챙김을 해답으로 제시한다. 마음 챙김은 모든 선입관으로부터 자유를 뜻한다. 그래야만 기억의 조각들이 기존과는 다른 방식

으로 머릿속에서 정렬하는 것이 가능하다. 마음 챙김은 수련을 통해서 얻을 수 있다.[31]

우리는 어떻게 직관을 믿을 수 있나? 이것에 대한 그의 답변이다.

"직관이 맞는지 알 수는 없다. 미래에 대한 추정(project)이기 때문이다. 미래를 100% 정확하게 추정하는 것은 불가능하다. 그러나 남의 아이디어에서 훔친 요소들이 더욱 강력할수록, 새로운 정렬과 조합이 더욱 현실에 들어맞을수록, 더욱더 섬광 같은 통찰을 믿어야 한다."

우리는 책 쓰기 과정에서 자유로운 조합을 한다. 기억의 조각과 역사에서 참고문헌 사례를 찾아 연결한다. 자신의 삶을 준비하고 전략을 가진 작가는 주저 없이 결단을 내린다. 바로 이것이 직관이다. 내 인생을 바칠 수 있고, 내 가슴을 뛰게 만드는 주제에 집중한다. 자신의 삶을 관통하는 섬광의 빛을 따라가야 한다.

06

결코, 글쓰기를 중단하지 말라

작가는 개인의 욕망을 스타일로 정의해야 한다. 이러한 행동 양식은 타고 나지 않아도 충분히 학습하고 연마할 수 있다. 우리는 카리스마가 있는 글을 보며, 비범함을 배운다. 독자에게 의미 있는 정보를 전달하거나, 경험을 공유하는 것은 예술 활동이다.

세상에 당신의 존재를 선언하고 창조적인 잠재력을 발휘하라! 창조적인 영감으로 독자를 상상하게 만들고, 작가의 감정이입으로 공감하게 만들자. 작가는 카리스마의 핵심, 비전을 전달한다. 독자에게 주는 콘텐츠를 통하여 독자는 시간과 비용을 절감하는 생각을 한다.

작가정신은 시대정신을 반영한다. 불확실성 시대에 우리의 생각을 확장하여, 독자에게 많은 가능성을 제시하자. 여러분은 세상에 보물의 가치를 제시하는 것이다.

자신만의 스타일을 정의하라

우리는 새로운 종류의 마법을 발견하고 자신이 선택한 직관을 실천하고 성장하도록, 자신에게 자유를 허용해야 한다. 세계와 자신의 미래에 대해 관점을 가진다는 것은 개인으로서 욕망을 일깨워준다.

자신의 카리스마와 직관이 만나면 큰 시너지가 발생한다. 카리스마(charisma)란 그리스도교적 용어로 은혜, 무상의 선물이라는 뜻이다. 많은 사람을 휘어잡는 능력이나 자질이다. 카리스마 있는 사람은 상대방이 스스로 매력적인 사람이라고 느낄 수 있도록 행동한다. 이러한 행동 양식은 타고 나지 않아도 충분히 학습하고 연마할 수 있다.

우리는 때론 카리스마가 있는 글을 보며, 비범함을 배우고자 한다. 자신의 스타일을 말해주는 작가정신의 사전적 정의를 살펴보면, 문학 작품이나 그림 조각 따위의 예술품을 창작하는 일에 종사하는 사람의 주의 · 주장을 일컫는다. 작가정신은 시대정신을 반영한다.

작가의 카리스마 열 가지 구성요소를 살펴보자.

① 자기 표현력

나를 개방하여 상대를 설득한다. 자기표현은 행복과 자유를 느끼고, 세상에 당신의 존재를 선언하고, 여러분과 같은 대중에게 자신을 드러내는 강력한 방법의 하나다. 창조적 잠재력, 자기표현은 부정적인 감정을 해소하고, 자존감을 높이고, 자신감을 강화하고, 성격을 조절하고, 다른 사람들의 의견으로부터 독립성을 개발할 수 있다.

②공감 능력

독자를 존중하는 데서 관계는 시작한다. 독자를 감동하게 하는 논리에서 출발한다. 인류를 위한 미래를 상상하고, 비전을 제시해야 한다. 꿈을 현실에 가깝게 만드는 멀티플레이형 작가가 필요하다. 창조적인 영감으로 독자를 상상하게 만드는 공감 능력은 감정이입 능력과 연관이 있다. 작가의 감정이입 능력은 독자에게 상황을 잘 이해하고 글을 잘 읽히게 만든다.

③ 신뢰

작가는 독자에게 목숨을 걸고 읽게 만드는 최대의 자산(책)을 선물해야 한다. 작가의 언어를 보며 독자는 생각과 감정을 고스란히 느낄 수 있다. 작가의 언어는 죽어있는 무생물이 아니라 살아 움직이는 생물이다. 문법은 독자가 느끼는 첫인상이다. 문법의 기초 위에 다양한 글을 쓸 수 있다. 정확한 표현과 구조를 구사할 줄 알아야 한다.

④ 설득력

독자 스스로 선택한 책이 자부심을 느끼게 만든다. 독자는 책이 장식품이 아니라 보물로 생각한다. 독자에게 주는 콘텐츠를 통하여 독자는 생각하게 할 시간과 비용을 절감하게 한다.

⑤ 겸손

쓸데없는 것을 찾아내고 버려라. 독자의 부담감을 덜어준다.

⑥ 글쓰기 기술

작가는 논리정연하게 주장을 구성하는 능력, 신중하게 검토된 근거로 주장을 증명하는 능력, 상대가 빠르게 이해하도록 표현하고 전달하는 능력, 주장에 대한 이의를 예상하고 대응하는 능력, 자료들을 책임감 있게 활용하여 정보를 주는 능력이 필요하다.

⑦ 자기 극복

괴테는 30대 후반 로마 여행을 통하여 자신의 삶은 제2의 삶 또는 진정한 재생(再生)이 시작되었다고 한다. 작가 괴테의 삶은 로마 여행 이전과 로마 여행 이후로 나눌 수 있다. 새로운 자신을 발견한다. 로마 여행은 낭만주의의 대표작『젊은 베르테르의 슬픔』의 작가 괴테를 몰락시켰다. 그리고 괴테를 고전주의의 대표작『파우스트』의 작가로 변화하게 했다. 낭만주의 작가 괴테가 몰락하면서 고전주의 작가 괴테로의 변신이 일어난 것이다.[32]

⑧ 유머

여유 있게 세상을 품는다. 작가는 주제를 생각하고 유머도 치밀하게 배치한다. 시대를 앞서간 톨스토이, 마크트웨인, 프로이트 등은 재기발랄한 풍자와 비평가적인 냉소, 번뜩이는 위트와 감동을 준다. 톨스토이가 1865년 5월 6일 본인 일기장에 쓴 내용이다. 이날은 인류 고전으로 꼽히는『전쟁과 평화』를 처음 연재한 때였다.

"전쟁이 나면 사내들이 시끄럽고, 전쟁이 끝나면 여자들이 시끄럽다. 죽어서야 삶은 평화롭다."

톨스토이는 크림전쟁에 참전했고, 평생 아내한테 시달리다 죽었다.

⑨ 인연

모든 만남을 숨은 보물처럼 다룬다. 나무에게 배우는 삶의 지혜『나는 나무처럼 살고 싶다』. 우종영 작가는 나무에게 인생을 배웠다. 이 책은 나무가 담고 있는 탄생 배경과 나무를 키우면서 얻은 지혜와 깨달음, 나무처럼 살고 싶은 마음 등을 솔직하게 그리고 있다. 30년간 아픈 나무를 돌봐주는 나무 의사. 소중한 인연인 나무를 만나, 현대인들에게 생명의 가치와 소중함을 일깨워준다.

⑩ 비전

카리스마의 핵심, 비전을 보여준다. 초격차라는 말이 있다. 이 말이 본격적으로 회자 된 것은 전(前) 삼성전자 권오현 회장의 저서에서 비롯됐다. 책 제목이 『초격차』이다. 경영자는 반드시 읽어야 할 필독서(必讀書)처럼 이 책의 인기는 대단했다. 이에 초격차는 경영자라면 누구나 추구하고 싶은 이상적인 전략으로 여겨진다. 한계를 뛰어넘어 격의 차이를 만드는 경영전략이다. 작가만의 글쓰기와 스토리텔링 기법으로, 넘볼 수 없는 차이를 만드는 격을 보여준다.

조정래는 『황홀한 글 감옥』에서 시대의 산소 역할이 무엇인지 제시했다.

"이 세상의 수없이 많은 소설가 지망생이 너나없이 가슴에 품고 있는 공통된 꿈이 있다. 나는 톨스토이나 도스토옙스키처럼 되고 싶다. 그 감추어진 목표가 바로 대가들이 내린 정의와 소통하는 것이다. 그 목표에 가려면 철저하게 시대의 산소 노릇을 해야 한다. 치열하게 산소 역할을 실천해 나가야 한다. 그 길은 외롭고 험난하고 고통스럽다. 그러나 그 어느 분야의 일이든, 세상이 인정하는 결실을 보기까지는 힘겹다. 문학이 가장 하고 싶은 일이고, 문학을 해야만 가장 행복하다는 확신을 갖게 되면 주저 말고 그 길을 시작하라. 당신이 그 찬란한 위상의 주인공이 될지도 모르니 얼마나 벅찬가."

그는 역사의 중요한 순간에 작가는 펜을 든 혁명가이고, 산소 역할을 하고 진실이 담겨야 한다고 강조한다.

"여러분이 쓰고 싶은 것이라면 무엇이든지 정말 뭐든지 써도 좋다. 단 진실만을 말해야 한다."

그 옳고 바르고 참된 것을 작품으로 지키고 실현하는 것이 작가의 진실이라고 강조했다.[33] 우리는 불확실성 시대에 우리의 사유를 확장하여 아이디어를 훔치고 조합하여, 독자에게 많은 가능성을 제시할 수 있다. 자유분방한 사고를 통해 전혀 여행하지 못한 독자에게 친숙하지 못한 관점을 보여줘라. 여러분은 스스로 세상에 필요한 일을 찾아라. 순간적으로 떠오르는 영감을 자신의 스타일로 보여주길 바란다.

전 세계를 울린 침묵깨기

J.D. 슈람 교수는 테드 강연에서 전 세계에 자신의 자살 시도 경험을 이야기했다. 자살 생존자를 위한 침묵 깨기(Break the silence for suicide survivors)란 테드 강연이다. 그는 부동산 매매로 십만 불 이상의 수익을 남기기도 하고, 대학에서 교수 제의까지 받을 정도로 소위 잘나가는 사람이었다.

성공하는 사람의 한 부류였던 그는 불안감을 이기지 못하고 결국 술과 약물에 의존하게 되었다. 2003년 6월 11일 밤, 그는 맨해튼 다리에서 위험천만하게 물로 뛰어 내렸다. 그는 많은 상처를 입었지만, 기적적으로 살아났다.

이를 계기로 존이 다시 한번 살고자 신체적, 정신적으로 재정립하려 노력하였다. 살고자 굳게 결심한 것과 달리 자신에게 필요한 지원과 도움이 거의 없다는 걸 깨달았다. 자살 생존자가 삶을 재정립할 때, 그의 주위 사람은 그들에게 어떠한 말을 해야 하는지 몰라서 아무 말도 하지 않는다. 이와 같은 상황이 존 같은 자살 경험자를 더욱 내면으로 고립시킨다고 한다.

그러던 중 친한 친구의 자살을 계기로 스스로 목숨을 끊는 사람을 한 사람이라도 줄이고 싶다는 마음이 강하게 일어났다. 자신의 경험을 공개한 이후, 테드 웹사이트에서는 수많은 댓글이 이어졌다. 과거에 자살을 시도한 사람, 자살로 친한 친구나 가족을 잃은 사람이 침묵에서 깨어났다.

J.D. 슈람은 현재 스탠퍼드 경영대학원의 강사로 효과적인 의사소통의 이론 및 실용적인 측면에 대해 강연하고 있다. 그는 사실 존이 자신이라고 TED에서 처음 말을 한다. 과거를 공개한 후에도 스탠퍼드 대학의 교수나 학생 중 색안경을 끼고 본 사람은 아무도 없었다.

그의 커뮤니케이션 수업은 인기가 더 높아졌고, 그는 훨씬 다양한 분야에서 활약하게 되었다.[34] 그는 자신이 동성애자이기 때문에 사장에 취임하지 못한 일, 자신의 분수에 맞지 않은 허세 라이프 등. 그의 불안감을 이야기하고 들어 줄 사람은 없었다. 그는 맨해튼의 아파트를 팔아 빚을 전부 갚고, 자신의 형편과 맞는 곳으로 이사했다. 전철을 타고 다니지만, 전혀 고통스럽지 않고, 검소하고 소박한 생활로 정신을 크게 성장시켰다.

우리 인생에 가장 영향을 많이 끼친 사람은 누구일까? 여러분은 더 열심히 공부하지만, 그로 인해 상처도 많이 받을 것이다. 더 잘해야 한다는 압박감, 또한 충분하지 못하다는 결핍감, 자기 혐오감처럼 어두운 그림자도 생길 것이다.

평범한 직장인이자 작가인 서귤은 SNS에 올렸던 정신과 치료일기들을 모아 『판타스틱 우울백서』라는 독립출판물을 만들었다. 그녀는 알 수 없는 우울감에 시달리다 정신과 진료를 받기 시작했다. 취미로 만화를 그리고 있던 터라, 치료 과정을 카툰으로 그려 자신의 인스타그램에 올렸다. 주변 사람들에게 고백하기는 어려웠지만, 만화로는 솔직하게 털어놓을 수 있었다.

사람들 반응은 예상을 뛰어넘는 것이었다. 얼굴도 모르는 사람들은 격한 공감과 응원을 보내왔다. 누군가는 이 외로운 싸움이 내 얘기 같다고 했다. 만화가 슬프기만 한 건 아니었다. 평범한 일상의 사소한 것들을 유쾌한 느낌으로 그려냈다. 인스타그램 팔로워는 어느새 4만 명으로 불었다. 만화들을 묶어서 책으로 여섯 권이나 냈다.[35]

그녀는 『판타스틱 우울백서』를 연재하게 되면서 결심한 게 있다. 절대 스스로 죽지 말아야지. 자신을 주인공으로 만들어 평범한 일상의 한 부분을 잘라내고, 흐름을, 반전을, 결말을 만들어 이야기를 만든다. 지금은 자신에게 미안할 줄 알고, 고마워할 줄 안다.

결론적으로 지금 살아있는 그녀의 인생이 가장 소중하다고 말한다. 그녀는 죽음의 터널을 지나 작가의 길로 들어서며 자신을 발견하였다. 아무리 외로울지라도, 아무리 험난할지라도, 진정한 자신의 모습을 찾아 이미 치유의 과정을 거치며 성장했다.

방을 정리하고 나면, 또 다른 창조적 글쓰기가 시작된다

정여울 작가는 여러분의 재능을 표현한 결과물을 누군가에게 보여주는 것이 두려울 때, 자신의 내면을 바라보라고 충고한다.

"여러분을 괴롭히는 삶의 장애물들, 여러분을 아프게 하는 말들, 그 가혹한 불운을 향해 멋진 복수를 하고 싶다면, 지금 여기 살아가는 우리의 인생을 예술작품처럼 아름답게 만들어 보자. 그게 꿈같은 이야기처럼 들리겠지만, 가능하다. 내 삶을 사랑할 용기, 우리 안에는 더 나은 존재가 될 수 있다는 용기가 존재한다. 그것이 바로 더 아름답게 살아갈 용기이다. 우리에게 필요한 용기는 미움받을 용기가 아니라 나 자신으로, 있는 그대로의 나로 사랑받을 용기라고 한다.[36]

내 삶을 사랑할 용기, 더 나은 존재가 될 수 있다는 용기, 더 아름답게 살아갈 용기, 나 자신으로 사랑받을 용기가 있다면, 나 자신의 감정을 예술작품으로 변환시켜 보자.

철학자 최진석 교수는 인간이 가진 가장 강력하고 신뢰받는 무기는 '생각'이라고 한다. 그는 자기 자신의 주인이 되어 주체적이고 욕망에 집중하는 삶을 살라고 한다. 현재의 모습은 낙관적이지 않지만, 개인의 행복도, 한국의 미래도, 주체적이고 욕망에 집중하는 개인에게 달려 있다고 한다.

자기로 존재하고 자기로 살라는 것은 우리 속에 편입되어 자신을 용해(溶解)시키지 말라는 이야기이다. 그렇게 만들어진 우리는 동맥경화에 걸린다. 성숙한 자기들이 모여 이루어진 우리가 더 효과적이고 효율적이다.

자기가 자기 삶의 주인이 되고, 자기 삶의 기준이 되는 것이 중요하다. 삶의 기준이 자기한테 있지 않고 외부에 있으면 안 된다. 자기를 보는 시선이 외부에 있으면 행복하기 어렵다. 행복하지 않으면 자유로울 수 없고, 자유롭지 않으면 창의적일 수 없다.

책 속에 있는 길은 자기의 길이 아니라 책 쓴 사람의 길이다. 다른 사람의 길을 읽고 그 사람의 삶을 따라가는 것은 종속이다. 그 사람들이 자기 길을 건설할 때 가졌던 시선의 높이, 사유의 깊이를 배워 내 길을 만드는 것이 중요하다.

다른 사람의 길을 내 길로, 다른 사람의 진리를 내 진리로 착각하면

안 된다.[37] 새로움을 꿈꾸는 사람, 한계를 돌파하려는 사람은 멘토를 뛰어넘어, 다시 자기가 멘토가 될 용기가 있는 사람이다. 책 속에는 길이 없다는 말은 책을 읽지 말라는 이야기가 아니다. 다시 트랜드를 창조하는 혁신자(Innovator)를 말한다.

유행을 좇기보다 정체성(Identity)을 만들자. 여러분은 세상에 보물의 가치를 제시하라! 스스로 정체성을 만들어 가다 보면, 자신을 디자인할 수 있는 철학이 생긴다. 자신의 정체성을 멋지게 예술작품으로 만들어 보자. 얼마나 아름다울 수 있는지 세상 사람들에게 공감이라는 치유시간을 안겨주자. 자신의 욕망을 표현할 용기는 항상 여러분에게 존재한다. 자신에게 충실하길 바란다. 자신의 처한 상황에서 당당하게 행동하라! 진실의 노예가 되지 말고 주인이 돼라! 그리고 멋진 인생을 즐겨라! 작가에게 은퇴란 말은 원래부터 없다.

글을 마치며

프로처럼 자유롭게, 아마추어처럼 마음 가는 대로

진리는 그대 안에 있다.

-『유리알 유희』, 헤르만 헤세

프랑스 소설가 알퐁소 도데(Alphonse Daudet)는 "작가는 묘사하고 있는 인물 속으로 들어가야 한다. 그의 몸속으로 들어가서, 그의 눈으로 세상을 보고, 그의 감각으로, 세상을 느껴야 한다"고 했다. 작가는 목동의 마음으로 들어가, 아가씨에 대한 느낌을 가장 빛나는 별 하나로 그리고 있다. 소설『별』줄거리 일부이다.

아가씨는 산에서 밤을 보내는 게 낯설어
작은 소리에도 놀라며 나에게 다가왔다.
별똥별 하나가 머리 위를 스쳐 지나가자,
이를 본 아가씨가 별에 관해 묻는 것을 시작으로
우리는 밤하늘에 관한 이야기를 나눈다.

나의 이야기를 듣던 아가씨는
스르르 내 어깨에 기대어 잠들었다.
나는 아가씨를 지켜보는 동안,
밤하늘의 가장 빛나는 별 하나가 길을 잃고 내려와
내 어깨에 기대어 잠들었다고 생각했다.

과학자와 마찬가지로 시인은 객관적 세계가 아닌 주관적 세계에 대한 인간의 이해가 넓어지길 원한다. 지석·정서적 연상을 동원해서 알려진 것과 알려지지 않은 것 사이의 유사성을 찾으려 한다.

우리는 평범한 일상과 사소하게 여기는 것에서도 가치를 찾아낼 수 있다. 사람에게는 타고난 은유 능력이 있다. 우리는 늘 은유를 사용하면서 산다.

오비이락(烏飛梨落)이란, 까마귀는 배랑 아무 관계도 없이 그냥 앉아 있다가 날아간 건데, 공교롭게도 그때 배가 떨어지는 바람에 의심을 받는다는 뜻이다. 주관적인 세계에 대한 인간의 해석이다. 여러분은 자신이 보고 있는 것에 대해 생각할 때, 가장 많이 생각하지 않은 것에 대해 생각해보라. 우리는 주의력을 집중시킬 수 있다.

글쓰기에서 관찰하는 것과 관찰한 것을 내용으로 표현하는 것은 마음이 하는 일이다. 일상이라는 것은 사람이 살아가는 삶의 모습이다. 일상을 기록하는 것은 익숙한 일이다. 일상에 가치를 부여하기 위하여 우리가 아는 것을 뒤틀어 바라보자. 초라하고 낡은 운동화를 보며 누구는 웃을 수 있고, 누구는 슬퍼할 수도 있다. 화가는 낡은 운동화를 주제로, 운동화에 토마토 씨앗을 심어 작게 피어오른 새싹을 그릴 수도 있다.

세계적으로 쟁점이 되었던 사진 〈수단의 굶주린 소녀와 독수리〉는 1994년 퓰리처상을 받았다. 실제로 이 사진은 뉴욕타임스에 게재된 후 전 세계에 반향을 일으켰다. 당시 사진을 찍었던 케빈 카터(Kevin Carter)에 대해 윤리적 비난이 일어났다. 한편, 케빈 카터는 퓰리처상을 받은 해에 생을 마감했다. 카터는 죄책감에 시달리며 우울증을 겪다 스스로 목숨을 끊었다.

여러분은 이 사진을 통해 작가의 윤리적인 문제를 떠나 어떤 생각이 드는가? 느끼는 것은 사고하는 것이다. 우리의 육체가 불편해지는 것을 느낄 것이다. 독수리가 소녀를 어떻게 해칠까? 생각하며 괴로울지도 모른다. 몸과 마음은 하나다. 독수리의 몸짓은 사냥 먹잇감을 놓치지 않으려는 자세를 취하고 있다.

소녀의 고통을 생각한다. 그녀가 독수리를 본다면 어떤 느낌일까? 우리는 스스로 소녀가 되어 생각하여 본다. 감정이입은 다른 사람의 몸과 마음을 통해 세계를 깨닫는 것이다. 문제 속으로 들어가 그 문제의 일부가 되는 것이다. 자신이 아니라 스스로 이해하고 싶은 대상이 된다는 것이 될 때, 상상력은 폭발한다.

단, 프로작가가 되길 원한다면 가장 완벽한 이해를 위해 준비를 해야 한다. 자신이 이해하고 싶은 대상을 위하여 감정이입을 해야 한다. 그리고 자신의 의도를 자유롭게, 아마추어처럼 마음이 가는 대로 표현해야 한다.

끝으로 동시대를 살아가는 사람들에게 '함께' 성장하는 마음으로 이 책을 집필하였다. 세상을 바꾸는 글쓰기 재발견은 나를 재발견하는 창조적 긴장이었다. 지금 진행 중인 친절한 이웃 프로젝트는 내 이

웃과 친구, 동료에게 책을 선물하는 프로젝트이다. 앞으로 1년에 한 권씩 책을 집필하여 전 세계를 움직이는 침묵깨기 예술활동을 이어갈 것이다.

한양대 대학원 은사인 고운기 교수님, 한국 외국어대 장은갑 교수님, 경희대 대학원 은사인 유창석 교수님, 이상민 도산학교 대표님, (전)삼성전자 김문식 전무님, 다산 정약용 선생의 후손인 정상진 회계사님, 문인철 교장 선생님, 정종철 국어 선생님 등 사랑하는 가족에게 두 손 모아 감사함을 전한다.

참고문헌

Chapter 1 글쓰기 전에 알아야 할 것

1. 『천재들의 공부법』 조병학 지음, 인사이트 출판, P111.
2. 『세계 최고의 인재들은 무엇을 공부하는가?』 후쿠하라 마사히로 지음, 엔트리 출판. P50, 74, 85.
3. 『150년 하버드 글쓰기 비법』 송숙희 지음, 유노북스 출판, 2018년. P39-40, 43-49
4. 『150년 하버드 글쓰기 비법』 송숙희 지음, P110
5. 《HBR 매거진》 빌 버차드(Bill Birchard), 「강력한 비즈니스 글쓰기의 과학」, 2021년. 7-8호
6. 치유글쓰기(http://www.swritingworks.com)
7. 중앙일보 '글쓰기로 마음 치유하는 문학치료', 2012.11.26.
8. 치유글쓰기(http://www.swritingworks.com)
9. 리텍스트(https://blog.naver.com/homework121)
10. 『12가지 인생의 법칙』 조던 B. 피터슨 지음, 메이븐 출판, 2018년.
11. 『탁월한 사유의 시선』 최진석 지음, 21세기북스, 2017년.

Chapter 2. 성공하는 사람들의 글쓰기 노트

1. 『하버드스타일』 강인선지음, 웅진지식하우스.
2. 『하버드의 생각수업』 후쿠하라 마사히로 지음, 엔트리 출판.
3. 『하버드스타일』 강인선지음, 웅진지식하우스. P81.
4. 『나도 한 문장 잘 쓰면 바랄 게 없겠네』 김선영 지음, 블랙피쉬 출판. P167.
5. 『철학자의 설득법』 안광복지음, 어크로스. P212~213.
6. 『하버드 100년 전통 말하기 수업』 류리나 지음, 리드리드출판. P328.
7. 『하버드 100년 전통 말하기 수업』 류리나 지음. P328.
8. 『하버드 100년 전통 말하기 수업』, 류리나 지음. P156.
9. 『하버드 100년 전통 말하기 수업』, 류리나 지음. P155
10. 『끌리는 단어 혹하는 문장』 송숙희 지음, 유노북스. P235.
11. Communication Library, Acase.

12. 오마이뉴스, 「서평 쓰기의 '비결', 세 가지만 기억하세요」, 2021.02.16.
13. 《씨네21》, '프로 원작자' 스티븐 킹에 관한 10가지 흥미로운 이야기, 2019.11.16.
14. 『천재는 어떻게 만들어지는가』 백연화 옮김, 바비 드포터 지음. P38.
15. 한겨레, 「글쓰기로 기른 능동적 태도, 성공의 밑거름 된다」, 2011.09.26.
16. 『하버드 글쓰기 강의』 바버라 베이그 지음, ㈜글항아리. P27, P45, P60, P73.
17. 『천재는 어떻게 만들어지는가』 백연화 옮김, 바비 드포터 지음. P19.
18. 인사이트, 「음악 들으면서 공부하면 집중력 쑥쑥 향상된다」, 2018.02.11.
19. 동아비즈니스리뷰(DBR), 「제안서는 소설과 달라…핵심부터 제시하라」, 송진선, 30호 (2009년 4월 Issue 1).
20. 독서신문(http://www.readersnews.com), "쓸 데 없는 회의는 줄여라" 지금의 아마존 만든 베조스의 회의법, 2021.11.21.
21. 동아일보, 「갑작스러운 퇴직은 사회적 죽음 같았다, 하지만…」, 2021.12.12.
22. 조선비즈, 「美 IT 공룡들, 클라우드에 코로나19 대규모 데이터 모은다」, 2020.05.29
23. 동아비즈니스리뷰, 「스마트워킹으로 회의 80% 줄이고 보고서 절반 없애라」, 장동익, 251호(2018. 06)
24. (http://www.ciokorea.com/news/177419), 「빅데이터 시대 핵심 인력 '데이터 애널리스트' 역할부터 연봉까지 A to Z」
25. 『데이터 브랜딩』, 김태원 지음, 유엑스 리뷰, P68, P111.
26. 네이버블로그 더아이엠시, 「기업들은 빅데이터 분석을 위해 문과를 찾고 있다」.
27. 김미경 MKYU 대학 홈페이지, 조성준 〈빅데이터 분석 실전〉 강의
28. 『데이터 브랜딩』 김태원 지음, 유엑스 리뷰, P105.
29. (http://www.ciokorea.com/news/177419), 「빅데이터 시대 핵심 인력 '데이터 애 널리스트' 역할부터 연봉까지 A to Z」
30. 『데이터 스토리텔링』 콜 누스바우머 내플릭 지음, 에이콘 출판, 2016, P188.
31. 『데이터 스토리텔링』 콜 누스바우머 내플릭 지음, 에이콘 출판, 2016, P189.
32. 『데이터 스토리텔링』 콜 누스바우머 내플릭 지음, 에이콘 출판, 2016, P190.
33. 《하버드 비즈니스 리뷰》「데이터과학 그리고 설득의 기술 Data Science and Art of Persuasion」, 스콧 베리나토 지음, January-February 2019.
34. 《하버드 비즈니스 리뷰》「데이터과학 그리고 설득의 기술」, 스콧 베리나토 지음, 2019.
35. 《하버드 비즈니스 리뷰》「데이터과학 그리고 설득의 기술」, 스콧 베리나토 지음, 2019.
36. (https://joecho.tistory.com/), 「캐글 타이타닉 데이터 분석 및 시각화」

Chapter 3. 세상을 바꾸는 하버드 & 스탠퍼드 글쓰기

1. 『하버드 글쓰기 강의』 바버라 베이그 지음, ㈜글항아리, P140, P204, P206.
2. 조선일보, 「하버드大 글쓰기 수업, 1:1로 혹독하게 가르쳐」, 2017.01.14.
3. 『하버드 글쓰기 강의』, 바버라 베이그 지음, ㈜글항아리, P214.
4. 『하버드 글쓰기 강의』, 바버라 베이그 지음, ㈜글항아리, P259.
5. 『하버드 강의노트』, 하오런 지음, 레몬북. P165.
6. 『하버드 글쓰기 강의』, 바버라 베이그 지음, ㈜글항아리, P9.
7. 『하버드 글쓰기 강의』, 바버라 베이그 지음, ㈜글항아리, P57.
8. 『하버드 스탠퍼드 생각수업』, 가노 미키 지음, 삼호 미디어 출판. P40.
9. 『나도 한 문장 잘 쓰면 바랄 게 없겠네』 김선영 지음, 블랙피쉬 출판. P206.
10. 『하버드 100년 전통 말하기 수업』, 류리나 지음. P361.
11. 『하버드 100년 전통 말하기 수업』, 류리나 지음. P361.
12. 『철학자의 설득법』, 안광복지음, 어크로스.
13. 『세계 최고의 인재들은 무엇을 공부하는가 』, 후쿠하라 마사히로 지음, 엔트리 출판. P153.
14. 『철학자의 설득법』, 안광복지음, 어크로스. P276.
15. 조선비즈, 「일론 머스크는 무슨 책 읽고 감명받았을까...美 CEO들의 휴가철 추천 책은?」, 2020.08.15.
16. 『진짜 이야기를 쓰다: 하버드 니먼재단의 논픽션 글쓰기 가이드』, 알렙, 마크 크레이머, 웬디 콜. P50, P52.
17. 『진짜 이야기를 쓰다: 하버드 니먼재단의 논픽션 글쓰기 가이드』, 알렙, 마크 크레이머, 웬디 콜. P7.
18. 오마이뉴스, 「신문 읽기는 기본, 직접 신문 만들면 사고력·문장력 쑥쑥!」
[현지 취재] 미국 보스턴 부르클라인 고교 저널리즘반.
19. 스토리오브서울(http://www.storyofseoul.com), 「The Guardian 지와 Data Journalism 그리고 뉴스타파」, 2014.08.19
20. 미디어오늘(http://www.mediatoday.co.kr), 「데이터 저널리스트가 되려면…」, 2010.11.24
21. 『데이터 브랜딩』 김태원 지음, 유엑스 리뷰, P136.
22. 『데이터 브랜딩』 김태원 지음, 유엑스 리뷰, P136.
23. 『데이터 브랜딩』 김태원 지음, 유엑스 리뷰, P255.
24. 『데이터 브랜딩』 김태원 지음, 유엑스 리뷰, P142.

25. 『인간을 탐구하는 수업: 스탠퍼드 9가지 위대한 법칙』 사토 지에 지음, 다산북스.
26. 동아비즈니스리뷰(DBR) 「나만의 스토리, 진심어린 사과, 좋은 질문... 진정성 리더십은 커뮤니케이션부터 다르다」, 김호 지음, 75호(2011년 2월 Isuue 2).
27. 『보통 사람을 위한 책쓰기』 이상민 지음, (주)알피스페이스, P91.
28. 조선 톱클래스(http://topclass.chosun.com/), 「취업 낙방생에서 100쇄 50만 부 베스트셀러 작가 되기까지」, 글: 이선주 객원기자. 2019년 01월호.
29. YES24, 2021년 12월02일.
30. 동아비즈니스리뷰(DBR) 「사회적 갈망+파워마케팅, 신화를 낳다」, 김유영, 이문규, 71호 (2010년 12월 Isuue 2)
31. 동아비즈니스리뷰(DBR) 「지식의 시대 가고 '데이터 학습'의 시대. 인재교육, '데이터 리터러시'에 초점을」, 김성남, 228호(2017년 7월 Issue 1).

Chapter 4. 글쓰기 거장, 숨은 실력 따라하기

1. 『하버드 강의노트』 하오런 지음, 레몬북. P273.
2. 『데이터 브랜딩』 김태원 지음, 유엑스 리뷰, P180~181.
3. 미래한국 Weekly, 「뼛속까지 내려가서 써라... 전 세계 독자들을 사로잡은 혁명적인 글쓰기 방법론」, 2018.11.04.
4. 머니투데이, 「하버드대 도서관의 역사」, 김화진칼럼, 2021.06.08.
5. 출처 (http://www.yes24.com/Product/Goods/57951633), 『공부와 열정』, 제임스 마커스 바크 저.
6. 『하버드는 어떻게 글쓰기로 리더들을 단련시키는가』, 이상원, 북오션. P94.
7. 『하버드는 어떻게 글쓰기로 리더들을 단련시키는가』, 이상원, 북오션. P97.
8. 『하버드는 어떻게 글쓰기로 리더들을 단련시키는가』, 이상원, 북오션. P90.
9. 「존F 케네디 하버드대 입학 에세이(1935)를 보실까요?」 (http://www.nyculturebeat)
10. 동아비즈니스 리뷰, 「사람들이 TED에 열광하는 이유」, 76호(2011년 3월 Issue 1).
11. 한국일보, 「내성적이며 외향적인 당신은 양향성격자」, 2015.07.29.
12. 데일리인베스트(http://www.dailyinvest.kr), 「하버드법대 종신교수 석지영, '삭스-프로인드 어워드' 수상」, 2016.05.30.
13. 하버드 비즈니스 리뷰, 「강력한 비즈니스 글쓰기의 과학」, 빌 버차드(Bill Birchard), 2021. 7-8월호.
14. (https://remocon33.tistory.com/253), [Honsemiro's Blog], 「감성지능을 높이는 7가지 방

법」 * 원본: 〈B2C〉 지에 실린 캐세이 멀킨(Casey Mulqueen)의 글 '7 Ways to Boost Your Emotional Intellegence)'
15. 뉴스앤조이, 「읽고 공감하라. 그럼 잘 쓸 수 있다」, 김학현, 2016.08.29.
16. 『에머슨의 위대한 연설』 랄프 왈도 에머슨 지음, 포북(forbook), 2017년.
17. 『무기가 되는 책쓰기』 조영석 지음, 라온북 출판, 2020년. P90.
18. 『무기가 되는 책쓰기』 조영석 지음, 라온북 출판, 2020년. P30.
19. https://sofeelgoodlife.tistory.com/122, 「무라카미 하루키 에세이 6권 추천 대표작은?」, 2019년 03월11일.
20. 『그릿』 엔젤라 더크워스 지음, 비즈니스 북스, 2016년. P359.
21. 『하버드 글쓰기 강의』 바버라 베이그 지음, (주)글항아리, 2011년, P372-373.
22. 『보통 사람을 위한 책쓰기』 (주)알피스페이스, 2020년, P161.
23. 『책쓰기 특강』 김도사 지음, 위닝북스, 2020년. P163.
24. 『보통 사람을 위한 책쓰기』 (주)알피스페이스, 2020년. P133.
25. https://happyengineer.tistory.com/entry/, 「출판사를 선택하는 방법」
26. 중앙선데이, 「Editor는 작가의 뇌에 침투해야 한다」. 2020.07.18.
27. https://hyeonse77.tistory.com/entry, 필립 코트러의 4.0(Marketing 4.0).
28. 아주경제신문, 「지영석 엘스비어 회장 "직업 선택, 모험·멘토가 중요"」, 2021-06-14.
29. 한국경제신문, [글로벌 인재포럼 2014] 지영석 글로벌 출판기업 엘스비어 회장 "출판 1위 비결…디지털 시대로 변화 이끌어온 인재의 힘", 2014.10.19.
30. 중앙일보, [인터뷰] 차기 국제출판협회장 지영석씨, 2010.11.13.
31. 코리아 포브스, 「김영세 이노디자인 회장, 산업디자인계 거장의 새도전」
32. 동아비즈니스리뷰 155호(2014년 6월 Issue 2), 「성공은 남이 시켜주는 것 요청해야 성공한다」
33. 알라딘(https://www.aladin.co.kr/shop/wproduct.aspx?ItemId=75366580), 오리지널스 - 어떻게 순응하지 않는 사람들이 세상을 움직이는가, 애덤 그랜트(지은이).
34. 글쓰기만큼이나 중요한 '제목 잘 짓는 법'
(http://openads.co.kr/content/contentDetail?contsId=5829)
35. 여성신문(http://www.womennews.co.kr), 판타지에 빠지고 '부자의 꿈' 키우고...2021 서점가 키워드는 '꿈', 2021.12.29.
36. 『연암에게 글쓰기를 배우다』 설흔 · 박현찬 지음, 예담 출판. P110.
37. 『연암에게 글쓰기를 배우다』 설흔 · 박현찬 지음, 예담 출판. P111.
38. 『연암에게 글쓰기를 배우다』 설흔 · 박현찬 지음, 예담 출판. P238.
39. 『연암에게 글쓰기를 배우다』 설흔 · 박현찬 지음, 예담 출판. P277.

40. 대한민국 정책브리핑(www.korea.kr), [문인의 흔적을 찾아서] 강릉 허균 생가조선시대, 부패한 사회를 개혁해 새로운 세상을 이루려 했던 꿈, 2021.03.23.
41. 문화재청, 「문장가 허균의 이유있는 쓴 소리」, (https://www.cha.go.kr/)
42. 네이버 지식백과 정약전[丁若銓], 『정약용의 또 다른 멘토』 (인물한국사, 신병주, 장선환)
43. 네이버 지식백과 정약전[丁若銓], 『정약용의 또 다른 멘토』 (인물한국사, 신병주, 장선환)
44. 네이버 지식백과 정약전[丁若銓] , 『정약용의 또 다른 멘토』 (인물한국사, 신병주, 장선환)

Chapter 5. 글쓰기는 절망을 희망으로 바꾸는 간절함이다

1. 이데일리, 희망·위로 또 통했다…'달러구트 꿈 백화점 2' 서점가 강타, 2021-08-10.
2. 한국일보, 이미예 소설 '달러구트 꿈 백화점' 100만부 돌파, 2021. 12. 02.
3. 『직관의 힘』 은지성 지음, 황소북스 출판, P96.
4. 『생각의 탄생』 로버드 루트번스타인 · 미셸 루트번스타인, 에코의 서재, P391~392.
5. 『생각의 탄생』 로버드 루트번스타인 · 미셸 루트번스타인, 에코의 서재, P446~447.
6. 『생각의 탄생』, 로버드 루트번스타인 · 미셸 루트번스타인, 에코의 서재, P448~449.
7. 이데일리, "단순 취미활동에 그치지 않아요"... '기록' 남기는 MZ세대, 2021. 03. 03.
8. 『하버드 글쓰기 강의』 바버라 베이그 지음, (주)글항아리, 2011. P87.
9. 『하버드 글쓰기 강의』 바버라 베이그 지음, (주)글항아리, 2011. P79.
10. 『하버드 글쓰기 강의』 바버라 베이그 지음, (주)글항아리, 2011. P75~76.
11. 『하버드 글쓰기 강의』 바버라 베이그 지음, (주)글항아리, 2011년, P143.
12. 『하버드 글쓰기 강의』 바버라 베이그 지음, (주)글항아리, 2011년, P146~147.
13. 『하버드 글쓰기 강의』 바버라 베이그 지음, (주)글항아리, 2011년, P148.
14. 『하버드 글쓰기 강의』 바버라 베이그 지음, (주)글항아리, 2011년, P151.
15. 『하버드 글쓰기 강의』 바버라 베이그 지음, (주)글항아리, 2011년, P217.
16. 중앙선데이, 「진짜 중요한 건 삶이 우리에게 뭘 기대하느냐는 것」 2011. 12. 10.
17. 채널A, 「20년 정든 한국 떠나, 악기·발레슈즈 대신 총 들었다」, 2022. 03. 03
18. 『하버드 강의노트』 하오런 지음, 레몬북. P94, 97.
19. 『하버드 강의노트』 하오런 지음, 레몬북. P91.
20. 『하버드 글쓰기 강의』 바버라 베이그 지음, (주)글항아리, 2011. P218.
21. 『하버드 글쓰기 강의』 바버라 베이그 지음, (주)글항아리, 2011. P230.
22. 『하버드 강의노트』 하오런 지음, 레몬북. P69.

23. 『하버드 강의노트』 하오런 지음, 레몬북. P73~74.
24. 『나는 나』 캐럴 피어슨 지음, 연금술사, P242.
25. 데일리안, 「윤석열, 시대가 부르는 '악어 관상'」, 2022.01.31.
26. 예스 24, (http://www.yes24.com/)
27. 알라딘, (https://www.aladin.co.kr/)
28. 서울신문, 「나 자신을 찾는 투쟁, 배움」, 2020. 01. 10.
29. 『천재는 어떻게 만들어지는가』 바비 드포터 지음, 엔트리, P220.
30. 『직관의 힘』 은지성 지음, 황소북스 출판, P152.
31. 매일경제, 「윌리엄 더건 컬럼비아大 교수 "직관은 노력의 산물"」, 2010. 07. 02
32. 헤드라인뉴스 2022. 02. 11.(http://www.iheadlinenews.co.kr)
33. 『황홀한 글감옥』 조정래 지음, 시사IN북(시사인북), 2020. P26-27, P35.
34. 『인간을 탐구하는 수업: 스탠퍼드 9가지 위대한 법칙』, 사토 지에 지음, 다산북스 P311~313.
35. 중앙일보, 「우울증 치료 만화 펴낸 직장인」, 2019. 04. 26
36. 『1일 1페이지, 세상에서 가장 짧은 심리수업 365』 정여울 지음, 위즈덤하우스, P255.
37. 연합뉴스, 「철학자 최진석의 '주체적인 삶'」, 2016. 03. 02.

웹사이트 및 인터넷 출처

- 유튜브, 〈사이먼시넥(Simon Sinek) TED 동영상〉, https://youtu.be/qp0HIF3SfI4
- 유튜브, 〈언어의 정원- 조던피터슨〉, https://youtu.be/7fwCE_mYUZ0
- 유튜브, 〈조던 피터슨 12가지 인생의 법칙 - 호주 브리즈번 강연〉 동영상 사이트(https://youtu.be/gOIe65Kzmo4)
- 위키백과, 네이버 지식백과.
- 한국고전번역원.
- 한국민족문화대백과사전.
- 구글 트렌드 사이트. (https://trends.google.co.kr/trends/?geo=KR)
- 네이버 데이터랩 사이트. (https://datalab.naver.com)
- 제임스 바크 인터뷰 동영상 사이트. (http://www.youtube.com/watch?v=xCGd7S9gnIQ)
- James Bach: "Beauty or Bugs: Using the Blink Oracle in Testing" (http://www.youtube.com/watch?v=xCGd7S9gnIQ)
- 하버드 글쓰기센터 사이트. (https://writingcenter.fas.harvard.edu/)
- SAT 에세이 문제와 답안 사례. (http://collegereadiness.collegeboard.org/sample-questions/essay/1)
- TED 동영상 〈세자르 쿠리야마: 가장 기억하고 싶은 1초의 영상 순간〉 (https://www.youtube.com/watch?v=7uN4I1wEOXE)
- TED 동영상 〈맷커츠: 30일 동안 새로운 것 도전하기〉 (https://www.ted.com/talks/matt_cutts_try_something_new_for_30_days/transcript?language=ko)
- TED 동영상 〈수잔케인: 내성적인 사람의 힘〉 (https://www.youtube.com/watch?v=c0KYU2j0TM4)
- 하버드 졸업식 연설 석지영교수 (https://www.youtube.com/watch?v=VQziPeDtcEE)
- 맥아더재단 홈페이지(www.macfound.org)
- 국내출판사 리스트: https://onefeel.tistory.com/252
- 텀블벅 펀딩 사이트(https://tumblbug.com)
- 글로벌 리더 지영석 회장 다큐멘터리 유튜브 동영상 (https://www.youtube.com/watch?v=eHAtwgNxm98)
- 애덤 그랜트 『오리지널스』 동영상 (https://www.youtube.com/watch?v=L3E5RG0pTLk)
- KBS 한국사전, 「조선의 자유주의자, 혁명을 꿈꾸다, 허균」

(https://www.youtube.com/watch?v=SAhSVS_c4aw)
- KBS 역사스페셜, 「조선시대, 최신식 어류백과사전이 있었다」, KBS 2003. 04. 05. 방송
(https://www.youtube.com/watch?v=YPn3kaYZBiw)
- 문학평론가 황현산 (아름답고 섬세한 통찰)
(https://www.youtube.com/watch?v=ZECdPZvJSFg)
- 드로루앤드류 김미경 MK TV 유튜브 동영상 사이트
(https://www.youtube.com/watch?v=1u4T5PYUXlE&t=2044s)
- 『제7의 감각: 전략적 직관(STRATIGIC INTUITION)』 YTN 오디오 서평
(https://www.youtube.com/watch?v=NA3D82cxTqY)
- 최진석교수 생존철학: 인간이 가진 가장 강력하고 신뢰받는 무기는 '생각'입니다
(https://www.youtube.com/watch?v=_d_e8lhwkEw)

[Chapter 1]

- **자크 프레베르(Jacques Prévert, 1900년 2월 4일 ~ 1977년 4월 11일)**

  프랑스의 시인이자 영화 각본가였다. 그의 시는 프랑스어 세계, 특히 학교에서 매우 유명했고 지금도 그 명맥을 이어오고 있다. 그가 쓴 영화 가운데 몇 가지는 사상 최고의 영화 가운데 하나로 여겨지는 천국의 아이들과 더불어 매우 잘 알려져 있다. 이브 몽탕이 부른 유명한 샹송 '고엽'의 작사자이기도 하다.

- **UMASS대학교 글쓰기센터**

  University of Massachusetts Amherst(미국 메사추세츠 주립대학)안의 부속시설. University Writing Center는 모든 사람이 작가이며 모든 작가가 자신의 작문에 중요한 문해력 배경을 가지고 있다고 믿는다. 센터는 모든 교수진, 학생과 교직원이 과거의 작문 지식을 존중하고 이를 새로운 상황으로 확장하는 캠퍼스 전체에 작문 문화를 조성한다. UMass Writing Center. writingcenter@acad.umass.edu (이메일)

- **오피오이드(Opioid)**

  마약성 진통제를 말한다. 의사들이 가장 많이 처방하는 진통제인 오피오이드는 뇌와 척수에 있는 단백질에 결합해 통증 지각을 감소시킴으로써 강력한 진통 효과를 나타낸다. 모르핀을 포함해 옥시코돈, 하이드로코돈, 펜타닐, 메타돈, 트라마돌, 하이드로몰폰 등의 상표명으로 출시된 것이 모두 오피오이드다.

- **뇌 가소성(Brain Plasticity)**

  중추신경의 자기조절 능력, 뇌의 학습·진화능력, 뇌의 손상으로부터의 회복능력을 말한다. 즉, 두뇌 자체의 자가회복능력, 자기 대체능력 정도로 볼 수 있다. 뇌 가소성 개념은 크게 두 가지이다. 즉 회복 가소성(restoring plasticity)과 적응 가소성(adaptative plasticity)의 의미를 지니고 있다. 회복 가소성의 개념은 의학적 차원에서 많이 활용되는 개념이다.

  이는 손상을 입은 뇌 조직이 손상 후에 스스로 회복되거나, 또는 손상되지 않은 다른 조직에 의해 대체된다. 손상 이전과 같은 기능을 회복해 나가는 특성을 말한다. 뇌 가소성의 특성이 발휘되는 과정 중에, 뇌 안에서 일어나는 현상은 '시냅스 전정(剪定, 가지치기, pruning)'이다.

뇌의 성장 발달이 일어나는 동안 뇌 신경 세포들은 자체의 크기가 커진다. 다른 세포들과의 신경전달이 이루어지는 부위, 즉 시냅스를 추가로 계속해서 형성시켜 나간다.

[Chapter 2]

• 게오르기 로자노프 박사(Georgi Lozanov)

암시학습법 &가속학습법은 세계적인 심리 치료전문가인 게오르기 로자노프 박사가 처음 적립한 학습법이다. 유네스코의 학원을 받은 바 있는, 선진교육방법으로 알려져 있다. 그만큼 세계적으로 인정받고 있는 공부 방법이다. 지금 배우고 있는 문제풀이식, 또는 단순 암기식, 주입식 교육 방법보다 무려 50배 가까이 빠른 학습 속도를 발휘하는 궁극의 교육 방법으로 알려져 있다.

• 부르디외

프랑스의 사회학자이며 인류학자, 철학자, 비평가. 프랑스의 유명한 석학으로 신자유주의를 전면에서 가장 강하게 비판했다. 저서인 『재생산』, 『구별 짓기』 등과 '문화 자본', '아비투스', '장(field)' 등의 개념이 유명하다. 칼 마르크스, 에밀 뒤르켐, 막스 베버를 잇는 20세기 후반의 대표적인 사회학자로 꼽힌다. 미셸 푸코를 이어 논문 인용률이 2위일 정도로, 사망 이후에도 사회과학 전반에 막대한 영향력을 미치고 있다.

• 로만 야콥슨(Roman Jakobson)

러시아 제국 태생의 미국 언어학자이자 문학 이론가였다.

구조주의 언어학의 선구자인 야콥슨은 20세기의 가장 유명하고 영향력 있는 언어학자 중 한 명이었다. 야콥슨은 통사론, 형태론, 의미론과 같은 언어의 다른 측면을 연구하는 데에도 유사한 원리와 기술을 확장했다. 그는 철학, 인류학 및 문학 이론을 포함한 언어학을 넘어서는 학문에 구조 분석을 적용하는 데 중추적인 인물이 되었다. 근본적인 언어적 보편개념, 특히 변별적 자질에 대한 그의 유명한 이론은 20세기 후반에 이론 언어학의 지배적인 인물이 된 놈 촘스키의 초기 사고에 결정적인 영향을 미쳤다.

• 닉 모건(Nick Morgan)

미국의 최고 커뮤니케이션 코치와 사상가 중 한 명이다. 포춘지가 선정한 50대 기업 리더들과 함께 작업하고 있다. 닉의 블로그를 방문하는 사람들은 매달 10만 명이 넘으며, 그의 글은

널리 공유되고 있다. 닉 모건은 전문가로서의 조언을 제공하기 위해 CNN에 정기적으로 출연하고 있다. HBR.org에 자주 글을 기고한다. 그는 하버드 비즈니스 리뷰 프레스에서 『연설을 통해 세상을 바꾸자』와 『파워의 신호』를 출간하였다.

- **제임스 C. 흄스(James C. Humes)**

화술과 리더십에 정통한 저술가. 역대 미국 대통령 다섯 명의 연설문 작가이다. 그는 역사적 위인들이 자신의 추종자나 지지자들을 상대로 어떻게 연설했고, 어떻게 설득했는지를 간단하지만, 효과적인 기법을 정리하여 밝혀놓았다.
저서로 『에이브러햄 링컨의 재치와 지혜(The Wit & Wisdom of Abraham Lincoln)』, 『윈스턴 처칠의 재치와 지혜(The Wit & Wisdom of Winston Churchill)』, 『백악관 연설문작가의 고백(Confessions of a White House Ghostwriter)』, 『아이젠하워와 처칠(Eisenhower and Churchill)』 등이 있다.

- **존 스타인벡**

미국의 소설가이며, 미국 경제구조의 모순으로 고통받는 노동자들의 가난한 삶을 사실 그대로 묘사하는 작품활동을 하였다. 윌리엄 포크너와 어니스트 헤밍웨이의 뒤를 이은 미국의 대표적인 작가로 손꼽히며, 그의 작품은 따뜻한 인간미가 넘치는 문체에 특징이 있다. 작품으로는 『분노의 포도』 (The Grapes of Wrath, 1939), 『에덴의 동쪽』 East of Eden, 1952) 등이 있다.

- **기반기술(Infrastructure) 또는 인프라(infra)**

소비재에 포함되지 않고 생산수단이 아니어서 생산 활동에 직접 사용되지는 않는다. 경제활동을 원활하게 하려고 꼭 필요한 사회 기반 시설을 말한다. 대표적인 예로 도로, 항만, 철도 등이 있다.

- **챈 저커버그 이니셔티브(Chan Zuckerberg Initiative)**

페이스북 최고경영자 마크 저커버그(Mark Zuckerberg)가 2015년 12월 1일, 딸 출산 소식과 함께 자신과 부인 프리실라 챈의 이름을 딴 공익사업기관이다. 마크 저커버그 부부는 여기에 부부재산의 99%를 기부했다. 목표는 건강, 교육, 과학 연구 및 에너지와 같은 분야에서 인간의 잠재력을 향상하고 평등을 촉진하는 것이다.
미국의 비영리 탐사 저널리즘 매체 프로 퍼블리카(PRO PUBLICA)는 '마크 저커버그의 이타심이 그 자신을 돕는 방법'이라는 제목의 이 글에서 "저커버그는 기부한 것이 아니라 투자기관을 만든 것"이라고 지적했다. 실제 저커버그는 '챈 저커버그 이니셔티브'를 자선 재단이 아닌 유한책임회사(Limited Liability Company·LLC)의 형식으로 설립했다.

- **디바이스**

기계적인 장치나 전자 장치들을 일컫는 용어에 해당한다. 쉽게 말해서 우리가 평소에 흔히 사용하고 있는 컴퓨터나, 핸드폰 등 이러한 전자기기들을 디바이스라고 부르고 있다. 요즘엔 흔히 핸드폰이나 컴퓨터를 부를 때 디바이스라고 표현하고 있다.

- **인사이트(Insight)**

통찰력은 사물 또는 현상들을 통찰하는 능력을 의미한다. 즉 표면에 드러나 있지 않고 숨겨져 있는 사실 또는 가치를 파악하는 것이 바로 인사이트에 해당한다. 통찰력은 단기간 내에 쌓을 수 있는 역량은 아니다. 하지만 지속적으로 인사이트를 발견하기 위한 끊임없는 노력, 현상을 다양한 관점에서 파악할 수 있어야 한다. 분석 틀에 대한 지식, 지속적인 경험들이 쌓인다면 후천적 통찰력을 갖게 해 줄 것이다. 냉정하게 자신을 돌아보고 노력하는 것 역시 유일한 방법이다.

- **신병훈련소(Boot Camp)**

실력 있는 소프트웨어 엔지니어를 양성하는 기관이다. 학습 콘텐츠와 프로젝트 형식의 과제를 기반으로 프론트 엔드, 백엔드 등의 실무적인 기술들을 익힌다. 현직의 기술 트렌드를 반영하여 개발자로 성장하게 된다.

- **데이터 랭글링(Data Wrangling)**

데이터 먼징(Data Munging)이라고도 불린다. 이것은 원자료(raw data)를 보다 쉽게 접근하고 분석할 수 있도록 데이터를 정리하고 통합하는 과정이다. 이를 통해서 반자동화 도구의 도움으로 데이터를 좀 더 편리하게 소비한다.

- **휴고 본-앤더슨(Hugo Bowne-Anderson)**

데이터 싸이언티스트, 작가, 교육자와 팟캐스터이다. 데이터 및 AI 리터러시를 발전시키고 조직과 사회 전반에 데이터 기술을 확산 · 지원한다. 데이터 과학을 분석하고 기계 학습에 대한 진입 장벽을 낮추는 일을 하고 있다.

[Chapter 3]

- 르네 마그리트(René Magritte, 1898년 11월 21일~1967년 8월 15일)

초현실적인 작품을 많이 남긴 벨기에의 화가이다. 마그리트의 작품들은 현대미술에서의 팝아트와 그래픽 디자인에 큰 영향을 주었고, 대중매체의 많은 영역에서 영감의 원천이 되고 있다. 영화 '매트릭스'는《겨울비(Golconda)》(1953)라는 작품에서 영감을 받았고, 영화 '하울의 움직이는 성'은《피레네의 성(Le chateau des Pyrenees)》(1959)과《올마이어의 성(Almayer's Folly)》(1951)에서 모티브를 얻었다.

- 토머스 칼라일(Thomas Carlyle, 1795년 12월 4일~1881년 2월 5일)

영국의 평론가·역사가이다. 이상주의적인 사회 개혁을 제창하여 19세기 사상계에 큰 영향을 끼쳤다. 저서로는《의상 철학》,《프랑스 혁명사》,《영웅 숭배론》,《과거와 현재》등이 있다. 그의 대표작인《영웅 숭배론》(1841, On Heroes, Hero-Worship, and the Heroic in History)에서 성실하고 용기 있는 영웅적 지도자가 필요하고 그들을 존경해야 한다. 영웅을 알아보고 존경하기 위해서는 안목을 갖춘 작은 영웅들이 필요하다. 영웅들로 가득한 세계에서만 진정한 영웅 숭배가 가능하다는 이상주의적인 주장을 펼쳤다. 이에 따른 역사에서의 개개인의 역량을 중요시했다. 칼라일이 말한 영웅은 성실성과 통찰력을 갖춘 인물이지 파시스트 같은 독재자를 뜻하지 않는다.

- 로고 테라피(logo therapy)

신경학자이며 정신과의 의학자인 빅토르 프랑클에 의해서 시작되었다. 프로이트의 정신분석학과 알프레드 아들러의 개인심리학과 더불어서 세 번째 심리치료방법이다. 빅터 프랭클은 제2차 세계대전 당시 유대인 수용소인 아우슈비츠를 포함한 4개의 강제수용소에서 3년을 보냈다. 극도의 공포와 긴장 상태 아래에서 인간의 실존에 대해 체험을 하였다. 이 경험을 통해 인간 실존에의 근본적이고 고차적인 '의미'를 위한 노력과 투쟁, 즉 인간의 '의미에의 의지'라는 원리에 입각한 의미치료를 체계화하였다.

의미치료의 내담자가 자신의 삶 속에서 의미를 찾도록 조력하는 것이다. 오늘날의 정신치료가 인간의 신체적 및 심리적 측면을 다루기보다 의미치료를 통해 인간의 실존적 문제를 다루는 치료이다. 즉 인생의 목표와 구체적인 사명, 개인적 책임에 대한 문제를 다루도록 방향으로 전환했다.

• 수사학(rhetoric)

연설가를 위한 기술. 레토릭의 어원이 되는 고대 그리스어 형용사 ῥητορῐκό(rhētorikós)는 '대중연설(public speech)과 관련된'이라는 뜻이다. 수사학(修辭學)을 뜻하는 영어 단어 rhetoric은 대중 연설(ῥητορῐκό)의 기술(τέχνη)을 뜻한다. 고대 그리스어 ῥητορῐκόκὴ τέχνη (rhtorikē tékhnē)가 라틴어(rhetorica)와 프랑스어(rhetorique)를 거쳐 영어로 들어온 단어이다. 따라서 수사학(修辭學)을 뜻하는 영어 단어 레토릭은 대중 연설가로서 청중을 잘 설득하기 위해 필요한 기술이라 할 수 있다.

• 저널리즘(journalism)

저널리즘이란 말은 항해 중인 선원이 매일 쓰는 일지에서 유래했다. 날씨, 바람, 해류, 항해속도, 방향 등 항해와 관련된 것들을 단순하고 명료하게 기록한 항해 일지를 두고 나온 말이다. 따라서 저널리즘은 어떤 사건이나 사태에 대해 육하원칙에 따라 관련 정보를 최대한 간결하고 정확하게 전달하는 것을 생명으로 삼는다.

• RSS(Rich Site Summary)

뉴스나 블로그 사이트에서 주로 사용하는 콘텐츠 표현 방식이다. 웹 사이트 관리자는 RSS 형식으로 웹 사이트 내용을 보여 준다. 블로그처럼 콘텐츠 업데이트가 자주 일어나는 웹 사이트에서, 업데이트된 정보를 쉽게 구독자들에게 제공하기 위해 XML을 기초로 만들어진 데이터 형식이다.

• MySQL

1995년에 발표된 공개 소스 DBMS(Database Management System). 마이에스큐엘이라고 읽는다. 다수의 사용자가 데이터베이스 내의 데이터에 접근할 수 있도록 해 주는 소프트웨어 도구의 집합이다. 세계에서 가장 많이 쓰이는 공개 소스의 관계형 데이터베이스 관리 시스템이다. MySQL의 실질적인 소유주는 오라클이다.

• 문맥(Context)

텍스트의 단순한 표면적 의미를 넘어 주변 상황, 시간, 환경 등이 고려된다. 좀 더 깊은 곳에 숨겨져 있는 진의(眞意) 혹은 피상(皮相)을 넘어선 깊이를 파악하고자 한다. 사전적인 정의로는 '맥락' 혹은 '문맥'이다.

• 정보 그래픽(Information graphics) 또는 인포그래픽(Infographics)

정보를 빠르고 분명하게 표현하기 위해 정보, 자료, 지식을 시각적인 그래픽으로 표현한 것을 말한다. 정보를 구체적, 표면적, 실용적으로 전달한다는 점에서 일반적인 그림이나 사진 등과는 엄연히 구별된다.

- **러디어드 키플링**(Rudyard Kipling)

1865년 12월 30일 ~ 1936년 1월 18일. 영국에서 노스데본의 유나이티드 서비스 대학교를 마치고, 1880년 인도로 돌아왔다. 영국의 소설가이자 시인이다. 인도의 봄베이에서 태어났으며, 『정글북』 등의 동화작가로 알려져 있다. 그는 미술을 짧은 스토리로 만든 개척자로 불린다.

키플링은 잉글랜드에서 유명한 작가이다. 운문과 산문에 있어서 인정을 받았다. 그의 책들은 아동 문학이라는 분야에서 알려졌다. 19세기 말과 20세기 초반, 헨리 제임스는 말했다. "키플링은 개인적으로 내가 알아 온 사람 중에 가장 완벽한 천재의 모습으로 다가온다." 1907년, 영어권 작가로는 처음으로 노벨문학상을 받았다. 지금까지도 그는 가장 어린 노벨 문학상 수상자로 남아 있다.

- **특이점**(Singularity)

특이성, 특이점 등을 의미하는 영어단어다. 최근에는 '인공지능(AI)이 인간의 지능을 넘어서는 기점'을 의미하는 단어로 사용되고 있다. 전문가들은 인공지능이 비약적인 발전을 거듭하며 인간의 능력을 뛰어넘게 되는 '특이점'이며, 이 커다란 변화의 순간이 결코 먼 일이 아니라고 전망한다. 미국의 수학자 존 폰 노이만, 영국의 컴퓨터 과학자 앨런 튜닝 등이 이 개념을 주창해왔다.

- **트래픽 분석**(Traffic Analysis)

보안, 규정 준수 및 성능이 저하되지 않도록 네트워크를 감시하고 관리하고 파악하는 데 필요하다. 네트워크를 보호하고 최적화하는 데 가장 중요한 것은 사용자가 트래픽 흐름을 알아야 한다. 네트워크의 현재 상태, 연결 중인 사용자 및 연결되는 위치, 인터넷에 대해 열려 있는 포트, 예상되는 네트워크 동작, 비정상적인 네트워크 동작, 갑작스러운 트래픽 증가에 대해 알아야 하는 경우가 종종 있다. 트래픽 흐름 데이터를 분석하면 네트워크 트래픽 흐름 및 볼륨을 분석할 수 있다.

- **레버리지**(leverage)

타인의 자본을 지렛대처럼 이용하여 자기 자본의 이익률을 높이는 것이다. 고정비용이 있을 때 매출액의 변화가 기업의 손익에 미치는 영향을 분석하는 데에 쓰인다. 이는 고정영업비용과 고정재무비용의 부담 정도에 따라 기업에 귀속되는 최종적인 주당이익에 어떤 영향을 미치는지 분석할 수 있게 한다.

[Chapter 4]

- **퓰리처상**(Pulitzer Prize)

미국의 신문 저널리즘, 문학적 업적과 명예, 음악적 구성에서 가장 높은 기여자로 꼽히는 사람에게 주는 상이다. 1917년 미국의 언론인인 조지프 퓰리처의 유언에 따라 제정되었으며, 뉴욕시에 있는 컬럼비아 대학교 언론대학원 퓰리처상 선정위원회에 의해 관리된다.

- **애덤 그랜트**(Adam M. Grant)

〈포브스〉 선정 40세 이하의 지도자 40인에 뽑혔다. 그는 또 탁월한 과학적 성취를 인정받아서 미국 심리학협회와 미국 국립과학재단으로부터 상을 받았다. 하버드대학교 심리학과를 수석 졸업하고 석사 학위를 받았으며, 미시간대학교에서 박사 학위를 받았다. 청소년 스프링보드 다이빙 선수로 올림픽 경기에 출전하기도 했다. 저서로는 『오리지널스』, 『주고받기』, 『옵션 B』가 있다. 펜실베이니아대학교 와튼스쿨의 조직심리학 교수이며, 7년 연속으로 최고 등급의 평가를 받은 최연소 종신교수이다. 테드(TED)의 인기 강연자이며, 그가 쓴 책은 수백만 부가 팔렸다. 그의 강연 동영상은 2,500만 회 이상 조회되었다.

- **칼 융**(Carl Gustav Jung)

스위스 정신과 의사이며, 분석심리학의 창시자. 콤플렉스의 개념을 정립했고, '조발성 치매(조현병)'의 심리적 이해와 치료를 처음으로 시도했다. 융은 수많은 사람의 꿈과 환상을 방대한 신화, 민담, 종교적 표상 등과 비교 연구함으로써 이것을 증명했다.

- **대니얼 핑크**(Daniel H. Pink)

세계적인 미래학자 중 한 사람으로 손꼽힌다. 1995년부터 1997년까지 앨 고어 전 부통령의 수석 연설문 작성자로 백악관에서 일했다. 그는 사회변화를 예측하고, 심리학과 과학, 경제학 등 다양한 분야의 연구결과와 실제 사례를 바탕으로 새로운 미래를 제시했다. 특히 사회구조 변화를 주목하는 것에 그치지 않고 미래를 살아갈 사람들의 변화에 주목한다. 우리가 어떻게 일하고, 살아가게 될 것인지에 대해 흥미로운 분석을 내놓았다. 그의 대표작 『새로운 미래가 온다(A Whole New Mind)』. 그는 미래 시대의 인재가 갖춰야 할 6가지 조건으로 스토리, 디자인, 놀이, 공감, 의미, 조화를 제시했다.

- **맥아더 펠로우(MacArthur Fellowship)상**

맥아더 재단이 매년 사회 각 분야에서 '탁월한 창의성과 통찰력, 미래를 위한 무한한 잠재력을 가진' 미국의 인재에게 수여하는 상이다. 맥아더 재단은 금융재벌 존 D. 맥아더가 1978년 타계할 때 10억 달러의 재산을 기부한다. 재단이 설립된 이후 1981년부터 지금까지 맥아더 펠로우를 배출했고 상금을 수여했다. 이 상이 특별한 것은 자기가 신청하는 것이 아니고 익명으로 추천된 후보들을 10여 명의 선정위원회가 검토하고 선정한다. 그래서 수상자들은 재단으로부터 축하 전화를 받고서야 감격하는 것으로 유명하다.

펠로우 가운데 한국계 미국인으로는 2003년 수상한 김용 박사가 있다. 그는 2009년 다트머스 대학교 총장이 되면서 아시아계 최초의 아이비리그 총장이라는 기록을 남겼다. 하버드 의과대학 국제보건 · 사회의학과장과 세계보건기구(WHO) 에이즈 국장을 지낸 바 있다. 또한, 세계은행 총재로 일한 경력이 있다.

2020년 전미 도서상을 수상한 재미교포 최돈미 시인이 맥아더 펠로십에 선정됐다. 그녀는 펠로십 제정 이래 한국계 미국인으로는 김용 박사에 이어 두 번째 선정됐다. 서울에서 태어난 그는 현재 시애틀에 거주하며 시를 쓰고 있다. 국내 여성 시인이 쓴 시를 번역해 세계에 알리고 있다. 그녀는 비무장지대(DMZ)를 소재로 비전향 장기수와 부친의 이야기 등을 담은 시집 'DMZ 콜로니'(DMZ Colony)로 지난해 '제71회 전미 도서 상' 시 부문을 수상했다.

- **국제출판협회(IPA)**

1896년 파리에서 각국을 대표하는 출판단체들로 구성(現 사무국 : 스위스 제네바)되었다. 회원은 총 66개국 78개 단체이다. 설립목적은 자국 및 국제권리를 존중하는 가운데 자유로운 작품 창작과 출판인의 권리 보호 및 증진한다. 출판의 자유, 표현의 자유, 정보 유통의 자유, 저작권 보호, 문맹률 저하 등에 이바지한다. 주요활동으로는 4년마다 'IPA 세계총회' 및 'IPA 국제 저작권 심포지엄' 개최. 저작권, 지적 재산권, 도서 및 각종 출판물 유통 관련 국제법· 조약· 협정· 의정서· 규정 등 관여한다.

- **구루(Guru)**

산스크리트어로 스승을 뜻하는 말이다, 인도네시아와 말레이시아에서도 선생님이나 스승을 구루라고 부른다. 그 이외에 인도의 종교나 사상에 존재하는 지혜로운 선각자나 인도자를 가리키는 말이다.

• 연암 박지원(燕巖 朴趾源)

조선 후기의 실학자이며 소설가이다. 1777년(정조)에 '사도세자'를 무고(誣告)한 '노론'의 '벽파'로 몰리면서 정치적 위협을 느낀 '연암'은, 황해도 '금천'의 '연암협(燕巖峽)'에 은거했다. 그의 호 '연암'은 그곳의 지명에서 딴 것이다. 조선 후기 한성 부판관, 면천군수, 양양 부사 등을 역임한 문신이자 학자이다. 1737년(영조 13)에 태어나 1805년(순조 5)에 사망했다. 과거에 실패한 후 벼슬에 뜻을 두지 않고 학문과 저술에 전념했다.

연암협(燕巖峽)에서 학문에 전념하다가, 1780년에 친척 형 '박명원'이 '진하사겸사은사(進賀使兼謝恩使)'로서 '청나라'에 갈 때 동행하였는데, 그 여정을 기술한 여행기가 바로『열하일기』다. 청 사절단을 수행, 북경·열하를 여행한 뒤『열하일기』를 지었다. 이 책에는 청의 발전한 문물을 수용해 나라의 발전을 도모해야 한다는 북학사상이 담겨 있다. 뒤늦게 지방관으로 재직하며 그러한 사상을 직접 실천하기도 했다. 서학에도 관심이 많았고,『허생전』등 문학작품도 남겼는데 모두가 북학사상을 바탕에 깔고 있었다.

• 『열하일기』

당시 중국 중심의 세계관 속에서 청나라의 번창한 문물을 받아들여 낙후한 조선의 현실을 개혁하는 일이었다. 이때는 명(明)에 대한 의리와 결부해 청(淸)나라를 배격하는 풍조가 만연하던 시기였다. 이 속에서 박지원의 주장은 현실적 수용력이 부족했으나 당시의 위정자나 지식인들에게 강한 자극을 불러일으키는 결과가 되었다. 북학사상(北學思想)으로 불리는 박지원의 주장은 비록 청나라에 적대적 감정이 쌓여 있었다. 그러나 그들의 문명을 수용해 우리의 현실이 개혁되고 풍요해진다면 과감하게 받아들여야 한다는 것이었다. 또한, 조선에 대한 인식의 잘못을 지적하면서 개선책을 제시했다. 나아가 역대 중국인들이 우리에게 갖는 왜곡된 시각을 바로잡는 방법도 서술하였다.

• 『자산어보』

1814년(순조) 정약전이 저술한 어류에 관한 책(3권 1책, 필사본). 저자가 귀양을 가 있던 흑산도 연해의 어류를 취급했다. 총 3권으로 구성된『자산어보』는 제1권 인류(鱗類), 제2권 무인류(無鱗類) 및 개류(介類), 제3권 잡류(雜類)로 되어 있다. 각 항목의 명칭만 소개하면 다음과 같다. 항목마다 거기에 표시된 수산 동식물의 근연종(近緣種)으로 생각되는 것들을 기재하고 있다.

이상과 같이, 인류(비늘이 있는 어류) 20항목, 무인류(비늘이 없는 어류) 19항목, 개류(껍질이 딱딱한 어류) 12항목, 잡류(해양생물) 4항목, 모두 55항목으로 분류하여 취급하고 있다. 근연종을 합치면 그 수는 훨씬 많아진다. 상어(鯊魚)라는 항목에서 근 20종을 다루고 있다. 원래 생물학자가 아니었던 정약전이 근연종을 한 항목으로 묶어 설명을 시도하였던 것을 볼 때 그의 학문적 태도는 높이 평가되어야 할 것으로 생각된다.

• 『다산시문집(茶山詩文集)』

다산(茶山) 정약용(丁若鏞 1762(영조38)~1836(헌종2))의 전집인《여유당전서(與猶堂全書)》중에서 시문집 22권을 국역서 10책(색인 1책 포함)으로 간행한 것이다. 이 시문집은 전형적인 문집의 형태로 시(詩)와 서(序) · 기(記) · 발(跋) 등 각종 문체의 글을 수록한 것이다. 자연을 체계적이고 객관적으로 이해하려는 과학 정신, 제도 개혁을 주장한 정경(政經) 사상을 살펴볼 수 있다.

[Chapter 5]

• 메타패턴(Metapattern)

시각적, 청각적, 운동 감각적 패턴을 모두 엮어 완전무결한 것이 되는 것이 미터 패턴이다. 패턴에서 행위의 일반원칙을 끌어내 이를 예상의 근거로 삼는 다음, 새로운 관찰 결과와 경험을 예상의 틀 안에 끼워 넣는다. 이 관찰과 경험의 틀을 흔드는 무엇인가가 일어나면 인간은 또 다른 패턴을 만들고, 새로운 발견은 이런 순간에 이루어진다. 하나의 감각 정보가 같지 않은 복수의 의미를 내포하고 있는 현상이다. 관찰자들은 각자 인식하는 이미지의 의미를 나름대로 해석 또는 그 이미지를 만든다.

• 조셉 캠밸(Joseph John Campbell)

미국의 유명한 신화종교학자이자 비교신화학자. 20세기 최고의 신화 해설자로 불린다. 소년 시절 북미대륙 원주민의 신화와 아서왕 전설이 놀라울 정도로 유사하다는 사실을 깨달은 그는, 콜롬비아 대학과 파리 및 뮌헨의 여러 대학에서 세계 전역의 신화를 두루 섭렵했다. 뉴욕에서 태어난 그는 아메리칸 인디언에 관한 책을 즐겨 읽었다. 뉴욕 맨해튼에 있는 미국 자연사 박물관을 자주 방문하였다. 어린 시절부터 전혀 다른 문화권 속 신화들의 서사 구조가 유사함을 발견했던 그는 전 세계의 신화를 이야기한다. 각각의 이야기들에서 공통의 서사 구조를 추출한다. '태어남-부름-모험-역경-귀환'으로 요약되는 이 주제를 『영웅의 여정』이라는 이름으로 세상에 소개했다. 그는 더불어 이 『영웅의 여정』 주제가 신화 속에 박제된 이야기가 아니라 현재 사람들의 인생 안에서도 전개될 수 있다는 이야기를 전하며 '신화'와 '인생'을 연결했다.

• 페르소나(persona)

고대 그리스 가면극에서 배우들이 썼다가 벗었다가 하는 가면을 말한다. 이 당시에는 마이크 같은 확성기가 없었기에 목소리를 울리게 하려고 건물 자체를 울리는 구조로 짓는 노력을 들인 것처럼 배우의 목소리를 관중들에게 전하기 위해 고깔을 사용하기도 했는데, 연극 도중에 고깔을 손에 들고서 고래고래 소리지를 순 없는지라 가면 자체에 고깔을 붙여버리고, 그것에 현재 인물의 감정을 나타내는 얼굴을 새겨넣었다.

이후 라틴어로 섞이며 사람(Person)/인격, 성격(personality)의 어원이 되고, 심리학 용어가 되었다. 현대 이탈리아어에서는 그 발음 그대로 사람이라는 뜻으로 쓰이며 다른 국가들에서 통상적으로는 "이미지 관리를 위해 쓰는 가면"을 의미한다. 깊게 들어가면 SNS에서 사용하는 소개 사진이나 어떤 인물이 대표적으로 사용하는 특정 고유 이미지 같은 것. 역시 페르소나로 설명하기도 한다. 영화계에선 어떤 감독이 자신의 분신 혹은 상징처럼 애정하는 배우를 뜻한다. 현대 온라인상에서 일컫는 콘셉트라는 용어가 이에 해당한다.

마케팅에서도 브랜드 이미지 설정을 위한 중요한 도구로 쓰인다. 페르소나 선정과 적용 분야 최고 전문가인 아델 레벨라(Adele Revella)는 전자책인 『구매자 페르소나 선언 Buyer Persona Manifesto』에서 페르소나(Persona)를 '실제 구매자와 직접 인터뷰한 내용을 바탕으로 당신이 마케팅하는 종류의 제품을 사거나, 살지도 모르는 실존 인물의 몽타주'라고 정의했다.

• 기하학(幾何學, geometry)

공간에 있는 도형의 성질, 즉 대상들의 치수, 모양, 상대적 위치 등을 연구하는 수학의 한 분야이다. 간단히 말하면, 기하학은 2차원 모양과 3차원 그림의 크기, 모양 및 위치를 연구하는 수학 분야이다. 고대 그리스 수학자 유클리드는 일반적으로 '기하학의 아버지'로 불린다. 기하학이 다루는 대상으로는 점, 선, 면, 도형, 공간과 같은 것이 있다. 아침에 침대에서 발을 내딛거나 자동차를 평행하게 주차할 때, 뇌는 기하학적 공간 계산을 한다. 기하학은 공간 감각과 기하학적 추론을 탐구하고 있다. 예술, 건축, 공학, 로봇공학, 천문학, 조각, 우주, 자연, 스포츠, 기계, 자동차 등에서 기하학을 찾을 수 있다.

• 비정규직 경제(Gig Economy) 시대

근로자가 번 소득을 바로 현금으로 지급하는 '인스턴트 급여' 방식이 확산하고 있다. 우버, 카카오택시, 청소연구소, 배민라이더스 등이 대표적인 사례이다. 이른바 '비정규직 경제(Gig Economy) 시대'가 온 것이다. 시대가 변하면서 기업과 근로자가 고용되는 형태가 크게 변화한다. 비정규직 경제는 이제 기업이 필요할 때마다 사람과 임시로 계약을 맺고 고용하는 경제 형태를 뜻하는 용어이다. 컨설팅 업체 '매켄지'는 비정규직 경제를 '디지털 산업에서 거래되는 '기간제 근로'라고 정의했다.

- 에릭 버터워스

모든 사람의 신성을 중시한 캐나다 출신의 신학자이며 철학자이다. 에릭 버터워스는 "신이 저 위에 있지 않다고 가르친다. 신은 우리 각 한 사람 안에 존재한다. 우리 안에 있는 신성을 추구하는 것은 우리에게 달린 일이다."라고 강연했다.

- 『전쟁론』

독일의 역사가 '클라우제비츠의 이론'이다. 프로이센 왕국의 군사전문가 카를 폰 클라우제비츠가 쓴 책이다. 1832~1834년에 세 권으로 출판되었다. 철학, 정치학, 군사학을 포함하는 내용을 담고 있어 정치학자, 군사이론가들의 필독서이다.

서양의 정치사상, 국제정치, 전쟁 철학, 군사학 분야의 고전으로 인정받고 있다. 『전쟁론』은 그가 살아있을 당시에 유행한 이른바 실증적인 전쟁 이론을 비판했다는 점에서, 즉 전쟁을 물리적·기하학적인 요소에서 '해방'했다는 점에서, 전쟁을 수행하는 인간의 정신과 심리를 고려한 전쟁 이론을 확립했다는 점에서, 혁명적인 저서이다.

현대의 전쟁에 나타나는 공격과 방어, 전술과 전략의 형태는 200년 전과 크게 달라졌지만, 전쟁을 수행하는 인간의 정신은 여전히 중요하며 앞으로도 결정적인 요소로 남을 것이다.

- T.S. 엘리엇

1948년 노벨문학상을 받은 시인으로 The Criterion에 시 "황무지"를 발표하여 오늘날까지 너무도 유명하게 남겨졌으며 활발한 비평 활동 역시 펼쳤다. 또한 Old Possum's Book of Practical Cats이라는 제목으로 1939년에 발간한 책이다. 앤드루 로이드 웨버에 의해 〈캣츠〉라는 유명한 뮤지컬로 재탄생되어 일반 대중에게는 시인, 소설가로 보다 극작가로 더 알려져 있다.

그러나 극작가로서 활약하기 전에는 「황무지」라는 시로써 영미시계(英美詩界)에 큰 변혁을 가져오게 하였다. 또한, 비평가로서도 뛰어난 재능을 보였다. 「스위니 아고니스티이즈」(1926-27) 「바위」(1934) 「사원의 살인」(1935) 「가족 재회」(1939) 「칵테일 파티」(1949) 「비서」(1953) 「노정치가(老政治家)」(1958) 등의 희곡을 발표하였다. 모두 운문으로 쓰인 것이 특징이다. 그의 작품은 장르를 막론하고 항상 인간의 구제에 그 목적을 두고 있었다.

• 혁신자(Innovator)

21세기 인간 중심의 디지털시대를 여는i 부류는 이노베이터, 즉 혁신을 만들어내는 창조자이다. 혁신자를 뜻한다.

• 아이덴티(Identity)

정체성을 뜻한다. 존재의 본질 또는 이를 규명하는 성질이다. 정체성은 상당 기간 일관되게 유지되는 고유한 실체이다. 자기에 대한 주관적 경험을 포함한다. 정체성은 자기 내부에서 일관된 동일성을 유지하는 것과 다른 존재와의 관계에서 어떤 본질적인 특성을 지속적으로 공유하는 것 모두를 의미한다. 어떤 대상의 인식으로서의 정체, 인간의 정체성, 기업의 정체성, 군대의 정체성, 국가의 정체성 등 다양하다. 통상 정체성이라고 하면 인간의 정체성을 말한다. 현대 마케팅과 디자인 측면에서 정체성이란, 브랜드나 기업의 로고와 같은 상징 이미지 시스템을 기본으로 한다. 기업과 브랜드의 연상 이미지, 집합이다. 기업, 브랜드, 공동체의 이미지와 철학을 잘 반영해야 한다. 종교적 상징이나 국기와 같은 나라의 상징과도 같다. 공동체의 고취를 위해서도 정체성의 세밀한 구축과 관리가 필요하다.

세상을 바꾸는
글쓰기 재발견
성공하는 사람들의 글쓰기 비법

1판 1쇄 인쇄 | 2022년 7월 10일
1판 1쇄 발행 | 2022년 7월 15일

지은이 | 정연미
펴낸이 | 김경배
펴낸곳 | 시간여행
디자인 | 디자인[연:우]
등　록 | 제313-210-125호 (2010년 4월 28일)
주　소 | 경기도 고양시 덕양구 지도로 84, 5층 506호(토당동, 영빌딩)
전　화 | 070-4350-2269
이메일 | jisubala@hanmail.net

종　이 | ㈜화인페이퍼
인　쇄 | 한영문화사

ISBN 979-11-90301-18-3 (03010)